王玮 林晓婷 / 编著

人类的性和性行为的生物学基础

The Biological Basis for Human Sexuality and Behavior

海峡出版发行集团 ｜ 福建科学技术出版社

图书在版编目（CIP）数据

人类的性和性行为的生物学基础 / 王玮，林晓婷编著. — 福州：福建科学技术出版社，2024.5
ISBN 978-7-5335-7224-2

Ⅰ.①人… Ⅱ.①王… ②林… Ⅲ.①性学-研究②性行为-研究 Ⅳ.①C913.14

中国国家版本馆CIP数据核字（2024）第057456号

出 版 人　郭　武
责任编辑　黄肖林
编辑助理　吴淑芳
装帧设计　刘　丽
责任校对　蔡雪梅　王　钦

人类的性和性行为的生物学基础

编　　著　王　玮　林晓婷
出版发行　福建科学技术出版社
社　　址　福州市东水路76号（邮编350001）
网　　址　www.fjstp.com
经　　销　福建新华发行（集团）有限责任公司
印　　刷　福州德安彩色印刷有限公司
开　　本　700毫米×1000毫米　1/16
印　　张　22.75
字　　数　228千字
插　　页　4
版　　次　2024年5月第1版
印　　次　2024年5月第1次印刷
书　　号　ISBN 978-7-5335-7224-2
定　　价　198.00元

书中如有印装质量问题，可直接向本社调换。
版权所有，翻印必究。

序

PREFACE

在炎夏时节,我受王玮教授盛情邀请为其编著的《人类的性和性行为的生物学基础》一书作序。我在仔细了解该书的写作思路和特点后,欣然允诺。于新年伊始、春寒料峭之时喜获样稿,掩卷之余更感收获颇丰。

王玮教授从事解剖学教学和科研四十余年,热爱教学,耕耘不止,至今仍坚持在教学第一线。2010年在学校无记名投票中,被学生评选为"学生心目中的好老师"。此外,王玮教授还获多项荣誉称号,成绩斐然,令人敬佩。

性是动物界最本质的特性和行为,是最自然、最直观的存在。人的性和性行为是人类正常生活中的一部分,是人格健康的表现之一,是人性的重要组成部分。在人类社会,随着生物演化和文明历史的进展,人类对性和性行为的重视达到前所未有的程度,性更多地被学者去除生物学本质,而从社会人文学方面不断地被赋予各种复杂而又神秘的文化蕴涵。

在人生的不同时期,尤其在青春期,人们面对性和性行为的各种困惑,迫切需要得到答案。在我国四十余年来,随着改革开放,外来(主要是欧美）文化传播进入，与传统的中华民族文化发生碰撞，国人对性的观念和态度也随之不断地变化，而互联网的发达和浸润更加速这一进程。文化碰撞交融的结果既有积极的一面，让国人较以往更能正视性的问题，可以相对比较公开地谈论性；也导致了消极的一面，部分人"矫枉过正"，深受欧美性价值观的浸淫，从过往的性禁忌、性神秘陷入贪图享乐、缺乏道德约束的性放纵、性自由的泥潭；不负责任与公序良俗相悖离的行为日趋增多，冲击社会家庭的稳定。科学、正面的性知识确有必要向民众普及。但是，囿于千余年传统性禁忌文化习俗的影响和束缚，性的问题还总是让国人感到尴尬和矛盾。一方面人们对性充满好奇和渴望，期待系统、全面地了解和学习性知识；另一方面又觉得性是禁忌，羞于启齿。因此，教育界对性教育的普及也存在着矛盾。虽然为了健康和正确地认识性，我国社会已基本认可必须对青少年和年轻人普及性知识和性教育，但又觉得不能让青少年和年轻人知道得太多，以免造成负面影响，招致他们误入歧途。然而，随着网络的发达，各类相关性知识的内容已经无可阻挡地侵袭到社会生活的各个方面。时至今日，网络更是充斥着以欧美性价值观为主导，以娱乐、个人主义为倾向，以及偏离生物学方向的性知识和性教育。这些言论和观点已经刻镂深入地影响当代年轻人，乃至于众多学者的性价值观、生育观和婚姻家庭理念。

性教育涵括性知识教育和性人格教育：知识是年轻人成长的基础，人格（价值观和道德）是年轻人成长的方向。因此，对性的研究和性的系统、科学的普及，在当下仍然是重要、迫切的任务。只有从生物学上正确认识性和性行为，才能全面、科学地理解性的社会学内容和概念。王玮教授自2007年至今为福建医科大学本科生开设的"性行为的生物学基础"科目，是该校最受学生欢迎的课程，年年爆满。本书以课程讲稿为基础，结合了我国的实际情况，主要在演化生物学和生物医学方面展开，从胚胎发生开始阐述人的性发生、发育过程，从解剖生理学阐述人类性器官的结构形态、生理功能的基础。同时，其阐述性和性行为的生理学和心理学规律，从病理解剖生理学简述相关的性功能障碍和病变，对性传播疾病也进行了较全面的叙述。王玮教授的科研方向是神经解剖学和神经生物学，因此本书的另一特点是详细地从脑的解剖生理学阐述人类的性和性行为的中枢神经机制。这些都有助于读者从生物学和生物医学的角度认识性和性行为的自然规律，从而保护性行为的安全和健康。

在同性恋的问题上王玮教授也提出了自己的不同看法，他从演化生物学和生物医学角度，结合人文社会学进行了较为全面的叙述，使读者能够深入地认识同性恋及相关的社会现象。更难能可贵和有趣的是王玮教授从演化生物学角度出发，对人类女性发情期消失的发育生物学之谜提出独到而大胆的假设：在百万年的人类演化进程中，恰恰是女性智人发情期的消失，大大增强了繁殖后代的能力。发情期的消失应该是在众多的人类种属中，唯有现代智人能够突破恶劣环境的演化淘汰生存下来的重要原因之一。另外，王玮教授依据人类学家对人类男性颅骨化石的演化生物学研究成果，明确指出代代相传、长久的后天习得性行为也会改变人类的生物学特性。这也提示我们人类在性和性行为上应当遵循自然规律，否则可能产生不可预料的不良后果。

本书以通俗易懂的语言，明察洞见的脉络，条理清晰的逻辑，为读者阐述了人类性与性行为的真相。因此，我真诚和热切地期待本书的出版，这将有助于广大读者（尤其是年轻人）从生物学和生物医学的角度，全面地认识性和性行为，为其性行为和性道德实践提供有益的指导建议。相关的学者也值得一读，有助于拓宽视野，从中得到启示。

愿读者书山拾阶，智海扬帆。

中国科学院院士、香港大学李嘉诚医学院教授：苏国辉博士
于壬寅年春节

引 言

FORWORDS

性，一指性别的男性和女性，二指人类（并涵盖所有有性繁殖的生物）以生殖器官和性特征为主要标志、以生殖繁衍为基本目的的一种自然现象。性行为是指雌雄异体生物（包括人类）之间通过生殖器的交媾达到繁衍种群目的的动作和活动。广义上的人类性行为又称人类性活动或性实践，除了繁衍后代的基本活动外，主要旨在满足性欲或获得性快感而出现的动作和活动，涵盖生物学、性心理学和人类文化学。人类的性活动种类广泛多样，有的可以独自完成，有的则需要他人参与。

人类的性和性行为完整地体现人性的两面：生物学本性和社会学本性。然而，在很长的一段时间内，我国学术界忽视对性和性行为的研究。究其原委，最为关键的是在有文字记载的历史中，人们多数时期对性持严厉的禁忌态度。从生理学角度来讲，男性是没有性禁忌的。但是，女性在月经期、妊娠期和分娩哺乳期，出于生理上的原因对性活动表示冷淡或回避的心理可以产生一定程度的性禁忌。因此，人们涉及的性禁忌基本上是指社会学意义上的性禁忌。"禁忌"一词是指禁戒普通人接触或被视为神圣，或被视为不洁的事物。社会学、人为的性禁忌不仅在中国、东方文化中相当普遍，在西方相当漫长的历史时期（尤其是中世纪）也影响深远。欧洲中世纪的教会对性基本持否定态度，推行苛刻的性禁忌，禁止肉欲。中东医圣阿维森纳（980—1037年）在分析性心理时，断言男女相爱过程中的激情是一种精神紊乱。

在我国，千余年来以"存天理，灭人欲"的原则，施行严厉的性禁忌；在各方面要求人们对于自己性欲望加以控制，人人都要成为圣人。"食不连器、坐不连席""男女授受不亲"的清规戒律，一直被作为男女两性交往行为的准则。如果公开谈论性、追求性，就会遭到世人谴责，被认为道德败坏、伤风败俗。因此，性话题在我国文化和习俗里一直是一个禁区，长久以来，国人谈性色变，对性讳莫如深。时至今日，国人在公开场合依旧对性难以启齿，甚至科学的、系统的性普及教育也较少开展。

有一种妨碍性普及教育的观点认为，普及性知识确实是有益处的，但可能引起过多的讨论和不必要的模仿，导致社会道德风貌受到损害，因此还是不提及更保险。然而，从心理学的角度看，越是加以禁止，越是神秘化的事物，对人越有吸引力，越能激发人们跃跃欲试的好奇心。在刚刚从封闭的"性禁忌"走出来时，人们的好奇心一定会大增，但是经过一段时间后就会恢复常态。

在受传统习俗深深影响的人文环境中，我国对于性科学的理论研究和性知识的普及教育鲜有进展和成效，开展性教育面临着种种困难，系统的性科学知识自然更难以深入普及，以至于人们对性的认识常常陷入误区。我国民间流行的"房中术"就有"还精补脑""一滴精十滴血"

等将男性精液高贵化的说法。还有不少的人认为性和性行为是人的天然本能，是一件非常自然而然的事，不用施教，理所当然地能"无师自通"。这样的认知显然存在着缺陷，就是将社会学性的人降低为只是具有生物学性的人。然而在现实的人群中，性知识和性能力的获得并不像"食"那样与生俱来，事实上有相当多的人还是处在不同程度的"性盲"状态。

时至今日，"性"在中文的话语情境中依然犹如洪水猛兽，与"肮脏""下流"几乎画等号，绝大多数的父母、老师等都避而不谈。笔者在2017~2021年进行过问卷调查，在2454名福建医科大学的大学生中（表1），他们就读的中学有开设与性教育相关的生理卫生课却没讲过课的共有229位，约占9%；根本就不开课的共有1215位，约占48%。两者合计，超过一半的大学生在中学阶段未接受过基础的性生理、性健康教育。这种名存实亡的性教育在实际生活中已经被证明毫无作用，甚至有潜在的风险。根据收回的有效问卷，在2770名大学生中，63%的人在初中阶段、16%的人在小学阶段就开始了解到一些性知识（表2）；在2759名大学生中，有32%的人主要通过网络、32%的人主要通过同学间聊天、19%的人通过各类书刊等途径（表3）获得碎片化的性知识。

表1 福建医科大学选修本课程学生（2017～2021年）所在中学开设生理卫生课程的情况

生理卫生课	人数（人）	百分比（%）
有	1010	41
无	1215	48
有开没上	229	9

表2　福建医科大学选修本课程学生（2017～2021年）获得性知识的时间

时间	人数（人）	百分比（%）
小学	452	16
初中	1737	63
高中	469	17
大学	112	4

表3　福建医科大学选修本课程学生（2017～2021年）获得性知识的途径

途径	人数（人）	百分比（%）
网站	890	32
书籍	529	19
同学间闲聊	889	32
长辈教育	116	4
学校课程	335	12

当今，互联网文化已经全方位地浸透到社会生活各个方面，越来越多的未成年人、成年人，通过良莠难辨的互联网渠道简单、片面地获取性知识。虽然网络上的文章、文艺作品、影像节目等有关性和性行为的知识和论述貌似唾手可得，可是内容鱼龙混杂，几乎充斥着过度的色情文化，宣扬和体现欧美性价值观的文章和文艺作品，罔顾生物医学、人体解剖生理学的特性。可以说，由于缺失规范的、系统的、科学的性教育，缺乏科学知识的引导，许多人对性问题的认知都是片面和错误的，由此导致他们的性心理长期处于迷惑、茫然和焦虑的状态。

此外，从性的学术研究角度来看，公众能阅读到的国内性社会学学者和性医学学者的文章或论述，几乎一致地反映以欧美为主导的性和性行为的价值观。笔者认为欧美学术体系下的性和性行为价值观的核心是将性和性行为去医学化、去生物学化，而主要从人文社会学方面认识和阐述性和性行为，并且将性和性行为娱乐化，有意或无意地忽视性的人体解剖生理学的生物学规律和常识。

目前，在科学、系统、规范的性教育缺失的背景下，欧美的性和性行为价值观几乎全面地渗透于青少年、高中生、大学生等群体的生活和观念中。因此，编写一本科学、系统且有关于性和性行为的书籍刻不容缓。

笔者从事人体解剖学教学四十多年，对人体各系统解剖结构的生理基础有深入的理解。多年前笔者曾开展"雄性生殖系统损伤和修复的神经中枢机制"的科研项目，由此较为全面研读、整理过国内外大量有关性行为的中枢神经解剖学和生理学的文献。在积累了大量有关性行为的生物、医学和人文资料后，笔者在福建医科大学开设了《人类性行为的生物学基础》这门公共选修课。2009年至今的15年里，笔者根据年轻学生们的需求不断地丰富和完善课程内容，在教授课程之余，也对大学生的性和性行为做过多次数据调研，并将学生们认知的不足之处融入课程的教学内容中。在上述种种基础上，笔者终于有条件对人类的性与性行为的生物学机制进行相对全面的归纳，因此历经3年编撰了本书。

本书从生物学、医学、心理学、社会学角度阐述人类的性和性为行为形成的生物学机制和特征，脑对性行为的调控，男性、女性的性解剖生理学机制，人类性欲、性唤起、性反应的生理机制及男女两性的特点和差异，性交体位的利弊和主要避孕方法，性取向的生物学因素和社会学因素，性别认同和性别认同不安的生物学和社会学因素，性别角色的社会学特征，性传播疾病的防治。本书旨在为读者提供科学、系统的性知识，满足人们对性科学的求知欲。

期待通过阅读本书，读者尤其是年轻群体能够系统地了解性和性行为相关的器官形态和生理功能，了解性发育、性行为的生理、心理机制，科学地确定自己的性别身份，确定自己的性取向；并从生物学角度认识性在人际交往中的作用和影响，以与自己价值观相符合的方式科学、恰当地表达自己的性欲，实践和促进自己的性健康和社交健康。

在此，还要提到本书的另一位作者，她是小学教师，在本书编写过程中，她提供了现代青少年两性概念和认知方面的相关资料。最后，囿于学术水平，百密一疏，本书难免存在疏漏和不足之处，恳请同道以及读者不吝珠玉，提出宝贵意见，以便进一步修订完善。

目录

第一章
人类对性和性行为的认识 /1

第一节　性和性行为的生物学本质　　　　　　　　　　　　1

第二节　社会学因素反作用于性和性行为　　　　　　　　　14

第三节　前人对性和性行为的认识　　　　　　　　　　　　25

第二章
脑的性别特征及对性和性行为的调控 /36

第一节　脑形态和功能的性别特征　　　　　　　　　　　　36

第二节　调控性和性行为的脑区　　　　　　　　　　　　　46

第三章

男性的性解剖学和性生理学机制 /75

| 第一节 | 男性的性解剖学 | 75 |
| 第二节 | 男性的性生理学机制 | 100 |

第四章

女性的性解剖学和性生理学机制 /111

| 第一节 | 女性的性解剖学 | 111 |
| 第二节 | 女性的性生理学机制 | 139 |

第五章

人类的性行为 /152

第一节	性行为的生物学机制	153
第二节	性欲的概念和表现	160
第三节	性唤起的机制和形式	168
第四节	性反应的生理学	180
第五节	性高潮的生物学机制和意义	191

第六章

交互性行为和单独性行为 /205

第一节　性行为的表现形式　　　　　　　　　　　205
第二节　单独性行为　　　　　　　　　　　　　　211
第三节　异常性行为　　　　　　　　　　　　　　217

第七章

性取向 /236

第一节　同性恋的生物学机制　　　　　　　　　　237
第二节　同性恋与生物演化　　　　　　　　　　　250
第三节　同性恋的社会学因素　　　　　　　　　　255
第四节　双性恋　　　　　　　　　　　　　　　　271

第八章

性别认同 /274

第一节　性别认同概念的发展　　　　　　　　　　275
第二节　性别焦虑　　　　　　　　　　　　　　　285

第九章

性别角色 /292

第一节　性别角色的生物学基础　　　　　　　　　　292

第二节　性别角色的社会规范　　　　　　　　　　　307

第三节　性别身份的选择　　　　　　　　　　　　　309

附　录 /313

附录一　婚前性行为和避孕常识　　　　　　　　　313

附录二　性传播疾病　　　　　　　　　　　　　　325

后记　　　　　　　　　　　　　　　　　　　　　345

第一章

人类对性和性行为的认识

在漫长的演化过程中，在形态学和生理学上，人类对性和性行为的认识与其他灵长目动物相比较已经发生重大的变化，表现为发育成熟的男女两性有着显著的第二性征区别、眼神相互凝视的面对面交媾（性行为）、女性发情期的消失和男性阴茎骨、阴茎肌的退化等。"物竞天择，优胜劣汰"的演化结果造就现代人类特有的、丰富多彩的性和性活动方式。

第一节 性和性行为的生物学本质

我国著名哲学家和教育家梁漱溟先生说过："我们想认识人类，还得从人类在生物界的地位去认识，不能抛开生物学的见地来认识人类。虽然人类在生物中是超群出众的，然而究竟还是生物，所以非从生物界中认识人类，便无从确立社会制度。"[1] 人类是自然生物界的一员（表1-1-1），是有生命的物种。生命需要延续，生物物种只有经

---

[1] 梁漱溟. 教育与人生——梁漱溟教育文集[M]. 北京：当代中国出版社，2012：80-81.

过生殖,才能使生命得以延续,物种得以繁衍,这是生命意志的最高体现。因此生殖是生命的特征之一。

表 1-1-1　现代人在自然界中的地位[①]

分类	类群	特征
界	动物界	清晰的细胞核,无细胞壁、质体和光合色素
门	脊索动物门	脊索,背神经管,咽鳃裂
亚门	脊椎动物亚门	内骨骼,脊柱
纲	哺乳动物纲	胎生,汗腺(含乳腺),毛发,骨骼肌及其隔膜
目	灵长目	指甲,拇指对掌,视觉、触觉增强,较发达的大脑
科	真人科	站立行走
属	直立人属	直立行走,较大的大脑额叶,宽大的额骨
种	新智人(现代人)	明显的额隆突,高度发达的发音器官,长的头发

一、生殖是性和性交媾的原始目的

在生物学上,"性"是指有关生物的生殖经历和由生殖引发的欲望、情绪和行为等,包括了男女两性的性别状态、性解剖、性生理、性活动和性器官在生殖愉悦中发挥的作用等。性是生殖的手段,通过一系列活动最终实施交媾,交媾的目的是生殖。所有与性兴奋和行为相关的内脏器官都属于生殖器官。

(一)雌雄异体的有性生殖

由亲本产生的有性生殖细胞,经过两性生殖细胞(如精子和卵细

[①] 李法军. 生物人类学[M]. 广州:中山大学出版社,2017:99-248.

胞）的结合，生成受精卵，然后受精卵发育成为新的个体的生殖方式，称为有性生殖。有性生殖是生物界最高级的生殖方式，有性生殖表现为雌雄异体。除了在鱼类和两栖类中存在极少数的单亲生殖群体外，脊椎动物的繁殖方式几乎都是有性生殖。当然，人类的繁殖方式也是属于有性生殖。因此，为了人类种群繁衍的需要，生物学特性天然地将人类分为雄性（男性）和雌性（女性）两大群体。英语的"sex"（性，性别）这个词起源于拉丁语的"secare"，原意就是切割、分开，用来表明人类依生物学特性切割划分为两个群体：女性和男性。通过雌雄结合、男女交媾的行为，实现卵子受精，产生后代，繁衍人类。因此生殖是人类最原始、最基本的行为之一，是人类种群得以繁衍生存的唯一方法。

在生物学上，两性的差异是以个体最大适合度为适应基础的生理生存和社会生活的区分。卵子的卵黄具备胚胎发育所必需的基本营养物质，因此卵子体大且被隔离保护。精子的任务就是携带基因，寻找卵子结合以生成基因重组后的新个体，所以精子演化为只有一根鞭毛驱动的、灵活的 DNA-蛋白质小体。从生物学角度，在性和性行为中雌雄异体的生物个体扮演着不同的角色，雄性个体寻求使自己的基因得以繁衍，雌性个体关注得到优秀的基因并保证自己的安全和顺利地抚养后代。以此为基点，从而产生了人类社会生活生存的基本模式。

（二）有性繁殖的自然选择

从生物学角度，以演化论自然选择的"适者生存"原则分析人类的性行为及其目的，男性和女性就是要从生物学和社会学条件中择优挑选配偶，青睐具有环境适应性特质的个体，在主观因素上达到更加适应自然和社会环境，有利于生存，从而在客观上优化基因配对，产生优秀的后代，繁衍种系。动物间的求偶、性竞争、性爱乃至人类的爱情和婚姻，大部分是随着生殖的需要而产生的自然选择方式，最终目的就是结合交配、生产后代、繁衍种群。

（三）性选择

雄性进行繁殖竞争，雌性进行繁殖选择，以此改善种群健康并防止种群灭绝。达尔文认为自然选择在性差异中起作用。但是他难以理解在同样的生存环境中男女的差异为何如此大，生殖器的差异还可以解释，而两性行为和躯体形态结构的巨大差异实在令人困惑难解。

1. 同性间的选择

同性的选择是指同一性别（通常是雄性）的个体为了得到交配的权力，并将自己的基因传给后代，而与种群中同性别（雄性）的其他个体展开强有力的竞争。这样有利于同性（雄性）个体间竞争的性状得以保存和发展，如动物的打斗用具鹿角、象牙等。而且，同性的性选择作为一个清除有害遗传突变的过滤网，可助力种群繁衍，避免灭绝。在一项进化实验项目中，在相同的受控实验条件下，英国学者让90只雄性赤拟谷盗粉甲虫争夺10只雌性个体，经过7年约50代的繁殖，种群仍然遗传健康。研究组使用实验性的近亲繁殖，揭示了种群中潜在有害突变的相对数量。种群在近亲繁殖20代后还能存活，而完全缺乏性选择的单个雄性和雌性配对的组合，即雄性没有经过繁殖竞争，雌性没有经过繁殖选择，在近亲繁殖下到了第10代它们都灭绝了。研究结果表明性选择对于种群健康和繁衍具有重要意义①。这可能也是人类人口性别比例中男性略高于女性的生物学机制。

2. 异性间的选择

雄性要能够交配，必须得得到雌性的青睐，因此对雌性有吸引力的特征会被保存和发展。美国人类学家 Steven Gaulin 认为，性选择解释了有些对于动物的生存没有作用的特征（如雄孔雀艳丽的羽毛），但是对于两性的交配很重要，因此经由演化保留下来。性选择有力地解释人类两性之间存在巨大差异的演化生物学本质。性差异使得人类两性间容易识别和吸引，从而有利于迅速结合交媾。其次，性差异在两性间解剖形态、生理心理和行为上的巨大不同，有利于抚养后代和社会活动的分工合作，由此大大提高了人类的生存空间。

（四）雌雄异体结合的奖赏机制

有性繁殖的雌雄异体间必须有一种奖赏机制，驱使异性个体之间产生强烈的、自愿结合（交媾）的力量，于是就有了异性相吸的自然法则。强烈的性驱动力（性欲）和交媾过程产生的极度愉悦快感就是大自然的回馈奖赏，也是驱使雌雄个体（人类就是男女两性）结合的动力和条件。如果雌雄个体之间没有产生彼此互相亲近的兴趣和冲动，也就是没有性欲，那么雌雄个体（男女异性个体）自愿交媾的可能性有多大？交媾过程中如果不产生极度的愉悦和快感，而是出现疼痛不适，那又有多少异性个体愿意实施互相结合的交媾行为？性行为的生

---

① Lumley A J, Spurgin L G, Gage M J,et al. Sexual selection protects against extinction [J]. Nature, 2015, 522(7557):470-473.

物学基本功能就是将人类的基因代代相传，由于奖赏机制的存在，使得我们在发生性行为时主观感觉良好，热衷于享受性行为的过程。因此，性欲和交媾的愉悦和快感是生物（包括人类）演化过程中的选择，是种群繁殖生衍行为的要求和需要。

（五）有性繁殖的优点和缺点

1. 优点

有性繁殖有以下优点：有性繁殖中，卵子受精产生基因重组，导致种群内遗传变异扩大，增加遗传的多样性；通过有性繁殖，有利的基因有更大概率遗传给后代，能促进有利的基因突变在种群中传播；如果一方在某基因上有不利的变异，其配偶在另一不同的基因上有不利的变异，通过有性繁殖他们的后代可以在两个基因上都表现正常；有性繁殖增加了遗传的多样性，遗传的多样性使得种群能够更快地适应环境的改变，促进生物演化的进程。

2. 缺点

有性繁殖的缺点是随机组合的卵子受精产生的基因组合对物种可能有利，也可能不利。

总而言之，从生物学角度，人类的有性繁殖就是通过选择配偶，产生了基因多样化的后代，得以迅速地适应不断变化的生存环境。

二、决定性和性行为的遗传因素

（一）经典的决定性别的因素

依据传统经典的理论，确定一个人是男性还是女性必须区分下列

7个因素：性染色体（X和Y染色体）；性腺（卵巢和睾丸）；性激素（雌激素和雄激素）；附属腺（女性的前庭大腺，男性的前列腺等）；外部性器官（女性的阴唇、阴蒂等，男性的阴茎等）；赋予或养育的性（如父母亲喜欢女孩，把男婴打扮成女婴来抚养，或成人男士说话嗲声嗲气被人称为"伪娘"）；性别认同（否认自己的生物学性别，心理上坚持认为自己属于另一性别，如变性人）。前五个为生物学因素，后两个是社会学因素。

（二）性染色体上的性别决定基因

父本的Y性染色体短臂上有性别决定基因，称为SRY基因（sex-determining region of Y-chromosome，Y染色体性别决定区）。其是位于人体Y染色体的短臂末端上的一段基因片段，是雄性发育的总开关，决定胚胎的未分化性腺（位于胚胎的尿生殖嵴上）发育成睾丸，成为生物学性别的男性。母本的X性染色体短臂上也存在性别决定基因，称为DAX-1基因，决定卵巢的形成。在正常情况下，拥有XY组染色体的人Y性染色体上SRY基因优先于X染色体上基因的表达，使得个体发育成男性。当X性染色体上的DAX-1基因异常表达盖过SRY基因的作用，使得XY组染色体的人发育出类似女性的外生殖器。在女性中，DAX-1基因在胚胎发育的早期开始低水平表达，但随着胚胎的发育，卵巢组织中的DAX-1基因持续表达，促进卵巢完整发育。

武汉大学罗孟成教授团队发现雄性性别决定新机制。他们通过蛋白质组学的方法，在X染色体上鉴定了一个新的雄性性别决定调控因子

SDX（sex-determining gene on the X-chromosome, SDX），提出在哺乳动物中（包括人类），X染色体也参与性别决定，与Y染色体共同确定性别分化的方向。X染色体上的SDX基因和Y染色体上的SRY基因共同决定性别，其中SDX通过促进SRY表达来确保个体朝雄性发育，如果没有X染色体上的SDX基因的协调促进，Y染色体无法确保个体发育为雄性。在胚胎期及出生后睾丸的支持细胞（sertoli cells）中可以检测到SDX的蛋白表达，而在卵巢中却未检测到[1]。

（三）性染色体的缺失

在一些罕见的个案中，受精卵仅携带一条X染色体，或另一条X染色体意外损坏，由于单倍剂量不足，导致性腺不发育，虽然个体发育成女性的体形，但是没有正常的卵巢，不具备生育能力（Turner综合征）。由于迄今为止还没有发现只有一条Y染色体的个案，故认为只有Y染色体而没有X染色体的受精卵是无法存活的[2]。

三、性激素对性别形成的生理作用

性激素包括雌激素和雄激素，大部分是由性腺（卵巢和睾丸）产生，少部分由肾上腺产生，主要功能是刺激和影响性生殖器官的正常发育和第二性征的形成。雌激素主要为雌二醇，雄激素主要为睾酮；孕激素主要为孕酮，作用于子宫，保证妊娠过程顺利。

---

[1] Zhan J, Luo M, Cui P, et al. SDX on the X chromosome is required for male sex determination [J]. Cell Research, 2021, 32(1):99-102.
[2] （美）Gary F. K. 性心理学 [M]. 8版. 耿文秀等译. 上海：上海人民出版社，2011: 116.

（一）睾酮对脑的组构

在胚胎早期的 6 周，男女两性胚胎构造都沿着与女性胚胎结构相似的方向发育，两性胚胎尿生殖嵴的性腺未分化，在外观上无性别差异。从受精之日起到第 7 周，男性胚胎中由 Y 性染色体 SRY 基因表达的睾丸决定因子（testis-determining factor，TDF）与未分化性腺细胞中的 DNA 结合，促使其发育成睾丸。睾丸形成后开始分泌雄激素，主要是睾酮。雄激素作用在胚芽上，促使其发育成男性生殖器官，如输精管、前列腺和阴茎等，形成男性第一性征。另一方面，雄激素进入脑内，主要作用于神经元，改变中枢神经系统的结构（尤其是下丘脑），影响脑内神经环路，使脑具备认识自身生物学性别的特征，这种作用被称为组构，使脑组织产生不可逆转的变化。胎儿出生后天然地认同自己与生俱来的性别，表现出"男性化"的心理，在性成熟时产生性别固有的与之相匹配的行为，如男性有潜在的敌对情绪和暴力倾向。美国埃默里大学的生物心理学专家 Kim William 在实验中给小猴提供毛绒玩具和玩具车，结果雌性小猴更喜欢毛绒玩具，表现出典型的母性行为；雄性小猴则对玩具车更感兴趣，并且玩的时间很长。不同性别的小猴对两种玩具的喜好与人类婴幼儿的行为完全相同。因此，可以断定对于特定玩具的偏好不是社会教育的结果，而是在胚胎时期大脑或在性激素作用下设定好的程序。

出生后，性激素相对永久地带来生殖系统的生理解剖学的改变，也就是在此之后性激素基本上再也无法改变生殖器官的形态。

（二）性发育的"夏娃定律"

在生物界，胚胎优先发育成雌性模式，在此发育基础上加入其他因素的作用和影响，才分化出完整的雄性个体。在胚胎未发生性分化之前（大约在胚胎 7 周前），切除动物胚胎的尿生殖嵴（未分化腺位在其中），所有胚胎都发育成为"雌性"，当然也都无法生育繁殖。因此，早期性别分化机制是自然遵循默认形成雌性分化的路径，而睾丸分泌的雄性激素——睾酮指导形成雄性分化的路径。换言之，如果没有睾酮，即使性染色体为 XY 型的个体也将发育成外观形态和性生殖器官类似雌性的个体，在人类则发育成为"女性"。由此产生胚胎性发育的"夏娃定律"，即在胚胎发育过程中，男性胚胎某一个节点出现障碍，胚胎的性生殖器官就朝向女性方面发展，主要有 3 类情况，具体如下。

（1）Y 染色体上的 SRY 基因发生变异或丢失，不再表达睾丸决定因子（TDF），这时男性胚胎的性腺胚芽则朝女性卵巢方向发育，继而性生殖器官也往女性方向发展。

（2）SRY 基因正常，并表达睾丸决定因子（TDF），但是胚胎性腺胚芽缺乏相应的受体或受体不敏感，也导致男性胚胎的性腺胚芽朝女性卵巢方向发育，性生殖器官也往女性方向发展。

以上两种情况虽然有类似女性的卵巢形成，但是都无法生育。

（3）SRY 基因正常，且能正常表达，男性胚胎的性腺胚芽也发育成睾丸，但是胎儿睾丸分泌的雄激素量不足，也可使男性其他性生殖器官发育不良，或缺陷畸形，或向女性生殖器方向生长；或对相关脑区的神经元刺激不够，造成出生后自我性别认同障碍，或性行为异常。这也是在临床上和生活中男性发生性障碍的事例要大于女性的生物学基础之一。

在胚胎时期，女性胚胎一般只要没有过高浓度的雄激素刺激，都会发育成女性。如果在胚胎时，女性缺乏雌激素（主要是雌二醇）虽然可以发育成接近正常的女性生殖器，但是通常不会有正常的性行为。即使成年后注入雌二醇，她对男性和女性的性反应仍很少。所以，虽然雌二醇对决定生殖器性分化的作用不重要，但是仍会影响到女性的性发育和部分相关脑区的性分化[①]。

（三）双性人

双性人（intersex）是用来描述人体性别形态结构自然变异的一类人的总称，又被称为间性人、阴阳人，曾被称为雌雄同体，在临床上称为性别分化障碍，是指个体的性别特征（包括染色体、性腺、生殖器和外阴等）在胎儿发育过程中的变异，导致不符合典型的、常规的男性或女性的解剖生理学特征形成。一般情况下，双性人特征直到青春期才显现出来，偶尔在出生时即可见到，一些双性人的染色体变异在外表上可能不会表现出来。双性人的发生机制包括：性染色体变异，如SRY突变，发育出异常的生殖器；性腺的类型异常——卵巢或睾丸的功能异常；性激素水平异常——性激素分泌或性激素相对应的受体异常。

---

① （美）詹姆斯·卡拉特. 生物心理学[M]. 北京：人民邮电出版社，2011：341-343.

1. 真双性人

真双性人（真两性畸形）指在同一个体的体内，既有男性睾丸，又有女性卵巢，或一个性腺内具有两种性腺组织（又称卵睾）。其染色体核型为 46XX 或 46XY，也可为嵌合体 46XX 或 46XY，最多的还是 46XY 核型。真两性畸形的发生原因尚不清楚，推测可能是 Y 染色体的性别决定基因（SRY）转接到 X 染色体上，或 46 条染色体的其中一个。

真双性人体内所具有的卵巢和睾丸皆可有内分泌功能，即体内同时有雌激素和雄激素，但常以其中一种激素占优势。外生殖器可能表现为女性，也可能表现为男性，或二者混合型，而第二性征的发育往往随占优势的激素而定，一般没有生殖能力。

2. 假双性人

假双性人（假两性畸形）分为"男性假两性畸形"和"女性假两性畸形"两种。

（1）男性假两性畸形，指的是在同一个体的体内，生殖腺是睾丸，但外生殖器却像女性的外阴。其染色体核型为 46XY，如雄激素不敏感综合征，男性胎儿有正常的雄激素，靶器官缺乏雄激素受体或不敏感，使得雄激素无法发挥其雄性化作用，导致男性生殖器官无法正常发育，甚至没有发育，睾丸未下降，最终男性胎儿发育出女性的外阴，出生后像女婴。但是由于体内无女性内生殖器官可以连接，阴道浅且以盲端终止。在进入青春期后，个体由于缺乏雄激素的作用，通常没有或很少有阴毛和腋毛；然而在体内少量雌激素作用下，乳房增大，躯体发育成女性体形，但无月经。

（2）女性假两性畸形，指的是在同一个体的体内，生殖腺是女性卵巢，但外生殖器却像男性的特征，其染色体核型为46XX，如先天性肾上腺异常综合征。在胎儿时，其体内产生超量的睾酮，促使外生殖器向男性化发育，出生后男性化仍然在继续。这些女童表现出对机械类玩具更感兴趣，而对女性化玩具（如娃娃）兴趣较低。患者如果未接受治疗，可引发男性化青春期发育过早的到来。患者会有一个貌似阴茎、比较大的阴蒂；在性欲上可能被女性吸引。但是先天性肾上腺异常综合征患者的智商普遍偏高，很多患者在学术和事业上都有很高的成就[①]。

四、性激素在青春期的生物学意义

除了人类，包括与人类关系最为密切的猿类在内的其他动物都是从婴儿直接进入成年。而人类则在出生后，需10年左右的时间性发育逐渐成熟，从儿童期过渡到青春期。相对于其他哺乳动物，这段相当长的生长发育期是人类演化过程中的重大事件，它使得人类有更多的时间用来学习和适应环境。进入青春期后，性激素主要有两方面的作用，一是在生理上对性行为趋势起组织或安排作用；二是在血液循环中的性激素会促使个体对生活环境中的异性产生性反应。同时在性激素的作用下，个体出现了男女区别鲜明的第二性征，如男女两性体形的差异、声音性质的不同等。

---

① （美）约翰·蒙尼.人体的性缺陷[M].桂林：广西师范大学出版社，2003：43.

由于大脑高度发达，通过后天的学习和认知，人类的主观意识（主要是社会环境和文化因素）会对性产生了比性激素更强大的影响。因此性和性行为的表达在很大程度上同样是社会心理学研究的理论范畴。在这时期，如果性激素不足、缺乏生活环境中的异性刺激或刺激不够，以及受到社会环境和文化因素的影响（目前看可能影响更大），就会导致性别认同和性行为等产生与生物学规律不同的改变。可以说社会学的因素，也就是后天的教育学习及生活环境会深刻地影响和改变儿童、少年和青年的生物学特性的表达。

第二节 社会学因素反作用于性和性行为

19世纪的德国哲学家路德维希·费尔巴哈说过，人是从自然界中走出来的，但是仅仅从自然界中走出来的还不是人，人是人的产物，是历史和文化的产物[1]。

一、性和性行为的社会学属性

（一）社会学属性背景

人类的性和性行为离不开文化和社会等外部因素强大的影响，所以性和性行为又是一种社会和心理现象，是个体社会化的主要方面之一。一方面人类的性和性行为广泛地涉及社会生活和许多重要领域，对其产生深刻的影响。在文学中，与性有关的爱情总是各种文学体裁

---

[1] 朱德生. 由性善性恶论引起的一点反思[J]. 红旗文稿, 2014(14): 40（新华文摘, 2015, 20）.

中最经常表现的主题，与性相关的热点问题更是经常出现在职业和社会地位等方面。另一方面，人类社会根据需要和认识通过宗教、法律、道德和习俗等调节、规范人类的性和性行为。在宗教信仰方面，无论基督教、伊斯兰教、佛教，还是我国的道教，都有性和性行为的阐述和规则。在法律法规方面，《中华人民共和国治安管理处罚法》规范了人们的性行为，在《中华人民共和国刑法》中与之相关的条文也很多，如强奸罪、拐卖妇女罪等。在道德习俗方面，不同的社会、不同的民族、不同的国家有着不同的标准和要求。总的来说，对性和性行为涵义的阐述和认识很难被世人统一。人类社会对于性和性行为的认识存在截然相反的两个极端：一端是性禁忌，压制人的性和性行为；一端是性放纵，提倡人享有绝对的性自由。多数时候是徘徊在这两个极端之间。

（二）"性革命"和"性自由"

1."性革命"与女权主义者

在学术上"性革命"应当是指人们对传统性文化、性观念的变革，追求从教条主义式的性伦理中解放出来。在过去的百余年来，工业化、信息化引发全球经济迅猛发展，导致社会各个方面发生巨大变化，尤其是女权运动（妇女解放运动）的兴起冲击传统的性价值观，导致各国社会的性价值观和性行为与传统相比发生很大的变化。自1850年第一代西方女权运动开始，反对歧视女性的声音越来越大，使得女性在就业和政治方面享有同男性平等的权利，大大改善了女性的社会地位和生活境遇。第二代西方女权运动始于20世纪60年代，其目的在于争取性别平等、工作权利平等，也让社会关注家庭暴力等议题。但是女权运动本身也存在一定程度的不足，那就是在考虑女性的解剖生理心理的特点方面有所欠缺,过分追求男女两性形式上的绝对平等。同期,更有部分激进自由女权主义者追求个人主义,强调"自我",关注性革命。

随着这些激进自由女权主义者介入，推动了第二次"性革命"。在"性"方面，她们认为自己挑战的是整个男性社会和"性阶级"，她们诉求女性的全面"性解放"，宣扬"性"的男女平等，着力于性关系和性行为。但是，由于受到大众传播媒体和一些"性自由"的极端群体的误读误解，使得女权运动偏离了原意。其将"性革命"及"性解放"视为是无节制地追求和满足性欲、快感的"性自由"，并把这作为终极目标及时尚潮流。同时，在非主流的"性革命"文化舆论导向下，同性恋等群体顺着这种社会氛围争取性取向的自由与开放，即同性恋的性解放。

综上，相关理念冲击着传统的性伦理和性观念，导致各国社会的性价值观和性行为或多或少地与传统相比发生很大的变化，并涉及部分传统社会中的性与家庭观念。

2."性革命"对性观念的影响

"性革命"对现代社会文化的影响体现在生活中的方方面面，其中对于性观念的影响最为明显，大体而言可以归纳为以下方面。

（1）性表达和性表现的公开化。第一，性现象更加公开化；第二，给更多的事物或现象赋予性的含义；第三，更加突出性别差异中性的方面；第四，性开始成为一种社会表达方式。例如"性感"一词从语境上逐渐转为一个偏向于赞美的中性词，此外还有性的消费化、符号化等社会表现[1]。

（2）女性的"性革命"。如女性在性功能上的"非生育化"，在性活动中的"主体化"和"权力化"等。

（3）性与生殖关系的革命。由于口服避孕药的普及，人类性行为的目的不再是为了生殖，而是变成以获取性快感为目标的过程。

（4）性与婚姻关系的革命。性关系与法定婚姻相对脱离，非专一的性关系增多。

（5）性的代际关系革命，即所谓的"青少年造反"。青少年性权利意识增强，婚前性行为增加，青年的性文化进入社会内圈。

（6）性的社会管理的革命，即性的私事化。与性相关的法律和社会管理放弃了唯道德主义的原则，转而奉行功利主义原则和个人权力至上的原则。

（7）同性恋革命。从20世纪70年代以来同性恋者争取与异性恋者同等权利的社会运动。

（8）性安全的革命，即"安全的性"，表现为不与生物人交媾和交换体液的性活动方式。20世纪90年代，由于艾滋病威胁欧美的性文化，出现以单独性行为（参阅第六章第二节）为特征的性活动形式。例如，"电话性活动"或"网络性活动"通过专门机构服务，人们或

---

[1] 潘绥铭，黄盈盈.性之变——21世纪中国人的性生活[M].北京：中国人民大学出版社，2013.

讲、或听、或观看想象中的性活动，获取性幻想，得到性满足；组织自慰性活动，单独或互相手淫。近年人工智能的发展，更是诞生了"性爱娃娃"。对于这些人来说，性将变成一种孤独的、单一的性活动[①]。

3. "性革命"对社会的影响

虽然近 30 余年来在生物医学方面，人类对性和性行为有了更多、更深入的了解和认识，但是在 20 世纪后期，由于试管婴儿技术的发明和推广，伴随着又一波性理念改变的浪潮，有学者称之为"第三次性革命"，欧美主流社会全面地将性和性行为去医学化、去生物学化，使得社会学和人文科学思想理念更全面、更深入地浸透到人类的性的各个方面，完全忽视和淹没了性和性行为的生物学本质。例如，许多社会学学者提出婴儿在出生前是一张白纸，出生后他们的性和性行为都是被社会引导、强加产生的。然而生物医学的事实正如前述，在胚胎时期胎儿的大脑已经经历过性激素的洗礼，基本上认同自己的生物学性别。

由女权主义者推动的"性革命"，在很大程度上是媒体的产物，而媒体总是关注那些比较极端或比较敏感的案例。例如，关于性的目的的一个论述："也许性永远都是有目的的——但这个目的将会是一个人，而不是一个什么事或什么东西。性的目的将变为服务我们这些有性行为、享受性行为的人。除了性带给人们的同理心和享受——除了身体上的愉悦感受、与人建立社会联系和实验之外，性的意义将不

---

① 刘新民. 性障碍 [M]. 北京：人民卫生出版社，2009：114-116.

复存在。未来，性的意义就在于性本身。"① 这段论述完全剥离了性的生物学本质。

二、欧美主导的性和性行为的价值观及生物学基础

（一）欧美主要的性和性行为观念与"性革命"

1. 性观念和性规范

简要地说，东西方伦理观中主要存在3种性观念和性规范：坚持以生殖为性的唯一合法理由的规范，持这种观点的人大都有着较深的宗教信仰；性是爱的需要，有爱才有性，没有爱的性是不道德的；性的目的是娱乐，性仅仅是人生多种快乐的源泉之一，性情绪的共享可以成为人类一种创造性的力量。最后一种关于性和性行为的娱乐化的观念，推进了欧美"性革命"学者提出性和性行为多元论的进程。他们主张依照自身的性欲感觉表达性和性行为，拒绝单一的表达形式（主要是指生物学意义上异性间的阴道-阴茎交媾形式），即承认和保护每个个体的性和性行为选择的权利。

2. 性和性行为价值观的核心

从主流的观点来看，欧美性和性行为价值观的核心是关于性和性行为目的的"四阶段论"：在远古时期，人的性和性行为只为了生殖；在农耕时代，只有婚姻才能产生性行为；只要有爱情就可以产生性行为；在当今数字智人化时代，更是提出性和性行为的娱乐化。简而言

---

① Brandon Ambrosino. https://www.bbc.com/future/article/20190702-are-we-set-for-a-new-sexual-revolution.

之，"四阶段论"可概括为以生殖为主、以人际关系为主、以娱乐为主[①]。

（二）"性革命"的生物学基础和社会背景

1. 人类人口激增

当今，在人类与性和性行为相关联的众多物事中，生殖、愉悦和情感3个方面特别重要，性和性行为分别与之相联交叠，但是又不与任何一方面等同。生殖无可置疑是性和性行为的基本点和出发点。近万年以来，随着人类文明进展，尤其数百年来，科学技术迅猛发展使得人类的生存环境得到极大改善，造就人类成为地球独一无二的主人。同时，伴随而来的是人口爆炸式的激增。在1950年即联合国成立5年后，世界人口总数约为25亿，到2022年11月中旬全球人口翻了3番达到80亿余。由此产生的一个后果是个体对与异性结合交媾、生育后代的欲望和需求急剧下降，女性生育的数量和生育率日趋降低，性和性行为的生殖功能显得越来越不重要，甚至边缘化（参阅第七章第二节），以致当今，性和性行为给人类带来的愉悦快感更为突出，人类对于其愉悦的需求已经远远超过生殖的目的。在很多情境中，性和性行为的愉悦又可以增强人们的情感联系。

性和性行为娱乐化的实质是在人口激增、弱化了性和性行为基本的生殖功能的背景下，人类为了享受和满足自身生理性欲的需求，找到宣泄和释放生理本能的性驱动力带来的性紧张的出口。这就是欧美

[①] 席焕久. 医学人类学 [M]. 北京：人民卫生出版社，2004：269.

性和性行为价值观的生物学基础之一。

2.避孕药和试管婴儿技术

在人口剧增的生物学背景下，人类努力地、积极地、不断地探索和寻求简单易行，并且有效的避孕方法，女性口服避孕药就此应运而生。女性口服避孕药是将性行为与生殖功能分开的一个生物医学的重大突破。1960年，女性口服避孕药在美国上市，解除了有生育能力的女性对意外怀孕的担忧，性快乐主义理论取代传统的"性和性行为生殖目的论"，在客观上促进了20世纪60年代由女权主义者发起的"性解放运动"。在欧美，性和性行为逆传统变化，主要表现为具有"性解放"思潮的女性不再遵从对发生性关系的约束和限制的传统的社会习俗。当时，美国保守学者（1968年）在《读者文摘》中提出："人人都知道避孕药是什么。它很小，但对我们社会的潜在影响甚至可能比核弹还要具有破坏性。"人类使用这种简便易行而又有效的避孕方法——口服避孕药，有效地使性生活与繁衍后代的生殖功能分离，产生被欧美性社会学家称之为在性思潮中最具革命意义的"两分离"：一是将性快感与生殖行为分离；二是将性快感及其身体快感与生殖器官分离，甚至也可以用假体制造性兴奋。

1978年，育儿新技术——试管婴儿的诞生，成为人类生殖医学史的新里程碑，使得人类繁殖后代不一定需要雌雄异体的躯体结合交媾。同时，也拉开传统文化和伦理道德与新生殖技术对峙的帷幕，更进一步为欧美的性"两分离"理论提供生物学基础。

(三) 欧美主导性和性行为观念产生的后果

今天,当人们在谈论到性或性行为时,常常受到欧美国家性观念、性价值观的导向和影响,总是从社会学和人文学方面来认识和解释性和性行为,如人权、隐私等,有意无意地忽视性和性行为的生物学本质,只留下社会学的核心,以致对性和性行为的认识和判定标准已经远远地偏离生物学的方向。黎巴嫩诗人哈·纪伯伦(Kahlil Gibran,1883—1931)说过:"我们已经走得太远,以至于忘记了为什么而出发。"(纪伯伦《先知》)。在性和性行为上,人类已经忘记或漠视性和性行为最原始、最根本的目的是生殖,并逐渐背离自然的生物学规律。

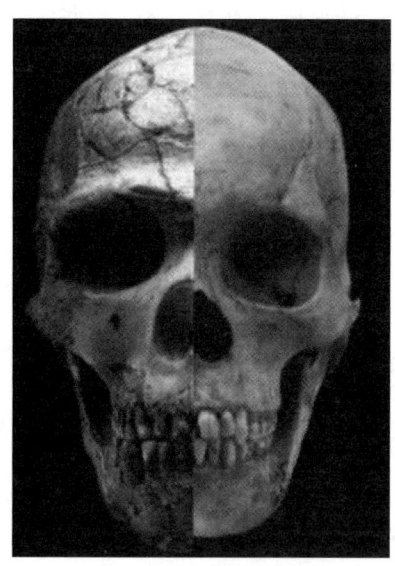

图 1-2-1 古今男性面颅的差异
注:左侧为古人,右侧为今人
[引自 Current Anthropology, 2014 年, Vol.55 (4).]

性解放或"性革命"和欧美的性和性行为价值观带来的不良后果主要为:人们只关注情欲的满足(娱乐化);对青少年性冲动缺乏科学的引导;冲击传统的伦理道德体系,却没有建立起可行的替代方案,以致陷入盲目的性关系混乱中;引发家庭观念的缺失,或者核心家庭模式的衰落。我们可以观察到私生子女、青少年受孕及单亲妈妈与日俱增。单亲父母养育的家庭通常要比双亲养育的家庭更加贫困。在美国,10 个长期贫困的儿童中就有 6 个在单亲家庭中成长。养育一个孩子需要大量的资源，这是造成单亲妈妈与其子女贫困的主要原因。

另一方面，从演化生物学角度预测，长久的、持续的、后天的社会学行为，最终会导致遗传学因素即基因发生变化，从而改变人类性和性行为生物学特征。

英国学者将雄性赤拟谷盗粉甲虫置于高强度的同性性选择环境中，它们的后代能够保持遗传健康。而完全缺乏性选择的雄性和雌性一对一配对的粉甲虫，即雄性没有经过繁殖竞争，雌性没有经过繁殖选择，则存在诸多遗传缺陷。这个实验也很好地佐证了生物的后天行为会导致生物的遗传信息发生改变这一观点。

美国杜克大学古人类学家团队研究对比1400个古代和现代男性面颅，他们发现古代男性的额骨的眉棱更明显，上半部面庞更大，而现代男性脸部更圆润，眉棱也不及前人突出了，呈现女性化的趋势（图1-2-1）。这些颅骨的表面解剖特点属于第二性征，主要是在雄激素（主要是睾酮）作用下产生。那么这种现代男性面颅女性化的表现提示着现代男性体内雄激素（睾酮）的减少。[1]适当浓度的睾酮是雄性动物保持强烈攻击力的必需条件，阉割的雄性家畜就少了攻击性。睾酮能提高雄性动物的争斗性，并在领域和地位争夺中增强其战斗力[2]。再进一步究其原因，恰是人类社会的文明进步、合作友善使得男性对

---

[1] Robert C, Steven C. Society bloomed with gentler personalities and more feminine faces [J]. Current Anthropology, 2014, 55（4）: 1086-1110.
[2] （美）爱德华·O. 威尔逊. 社会生物学－个体、群体和社会的行为原理与联系[M]. 毛盛贤等译. 北京: 北京联合出版公司, 2021: 195.

雄激素（睾酮）的需求减少。这应该就是人类的社会学行为（后天行为）改变人类生物学特性最真实的例子。

综上所述，有必要对欧美所主导的性与性行为观念最终可能改变人类的基因和遗传学特征保持清醒的认识。

（四）对欧美的性和性行为观念的看法

欧美的性和性行为的观念随着东西方文化的交融，已经渗透到中国文化的许多方面，面对这样的现状，中国学术界也有所应对。

首先，我国性科学相关的社会学和医学专家、学者与时俱进，积极探讨适合中国国情的性和性行为的价值观。在深入调查研究的基础上，这些专家、学者们坚持将生物学性和社会学性进行有机结合，对欧美流行的性观念和价值观，去其糟粕、留其精华，积极探索和建立符合当代国情的性和性行为价值观，满足当今社会人们对性健康和性满意的需求，使人们理解、接受，并落实到社会实践中。根据世界卫生组织（2002年）对性健康的定义："与性有关的身体、情感、心理和社会健康状态，不仅仅是没有疾病、功能障碍或虚弱。性健康需要对性行为和性关系采取积极和尊重的态度，以及在没有胁迫、歧视和暴力的情况下获得愉快和安全的性经历的可能性。为了获得和维持性健康，所有人的性权利都必须得到尊重、保护和实现。"

其次，当前应当以社会主义核心价值观和我国道德、法律为基础，提倡对爱情的忠诚和一夫一妻制，抵制不合乎公序良俗和道德取向的性行为。

最后，医学科学家应当更谨慎地看待人类生殖辅助技术（如试管婴儿）的医学伦理问题。对于人类胚胎、生殖细胞乃至于基因层面的医学实验应当予以严格的审视，实验是否存在遗传学的风险，对人的生物学特性会产生怎样的、多长时间的影响等问题，都值得医学科学家思考和探索。

第三节 前人对性和性行为的认识

一、原始的生殖崇拜

生殖崇拜（性崇拜）是人类自然崇拜的一部分，是指包括膜拜生殖器官、生殖现象和性交行为等 3 部分。在原始的生殖崇拜中，对女性的生殖崇拜强调女性的生殖功能，对男性的生殖崇拜突出男性的勇猛。

（一）女性生殖器官崇拜

古人无法理解自身的性交行为和生殖现象，因而产生了一种神秘和敬畏的心理，认为女性分娩出新生命，具有神奇的力量，因而生殖之神多为女神。生殖崇拜的目的主要包含两个方面，其一是祝福子孙后代繁衍昌盛，其二是祈愿五谷丰收。

约在 1 万年前的农耕时期，性对于人类而言已经具有较复杂的内容，不再完全是一种单纯的感官享受。宁夏贺兰山在约 10000 年前的新石器时代的岩画就体现出对女性的生殖崇拜，河南新郑市具茨山（具茨山是中岳嵩山的余脉，也称为始祖山，山顶有轩辕庙等）也发现距今 4000~8000 年女性外生殖器的岩画。我国古代民间故事、民间绘画中对女娲造人、送子观音等的描绘同样是生殖崇拜的具体体现。在国外各民族文化中，女性的生殖器官崇拜体现在代表生殖之神的女性特征都强调肥大的躯干，突出与性有关的身体部位，如乳房、臀部和生殖器官，强调女性具有种群生殖繁衍的功能。在 6000 年前，古埃及人认为性交媾是一种受人崇敬的行为，应当加以神圣化，处女的第一次性行为，通常在神庙里由神职人员或陌生人用人造生殖器完成。

（二）男性生殖器官崇拜

父权社会下的男性代表着威猛和力量，由此产生了对男性生殖器官膜拜的生殖崇拜。其特别突出祛邪避险的作用。古希腊神话的生殖之神普莱亚帕斯、古埃及主神阿蒙和男性生殖的守护神敏（Min）等，他们的阴茎既具有生殖的象征又是保卫疆土的体现。至今，南亚的印度、尼泊尔、不丹和印度尼西亚的巴厘岛仍然流行男性生殖器崇拜。

在生物族群中，雄性动物的警觉和攻击性行为能更好地保护族群，对族群的繁衍有积极的意义。在动物界里，许多雄性动物包括灵长类在打斗时，或在向雌性动物求爱时都有阴茎（阳具）的勃起。狒狒和绿猴群中担任"哨兵"者，在群体进食或睡觉时在其哨位上坐着，两大腿分开，阴茎勃起。这种独特的姿态是"哨兵"让其他动物看到表示其边界范围的视觉记号，警告它们不得侵犯。勃起而挺拔的阴茎是征服的工具，是雄性动物的权力象征。

雄性生物生殖器官的勃起与大脑杏仁核有密切的关系。杏仁核在警觉和愤怒、攻击行为方面起着很重要的作用。同时，杏仁核也是调节性功能的重要中枢结构［参阅第二章第二节，二、大脑皮质的性行为调控中枢：边缘系统，（六）杏仁核］。有学者的研究通过对雄性动物的杏仁核施加慢频率刺激，发现可以诱发它们的咬、嚼动作，且在 30s 后出现阴茎勃起，如刺激雄性鼯猴的杏仁核能诱发阴茎勃起、愤怒行为以及咬与嚼的动作。该研究证实了杏仁核可以同时整合和调控雄性动物的愤怒、攻击和阴茎勃起的行为。这些应该是人类男性生殖器崇拜的解剖生理学基础。

二、古代的西方和中东的性观念

（一）古犹太

在古代，犹太人的性观念是非常独特的，他们深信生殖是行使性功能的基本理由。手淫因被看作是一种避孕的方式，有悖于生育而遭到反对；独身是一种罪过，不育或不婚应受到反对和排斥。《犹太教法典》充分体现了男尊女卑的思想，女性被认为比男性低一等，生儿子的女性只需经过 33 天净身时间，而生女儿的女性须经过 55 天后才能开始性生活。该法典还强调保藏财富和维系传宗接代的婚姻习俗：如果丈夫死后无嗣，则必须实行"兄终弟继"，弟弟有义务娶作为寡妇的嫂子为妻，并将所生的第一个男孩作为亡兄的法定子嗣。

（二）古希腊

通过对古希腊文明（约始于公元前 12 世纪）的探索，可追溯到西方社会性和性行为的道德模式的起源：崇尚裸体文化。追求无约束甚至放纵的性生活和在性道德上对神的漠视，以及对男同性恋的赞许等，都是古希腊性文化的重要特征。在古希腊神话传说中，许多神灵被描绘成沉迷声色、轻佻和追逐女性的形象，如众神之王宙斯。宙斯结过7次婚，虽然有7位妻子，但还是偷偷摸摸追求婚外情，拥有众多情人，甚至还有男宠。从文学艺术作品《伊利亚特》和《奥德赛》等对性和性行为的描述，可以感受到古希腊人对性毫不忌讳且性行为开放、放纵的观念。

（三）古罗马

古罗马文明（约始于公元前9世纪）则突出了追求快乐主义的性文化。但其对处女贞操推崇备至，按照古罗马法律，任何处女均不得被处以死刑。角斗和竞技表演最能突出地反映罗马人性虐待呈现娱乐化的倾向。诗人奥维德（Ovid）的《爱经》，是古罗马文学史上一部独特的书，是一部抒发和追求爱欲的文学经典。奥维德开宗明义指出：有了技巧，人们才能在海上荡起轻舟；有了技巧，骑手才能敏捷地策马纵横；爱必须由技巧来引导。该书曾被指责是"指导诱奸和通奸"的淫秽诗作，在过去被欧美国家长期禁止。

（四）中世纪的欧洲

早期基督教会倡导禁欲主义的原罪文化。公元5世纪基督教思想家的主要代表奥古斯丁（Aurelius Augustinus）等将性禁欲推向顶峰，深挖根源，将性与"原罪"联系在一起。他认为人类始祖亚当和夏娃偷吃了禁果，触怒了上帝，不可挽回地犯下"原罪"，必须世世代代赎罪，禁欲独身。奥古斯丁也成了"史上最强悍的单身倡议者"。中世纪在罗马教会统治时期，禁欲主义的贞节观将性从其他精神文化和社会准则中分离出来。教会的性观念和道德标准是：独身即对男人来说，不碰女性是一种美德，需制造一批独身的神职人员；生育才能证明肉体关系的合法性和正当性，并给予性行为严格的约束。罗马教会提倡的性交媾观念，认为男性上位体位是唯一合适的性交姿势，其他性交体位都被视为恶魔附体的结果，避孕和流产也是不被允许的。但是，教会的严厉规矩与神职人员的个人实际行为之间存在着巨大差距，时有发生性放纵的犯规行径，修道院和修女院也存在着同性恋现象。

19世纪最后的25年是欧洲历史上性行为被强烈压制的时期。19世纪英国的维多利亚女王时期，施行严厉的性禁忌，文学或日常对话禁止涉及性话题；绘画作品中，女人只有胸部没有乳房，只有手，没有腿；贵族家庭甚至用布把钢琴的脚包裹，以免联想到女人的大腿。但是，在这一时期"青楼业"反而得到快速发展。在1850年，仅伦敦一地，就有5000人以"拉皮条"为业。1857年，伦敦警察局的材料表明，伦敦操"皮肉"生意者近25000人[1]。

三、我国古代和近代的性观念

（一）先秦时期

《周易》相传系周文王姬昌所作，其中心思想是世间万事万物由阴阳结合而产生，以此预测世事发展的趋势和规律，并以阴阳符号代表世间万物的运行状态。在阴阳学说中，男为阳，女为阴。除象征天地之外，乾坤两卦也是男女两性性器官的符号。故有学者认为，《周

---

[1] （美）本杰明·萨多克，哈罗德·长普兰，艾尔弗雷德·弗里德曼等. 性科学大观[M]. 李梅彬主译. 成都：四川科学技术出版社，1994：114.

易》最初可能是性器官崇拜时代的产物，其对男女性事的意义和目的也是较明确的，如《易·系辞下》的"天地氤氲，万物化醇，男女媾精，万物化生"，天地阴阳交会给万物以生机，男女交接是人类繁衍的基础。我国最古老的诗歌总集《诗经》有大量诗篇描写婚姻爱情，内容丰富多彩，既有反映男女相慕相恋、相思相爱的情歌，也有反映婚嫁场面、家族生活等的婚姻家庭诗作，还有表现不幸的婚姻给孤女带来痛苦的怨妇诗。

在周朝以来，婚姻制度以一夫一妻制为主导形式。庶民家庭严格实行一夫一妻制，但是贵族阶层表面上是一夫一妻，实际上除一妻外，还占有很多女性，俗称妻妾成群。在春秋战国时代，圣贤孔子在《礼记》中叙述对人生的看法，"饮食男女，人之大欲存焉。""饮食"指食欲，"男女"指性欲。释义即为人的一生离不开两件基础大事：饮食、男女，一个是生存的问题，一个是性的问题。

编年体史书《左传》记载春秋战国时代许多王公贵族性开放和性关系混乱的事例和情况。例如，晋献公与庶母的奸情；卫宣王将其子之妻占为己有；齐国的文姜嫁给鲁国的鲁恒公，回娘家与同父异母的兄长齐襄公乱伦私通；燕国人居然还用老婆招待客人，陪客人过夜。到了秦代男女性关系还是比较随意，史载秦始皇的母亲赵姬有私通吕不韦和嫪毐的行为。秦始皇在位37年时，下达禁止淫逸法令，要求"防隔内外，禁止淫泆""与人通奸者……杀之无罪"。

（二）汉唐时期

两汉隋唐时期性文化发达繁荣。四川省眉山市汉代崖墓出土的"天下第一吻"石雕,画面是一对夫妻裸露胸部相拥而抱,男性一边抚摸女性的胸部,一边亲吻着她的面颊。汉代墓葬有一个重要特点,不少墓葬的葬品力求复制和表现死者生前的生活情景,即视死如生。因此,"天下第一吻"石雕的内容如实地展现这对夫妻在世时亲密无间的恩爱关系,也从一个侧面反映当时性表达的开放和热烈的民俗民风。再者,从唐代袒胸露臂的女性服饰等就可以了解到唐代古人的性观念与后世并不相同。唐代的传奇小说大多涉及性爱,以元稹的《莺莺传》为代表,内容肯定婚姻自主和爱情专一,宣扬性享受。

两汉隋唐时期房中术得到大力发展。我国本土的道教产生于东汉末年,并形成了专门研究性交媾的"房中术"。道教认为,精、气、神为人生三宝,精足则气充,气充则神旺。在房事中,必须守住精气不使之过度泄耗,以"还精补脑"。在性行为方面,道教主张性纵欲。但是囿于传统男尊女卑的习俗,房中术主要是针对男性,如采阴补阳等。许多身为道家的名医,如葛洪、孙思邈等都有以性为题著书。同时,汉唐医书也有许多关于性养生、性疾患的叙述。

(三)宋元明清时期

1. 宋代

宋代程颐、朱熹的理学盛行,他们将天理与人欲对立起来,提倡"存天理,灭人欲",严厉的性禁忌开始盛行。《二程遗书·卷二十二》中提到,"问:'或有孤孀贫穷无托者,可再嫁否?'曰:'只是后世怕寒饿死，故有是说。然饿死事极小，失节事极大。'"① 社会对性和性关系的限制日趋严厉，包办婚姻兴起，要求女性保持贞节，主张女性裹足等。有学者认为裹足始于北宋，兴于南宋。性禁忌提倡节欲，认为夫妻完成传宗接代的职责后，就不应纵情性欲，遏制了房中术的发展。

但是，在性禁忌的盛行之下，宋朝的青楼业却空前繁荣。宋朝京都开封"花阵酒池，香山药海，别有幽坊小巷，燕馆歌楼，举之万数，不欲繁碎"。这里的"燕馆歌楼"，便是青楼妓馆。有人统计过，《东京梦华录》共有19处提及京城内外的青楼妓馆。《东京梦华录》是描写北宋徽宗年间东京（即现在的开封市）的社会生活景观旧事之书。

2. 元明清时期

元朝的政权是由蒙古族所建立，虽然元朝推崇朱熹，并将"四书"作为科举考试的内容，但是帝王权贵通过宗教的"演揲儿法""秘密大喜乐禅定""十六天魔舞"等寻欢作乐，骄奢淫逸。元朝把他们统治下的各民族划分为蒙古人、色目人、汉人、南人四等，由于汉族人地位低，为避免女性被性侵，在文化习俗中进一步强化了男女有别的性禁忌，即禁止女性随意外出。

明朝推崇理学，把理学之外的学说都列为异端。王阳明的心学提出"破心中之贼"，倡导禁锢性欲便是其中之一的体现。清代的文化专制，在"严绝非圣贤之书"的禁令下，性禁忌越演越烈。在这严苛

---

① 毕焕洲. 中国性医学史［M］. 北京：中央编译出版社，2007：164.

的性禁忌中，陈旧迂腐的贞操观束缚着一代又一代国人的思想，因性禁忌中国古代女性付出极其惨烈的代价，其也是性禁忌最大的受害者。

（四）民国

推翻清朝后，民国时期的孙中山就正式下令禁止缠足，讨伐缠足不遗余力，陈独秀、李大钊等人都曾撰文痛斥缠足对女性的摧残和压迫。待新中国成立后，已基本全面实现"消灭小脚"。民国初年，女性的肉体是不能外露的，即使是睡觉，也要穿着越过膝盖的长背心，特别是胸部，必须用布条扎成平胸。但是，一些追求个性解放的时尚女性开始试穿一种小马甲代替捆胸的布条。彼时，思想前卫的女性胆子越来越大。由此引发了1920年上海政府发布通告，"故意奇装异服以致袒臂、露胫者，准其立即逮案，照章惩办"。照此公告，女性只要穿着低胸露乳、裸露胳膊、小腿的服装，就将面临逮捕入狱的危险。但当时众多学者认为捆绑平胸的行为违背人的解剖生理，所以大力倡导解放女性胸部，当时称为"天乳运动"。1927年，民国政府颁布条令，倡导"天乳"，反对束胸，对于不执行"放乳"政策的，反而要进行罚款。禁锢了中国妇女胸部几千年的布条终于松开，中西结合的乳罩开始流行普及。

"五四运动"是我国文化发展的节点。随着西方文化全面传入，我国性文化也逐渐吸纳西方性文明的元素。但是在性禁忌上，民国时期基本上沿袭过去年代的双重标准，对社会中下层人群极力宣扬禁欲禁色、失节事大等性禁忌；而权贵富人则三妻四妾、声色犬马，纵欲荒淫，且频繁光顾妓院。

四、对女性贞操的要求

现代人类（智人）不但是生物界的一员，也是人类自己文化和社会化的产物。农耕社会有4条基本性道德：婚姻才可以产生一切性行为；生殖成为性的首要，甚至成为唯一的目的；男性主宰性行为；由财产和地位决定性的特权大小。在农耕社会，财产是维系家庭生存的物质基础。男性为确保配偶生产的子女是自己的后代（涉及财产的继承权），因此择偶时必须将未来孩子与自己血缘关系的确信度列入考量（也就是"贞节"）。另一方面从生物学的"为我"的特性来认识男性对女性贞操[①]的要求,那就是男性要保证抚养的后代确实传递了自己的基因。因此，男性偏好于与无性交史的女性（即处女）建立婚姻关系（夫妻），尽量避免与可能怀有他人孩子的女性结婚。

贞操是伦理道德的产物，是与性克制有关的性道德。守贞是指在婚前不与异性产生性行为和婚后不与配偶以外的异性发生性关系，意指为守住贞操。但是，在人类以父权制为主导的农耕社会里，这种严苛的守贞和对贞操的要求，并不是男女两性双向、平等的，而是仅仅指向女性。从生物学角度来看，由于男性有充足的精子和快速的交媾时间，因此，如果他有足够多的性伴侣，则一年可以发生多次以生殖为目的的交媾行为。通过这种方法，他们就能够在农耕社会拥有更丰富的人力资源，壮大以自己血缘为基础的群体实力。这或许是在以男性为中心的父权社会里，男性可以一夫多妻、可以公开的婚外性行为

[①] 贞操：女子不失身，从一而终。该定义出自《辞海》（第6版，2010年）。

如嫖娼等潜在的生物学因素之一。

与其他哺乳类动物相比较，人类的生长发育还有一个很显著的特点，就是拥有无能无助的婴儿期和需要悉心照料的儿童期。女性由于一年基本只能怀孕分娩一次，之后要投入大量的精力和时间抚育后代。因此，女性需要找到一位优秀、有责任心、稳定的男性配偶共同养育后代。一夫一妻制更能支持和保护女性这种生物学的需求。从生物学缘由出发，为了种群的优生优育，男性也应当遵从一夫一妻，遵守贞操和守贞。所以，从埃及的《死亡书》、巴比伦的《汉谟拉比法典》到各种有记载的亚述法律来看，婚外的性行为都受到限制。例如，亚述法律规定，一个男人若吻别人的妻子，则应"用牛刀割除其下嘴唇"。

第二章

脑的性别特征及对性和性行为的调控

第一节 脑形态和功能的性别特征

人类的生殖和性行为，如求偶、互相吸引、交媾、生育和抚养后代等，在男女两性中通常差异很大。而人类的行为主要受神经系统调控，这就提示脑的形态和功能具有在男女性别中存在差异的特征。在胚胎期和围产期，胎儿和婴儿性腺分泌的性激素将发育的脑区组织化，使得脑的发育和组成产生性别差异，分出雌性或雄性的生理和行为模式。活性化使得脑在成年期触发雌性或雄性性行为的生理表达模式。有文献报道，在发育中的脑，睾酮通过抑制或促进神经元的凋亡，导致男女两性的某些脑区大小发生差异[1]。

一、脑的组成

脑位于颅骨围成的颅腔内，分为大脑（端脑）、间脑、小脑和脑

---

[1] Morris J A, Jordan C L, Breelove S M. Sexual differentiation of the vertebrate nervous system [J]. Nat. Neurosci, 2004, 7(10):1034-1039.

干4个部分；脑干从喙端到尾端依次为中脑、脑桥（桥脑）和延髓（延脑）3个部分（图2-1-1A、B）。在性别特征上，脑不像人类的躯体外形，没有明显的两性形态差异。

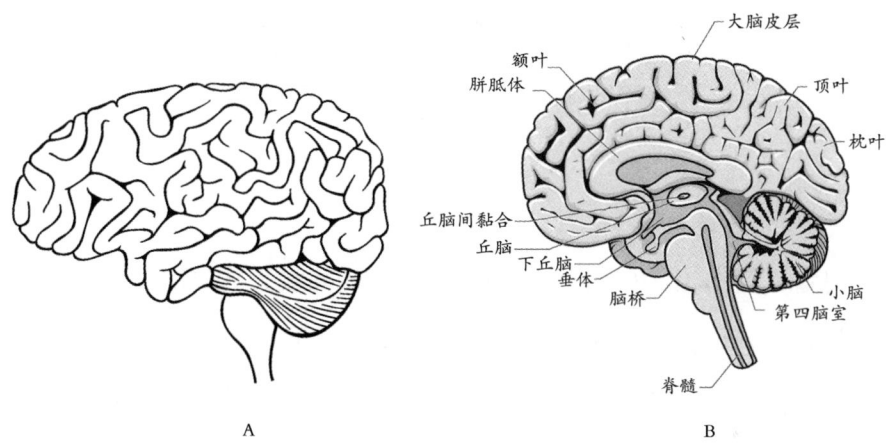

图2-1-1 脑的形状结构
注：A为脑的外侧面，B为脑的内侧面。

（一）大脑

大脑又称为端脑，位于脑的喙端，由左、右两侧大脑半球构成，包绕着间脑；表面呈现凹陷的沟和凸出的回；沟和回组成的纹理像指纹一样有着个体间的差异。内侧面有腹背走向、呈弧形的胼胝体；胼胝体是由联系左右大脑半球的神经纤维组成。大脑分为前部的额叶、下方的颞叶、后上方的顶叶、后端的枕叶，以及深面的岛叶（脑岛）（图2-1-2），共5个脑叶。

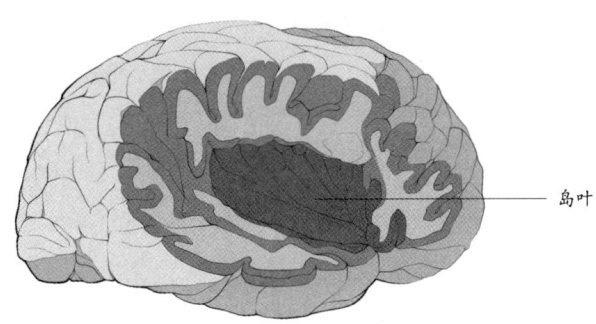

图 2-1-2　岛叶

（二）间脑

间脑（图 2-1-1B）的上、前、后、外侧均被大脑包围。间脑主要分为丘脑；并以丘脑为中心，上丘脑位于丘脑的后上方，后丘脑位于丘脑的后下端，下丘脑位于丘脑的前下方；底丘脑位于丘脑下方，并与脑干相延续，在表面没有明显的形态标志。

（三）脑干

脑干（图 2-1-1）的喙侧与间脑的底丘脑相延续，尾部与脊髓相延续；从喙侧始依次为中脑、脑桥（桥脑）、延髓（延脑）。在颅底，延髓经过枕骨大孔连于位于椎管的脊髓。

（四）小脑

小脑（图 2-1-1）位于大脑的后下方、脑干的背侧，也分为左、右两半球。

（五）脑室系统

脑室系统位于中枢神经系统的中心，包括位于脑的侧脑室、第三和第四脑室，以及位于脊髓的中央管（图2-1-3）。侧脑室为一对，左右各一个，位于大脑半球的深层；第三脑室位于两侧丘脑之间，第四脑室位于脑干背面与小脑之间；中央管位于脊髓的中心，贯穿脊髓的全长。左右侧脑室通过室间孔到第三脑室，后者通过中脑水管到第四脑室；第四脑室经过正中孔和一对外侧孔与蛛网膜下隙交通。脑室内充满无色、透明的脑脊液。

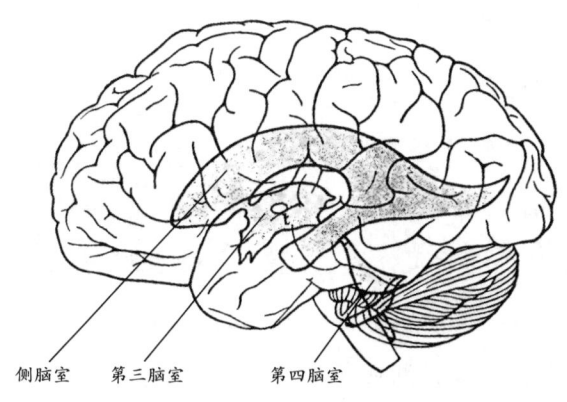

图2-1-3 脑室系统

（六）脑和脊髓被膜

脑和脊髓的表面覆盖着3层的被膜，从外向内分别是硬膜（包括覆盖脑的硬脑膜和覆盖脊髓的硬脊膜）、蛛网膜、软膜（包括覆盖脑的软脑膜和覆盖脊髓的软脊膜）。蛛网膜下隙（蛛网膜下腔）是位于蛛网膜与软膜之间的腔隙，充满着透明、无色的脑脊液。

二、脑的性别差异

（一）大脑皮质

有学者通过正电子发射计算机体层扫描（positron emission tomography，PET）和功能性磁共振成像（functional magnetic resonance imaging，fMRI）技术发现，女性的额叶和边缘叶皮质体积大于男性，而男性的顶叶皮质体积大于女性。有的 fMRI 研究报告显示男性的左侧颞叶比右侧颞叶大 38%，而女性则无此不对称性。

（二）大脑白质

1. 大脑两半球的连合纤维

胼胝体（corpus callosum）是由联系两侧大脑半球的纤维（称为连合纤维）组成，从前向后可分为嘴、膝、干和压部（图 2-1-1B）。近年，磁共振成像（magnetic resonance imaging，MRI）检查表明女性的胼胝体比男性更大，或女性胼胝体压部更大。2015 年，福建医科大学附属协和医院影像科的邹松主任等采用磁共振技术证实成年女性胼胝体压部趋于球状，而男性趋于柱状。一般情况下，女性胼胝体压部纤维束较男性的粗大，且多为钝角。这些发现提示，女性比男性存在更多联系左、右两侧大脑半球的神经纤维，特别是在胼胝体的压部。胼胝体压部的神经纤维主要投射到对侧大脑半球的顶叶、颞叶后部，以及枕叶，因此女性两侧大脑半球后部的联系应该比男性更为紧密。邹松等还发现女性的前连合正中矢状切面的面积通常比男性更大，前连合则主要是由联系两侧额叶的神经纤维组成的[1]。

2. 大脑纤维联系的方式

2014年，美国宾夕法尼亚大学的学者对949名8~22岁的研究对象通过核磁共振影像进行分析发现，在男性大脑中每侧大脑半球在自身内部存在更多联系，而在女性大脑中，两侧大脑半球之间的联系更紧密。相比之下，小脑则相反，小脑在运动调控中起着很重要的作用，男性表现出更多的半球间联系，女性则表现出更多的半球内联系。他们观察到13岁以下儿童的脑的联系只有少数存在性别差异，但是在14~17岁的青少年和17岁以上的年轻人中这些性别差异就更为明显[2]。

3. 大脑白质年龄差异

应用核磁共振弥散峰度成像技术发现，在以下年龄组的脑白质存在性别差异：18~30岁小脑中脚、胼胝体压部、额叶和颞叶；30~40岁顶叶；40~50岁额叶；50~60岁顶叶和枕叶；60岁后，以上部位均存在差异[3]。

因此，男性和女性在智力特长上的差别，除了社会期待和教育方式不同外，在先天性上男女两性的大脑形态结构基础方面存在一定程度的差异也是重要影响因素。对于后者，脑结构的两性差异是胚胎发育时期神经组织受到性激素的作用的结果，且不可否认的是，还受到

---

[1] 邹松，舒进鹏. 磁共振弥散张量成像在正常青年人脑的初步研究 [D]. 福州：福建医科大学，中国优秀硕士论文全文数据库 2015：1915.
[2] Ingalhalikar M, Smith A, Parker D, et al. Sex differences in the structural connectome of the human brain [J]. PNAS, 2014, 111(2): 823-828.
[3] 耿莹茜，邹松. 正常成年人脑白质及缺血性脑梗的核磁共振弥散峰度成像（DKI）应用研究 [J]. 福建医科大学，2014：18.（硕士研究生论文）

出生后环境因素的影响。

（三）脑的重量的性别差异

在 19 世纪，解剖学家就已经发现女性的脑比男性的脑体积小且重量轻。过去有一段时间人们普遍认为脑的体积越大则越聪明，由此而推论出男性比女性更聪明。然而真实的情况是大脑重量相对于体重，男性每千克体重的脑重量约为 21.6g，女性每千克体重的脑重量约为 23.6g。因此，我们可以看到虽然脑的平均重量男性大于女性，但是相对于体重的平均脑重量却是女性大于男性。不过，根据最新科学研究的结论可知，没有证据能证明才智与脑重量之间有直接关系。

三、脑功能的性别差异

（一）生物演化的结果

在远古年代，男性的职责和任务是觅食、狩猎和保护家人及族人，这要求专注力和注意力必须高度集中；而女性主要职责和任务是抚养后代、应对家人、族人相处的各种事务，需要协调处理复杂的人际关系。在漫长的生物演化过程中，男女两性职责的分工使得人类大脑两半球的功能在男性和女性中呈现显著的不同。在两侧大脑功能分工上，男性比女性更为明显，以适应于专注完成一项任务，因此每侧大脑半球内有更多的联系；女性大脑则需要同时应对协调和处理多种情况的出现，因此两侧大脑半球之间的联系更多、更密切。相对而言，男性的狩猎、攻击等运动行为更需要小脑调控全身骨骼肌平衡、姿势和位置，所以在男性小脑中有更多的两半球间联系。

（二）大脑半球功能的两侧分化的差异

美国神经生理学家教授理查德·雷斯塔研究发现，许多行为学研究表明：与男性相比，女性大脑似乎呈现较少的"两侧分化"现象，即大脑两侧半球功能的专门化程度不如男性。这就可以用来解释为什么女性在处理一些抽象思维、空间思维以及立体视觉活动时，不如男性擅长。语言优势半球的发育过程具有性别差异，男孩优势半球的发育比女孩早。加拿大科学家发现，在处理空间信息方面，男孩右脑在6岁左右就已经比左脑半球更专门化，而女孩要到青春期才出现这种专门化。当从事某种空间概念智力活动时，男性主要集中于右侧大脑半球，而女性则两侧半球都有参与。例如，在空间分析能力方面，女性的大脑分工比较广泛，而男性的大脑分工比较明确。

在语言支配能力方面，女性控制语言过程的左侧大脑半球的专门化速度要比男性快。所以，女孩开口说话要比男孩早，而且词汇较丰富，阅读书写比较早，很少出现语言能力上的缺陷。因此，女孩学外语比男孩更容易一些。本书另一位笔者就职的小学三年级共有学生150名，2020年度英语期考成绩：男生120名，平均分数84，女生130名，平均分数90分（李晓婷．2021年）。当然不排除还有其他因素的影响，但是也可管中窥豹，可见一斑。

20世纪90年代，美国心理学家兰瑟尔（Herbert Landsell）发现，在同一个大脑部位受伤的男性患者和女性患者病情的严重情况不一致。一组因癫痫无法再用药物控制而采用外科手术将右脑放电部位切除的患者，男性患者在空间分析能力的测验中的表现比术前要差，而切除同样部位的女性患者空间分析能力却没有很大的改变；即男性患者失去了他们在智力测验中有关空间分析的能力，而女性则不受影响。另外，兰瑟尔还发现左脑受伤的男性患者失去了大部分的语言能力，而同样部位损伤的女性患者却只损失了小部分的语言能力。在临床上，男性在脑损伤后患失语症的数量竟是女性的 3 倍之多。

（三）系统思维和情绪沟通的能力侧重

在系统思维和情感沟通能力方面，男性更擅长系统思维能力，女性更擅长情感沟通能力[①]。系统思维（system thinking）是指从宏观角度对事物整体结构、模式和周期的理解能力，以及发生变化时，发现其中的规律和内在的联系的能力，既包括日常生活、气候、大自然等，也包括了数学题目之类，如时钟以长针和短针表示时间，对其运转原理的理解就需要系统思维。笔者之一就职的学校，参加福建省电脑制作活动竞赛的小学生一共 100 人，男生就占了 92 人（李晓婷 . 2021 年）。女性擅长情感沟通是指从对方立场出发，理解他人的想法或情感的能力。

（四）情绪表达差异的脑结构基础

美国加州大学神经生物学家拉里·卡西尔使用核磁共振扫描 36 个男人和 36 个女人的思维活动，发现男性在回忆恐怖情节的时候大脑右半球的杏仁核在活动，而女性是左侧活动。更让人感兴趣的是，在女性脑中，与杏仁核共同作用的脑区是同情绪、压力有关的下丘脑，而男性与杏仁核共同作用情绪表达的脑区是大脑中与动作、视觉有关的

---

① Baron-Cohen S, Knickmeyer R C, Belmonte M K. Sex differences in the brain: implications for explaining autism [J]. Science, 2005, 310(5749): 819–823.

部位。所以男性在情绪变化的时候，更看重外在的表露，更倾向于同自己交流，而不善于表达自己的情感。

由于在历史进程中，生存分工的不同，演化造就的男女两性脑结构和功能的差异，不是"全或无"的关系，而是在于不同的个体各自比例也不尽相同，所以不存在孰优孰劣的问题。男女两性大脑各有所长，形成互补，才构成一个多彩多姿的世界。

（五）脑功能障碍的两性差异

由性别差异产生的精神发育迟缓、智力低下等疾病，男性患者比女性患者多30%~50%，这可能是由于多出的这些男性患者患有 X 连锁的智力低下[①]。儿童注意缺陷多动障碍，即小儿多动症，是指与同龄儿童相比，有明显的注意力集中困难、注意力持续时间短暂、活动过度或行为冲动的一组综合征，是儿童时期最常见的行为障碍。学龄儿童患病率为2%~10%；男女比例（4~9）：1。2011年1月至2012年2月，在福建医科大学儿科神经心理发育研究中心就诊的小儿多动症患者共114例，男105例，女仅有9例[②]。

临床上，男性由于大脑功能侧化较为明显，所以左脑半球发生脑梗死后，失语症的发病率也就较高。而女性大脑两半球间联系较密，且功能侧化完成较迟，脑梗死患者出现失语症的比例较低。

[①] Chelly J, Khelfaoui M, Francis F, et al. Genetics and pathophysiology of mental retardation 福建医科大学，[J]. Eur J Hum Genet, 2006, 14（6）：701-703.
[②] 陈丽婷. 注意缺陷多动障碍儿童下丘脑－垂体－肾上腺皮质轴功能的研究[J]. 福建医科大学, 2014.

第二节　调控性和性行为的脑区

脑对性功能的调控有两类中枢脑区：大脑皮质和皮质下中枢，主要包括边缘系统、犁鼻器（大脑的性开关）、下丘脑－垂体－性腺轴（性激素调控）、下丘脑的室旁核和视上核及其催产素、性二态核，以及脊髓的性反射中枢。

大脑皮质是性心理和生理活动的最高控制中心，产生和加工能促进或抑制性欲的心理刺激，性欲可以引起心理性的性兴奋；皮质下中枢则负责产生基本的性本能反应和对导致性兴奋的感觉传入做出反应，是完成性生理功能的必须形态学基础。大脑中枢性功能的研究结论里，有相当部分知识来自对灵长类动物的研究，这些动物的性反应机制与人类基本平行。

一、前额叶

额叶在人类中特别发达（图 2-2-1），拥有大脑皮质的 1/3 面积。前额叶是位于中央前回腹侧（即前部）的额叶部分，不包括中央前回。前额叶在调控人的社会行为方面起着重要作用，有着抑制性闸门的效果。因此，前额叶被称为"行动脑叶"。

临床上前额叶损伤，或前额叶联系大脑其他部分的纤维（白质）切除后，由于性抑制解除，患者性行为表现亢进，甚至做出违背社会道德和伦理的行为。在美国，曾有报道一位温文尔雅的男性大学教师，有段时间忽然不断浏览色情网站，甚至强暴自己的继女。在被捕审讯过程中，他一直声称自己头痛难忍。于是医生为他动了手术，在切除了大脑额叶的良性肿瘤后，他不再表现出亢进的性欲望，恢复了正常。这个案例也常被研究者作为前额叶具有性抑制作用的有效证据。

二、大脑皮质的性行为调控中枢：边缘系统

边缘叶为大脑皮质围绕在胼胝体周围的扣带回、海马和穹窿、隔区等结构。边缘系统（图2-2-1）包括边缘叶、岛叶及其相关的皮质下结构。皮质下结构包括基底神经节的杏仁核，间脑的上丘脑、下丘脑和底丘脑，以及脑干的中脑中央灰质等。边缘系统是脊椎动物神经系统的一个重要特征。在功能和神经联系上，它们形成一个系统，与人的内脏活动、情绪、生殖和学习记忆等生命的本能活动相关。

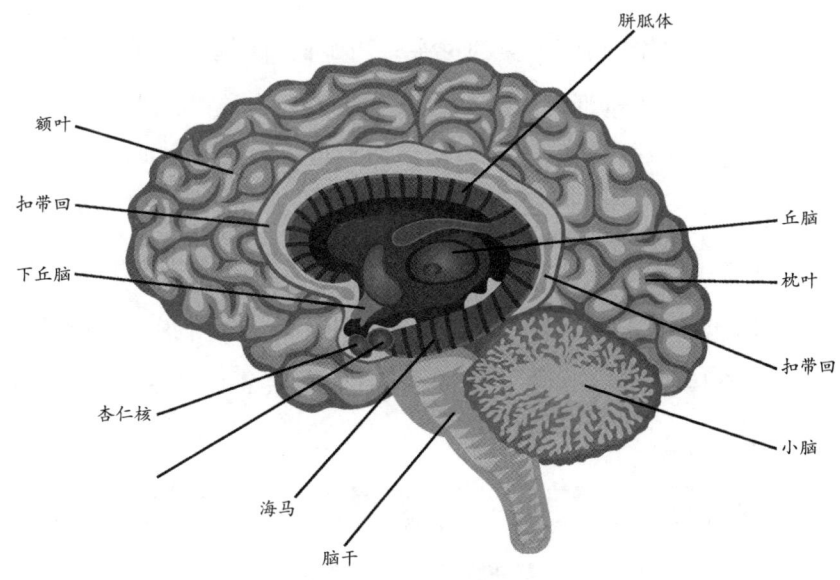

图 2-2-1　边缘系统

（一）前扣带回

前扣带回是额叶内侧面的扣带回的腹侧半（图 2-2-1），是内脏活动和情感整合的皮质中枢，在性兴奋和性高潮的产生中起着中心作用。其不仅强化性交媾，特别是性高潮的愉悦感，而且还激活性高潮的内脏运动神经的效应。刺激前扣带回皮质可以引起雄性猴的阴茎勃起。美国的著名神经学家保罗·麦克莱恩（Paul MacLean，1913—2007）曾提出，从丘脑投射到控制情感的前扣带回皮质之间的神经通路，是母性行为系统的重要组成部分，破坏母鼠扣带回皮质，会造成其母性行为丧失。同时，前扣带回与前额叶皮质之间有大量的纤维联系。美国南卡罗来纳医科大学的杰弗里·P·洛伯鲍姆（Jeffrey P. Lorberbaum）用 fMRI 检测人类的母亲，当她们听到孩子哭喊时的大脑活动，发现她们的大脑活动模式与雌性啮齿类动物类似，即在 fMRI 图像中，下丘脑的内侧视前区、前额皮质和眶额皮质活动增强。

扣带回的纤维可投射到纹状体、新皮质（额叶、顶叶、颞叶和枕叶的主要成分），由此到脑桥基底部的脑桥核，经脑桥小脑束（小脑中脚）进入小脑。这条传导路使情绪波动作用于大脑对肌肉运动的精细调控，导致个体行为的改变，是性兴奋时肌紧张的高级皮质中枢调控的重要基础（图 2-2-2）。

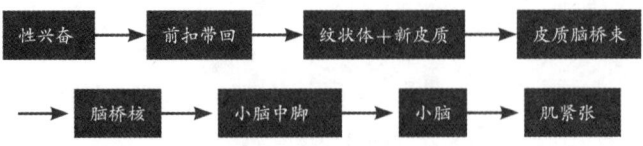

图 2-2-2　性兴奋时大脑皮质调控肌紧张的神经通路

（二）隔区

隔区（septal area）为中央旁结构，位于胼胝体嘴下方、终板和前连合前上方的额叶内侧面，是侧脑室前角的内侧壁（图2-2-3），分为4个核群，分别是背侧、腹侧、内侧、尾侧。背侧群是背侧隔核，腹侧群是外侧隔核，内侧群含内侧隔核和Broca斜角带核，尾侧群含伞和三角隔核。隔区的功能与情绪活动、进食饮水、生殖性行为有关。应用深埋电极，刺激隔区及其传出纤维，可引起患者快感和阴茎勃起。临床上，隔区受损的患者主要表现为性活动亢进，而不是性高潮更加强烈。

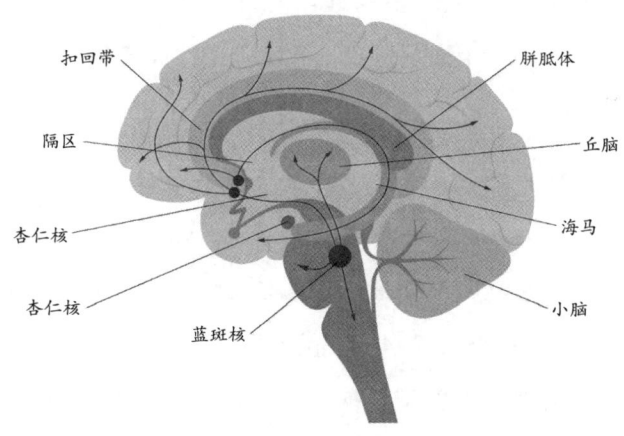

图2-2-3　隔区和杏仁核

（三）岛叶

岛叶（insula lobe）位于大脑外侧裂颞叶的深面（图2-1-2），也可能是大脑负责奖赏的区域之一。在性高潮中，岛叶皮质兴奋帮助和介导愉悦的认知感觉（Penfield W, Faulk M E.1955）岛叶前部参与嗅觉和味觉的感知，味觉的神经传导路经孤束核头端投射到岛叶，也许这是口交可引起性兴奋的神经解剖生理学的基础。刺激岛叶可以引起唾液分泌增加、吞咽、恶心和口腔有奇怪不适的感觉等。实验电刺激岛叶可产生"从口部到肛门充满食物的感觉"。

（四）海马

海马（hippocampus）属于颞叶（图2-2-1），主要功能之一是短期记忆，与前扣带回、隔区和伏隔核，以及下丘脑的内侧视前区之间有往返的纤维联系。在性唤起和性高潮中对生殖器官的功能和促性腺激素的分泌起着整合和调节作用。有实验用电刺激海马和隔区，可激起试验中的雄性猴子发生阴茎勃起。此外，在仅由性幻想引发的性高潮中，海马仍会兴奋，因此可以认定海马在性高潮的认知方面也发挥了相应作用。

（五）伏隔核

伏隔核（nucleus accumbens）在大脑底矢状面上，位于尾状核头部、壳核的前部，侧面与透明隔相接，伏隔核与嗅结节组成了腹侧纹状体，也是基底核的一部分（图2-2-4）。伏隔核是大脑奖赏系统的核心，主要接受中脑腹侧被盖部的多巴胺能神经元的投射。在男女两性性高潮时，伏隔核都会被激活兴奋，而且不仅产生愉悦感，还会产生渴求欲。交媾可以产生奖赏效应。实验证实雌雄两性田鼠都喜欢长久地逗留在它们曾交配过的小箱子中（条件性位置偏爱）。当伏隔核被局部注射多巴胺受体拮抗剂氟哌啶醇后，阻断了交配奖赏诱导的条件性位置偏爱行为。

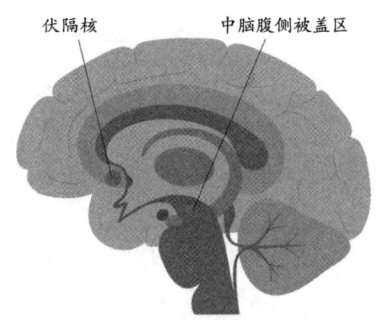

图 2-2-4 伏隔核

（六）杏仁核

杏仁核（amygdala）又称为杏仁复合体或杏仁体，由多个核团组成（图 2-1-3 和图 2-2-3）。杏仁核参与大脑认知外部世界的过程，与海马之间有着往返纤维联系，与调控认知和情绪的脑区有广泛的纤维联系，也可投射纤维到下丘脑内侧视前区。由杏仁核经终纹传导接收嗅觉信息，投射到下丘脑视前区、下丘脑前部和腹内侧核，在性高潮时，以此整合躯体和内脏运动、认知和情绪活动。杏仁核的病变可造成多种动物"性欲过度旺盛"，甚至对不合适的事物产生"性"趣。损伤猴的杏仁核会产生纵欲行为，它们企图与所有遇到的动物或物体进行交配[1]。实验证实雄性鼠杏仁核的基底外侧核在调节性行为，特别是维持性动机方面起着重要作用[2]。

---

[1] 蔡厚德. 生物心理学——认知神经科学的视角[M]. 上海：上海教育出版社，2010：257.
[2] Hernández-González M Guevara M A, Quirarte G L, et al. Basolateral Amygdala Inactivation Reduces Sexual Motivation in Male Rats during Performance of a T-Maze Task with a Sexual Reward[J]. Journal of Behavioral and Brain Science, 2014, 4(5): 223-233.

杏仁核的内侧核

杏仁核的内侧核属于性二态核，也就是在形态上有男女两性的差别。杏仁核的内侧核接受嗅束有髓神经纤维的投射。雄性大鼠杏仁核的内侧核比雌性大鼠的大85%，而且雄性激素受体的密度特别高。损毁此核，使得雄性大鼠需要较长时间与雌鼠交配而射精。该核的多巴胺能神经元发出纤维经终纹，投射到下丘脑的内侧视前区；当雄性鼠接触处于发情的雌性鼠时，观察到雄性鼠的下丘脑内侧视前区细胞间多巴胺增多（Dominguez J, et al. 2001）。

（七）终纹床核

终纹床核（bed nucleus of stria terminalis，BNST）属于边缘系统，也是性二态核。终纹床核是围绕终纹排列的细胞团，调控生殖神经内分泌系统，以及与性行为、性取向和性别认同有关。终纹是联系下丘脑视前区与杏仁核的纤维。男性的终纹床核明显大于女性，而男转女的性别不安者的终纹床核体积同女性一样比男性小（Zhou J N, et al. 1995）。雄性鼠终纹床核的主核形态和神经元数量大于雌鼠，但是雌鼠终纹床核的腹侧部形态和神经元数量大于雄鼠[①]。应注意的是，未见文献报道人类的终纹床核有类似的形态学特点。

[①] Morishita M, Maejima S, Tsukahara S. Gonadal Hormone-Dependent Sexual Differentiation of a Female-Biased Sexually Dimorphic Cell Group in the Principal Nucleus of the Bed Nucleus of the Stria Terminal is in Mice [J]. Endocrinology, 2017,158(10):3512-3525.

三、性信息接收器：犁鼻器

（一）犁鼻器

1. 位置和形态

犁鼻器（vomeronasal organ）位于鼻中隔，呈管状，开口于切牙孔（图 2-2-5），是探测信息素的特殊"嗅觉"器官。信息素是能引发性欲、提高警觉，或者探索食物信息的化学物质。犁鼻器对动物的繁殖和社交行为至关重要。在生物演化过程中，两栖动物最早出现犁鼻器，爬行动物以及哺乳动物也都进化出发达的犁鼻器，尤其蛇和蜥蜴的犁鼻器特别发达。我们常看到蛇吐舌头（也称为吐信子）或雄马裂唇反应，马裂唇反应是雄性马嗅闻到异性发情的味道或特殊刺激时，头会高高仰起，上嘴唇向上翻翘。这实际上是动物通过嘴唇或舌头的运动，将外界信息素卷入口腔，经过鼻鄂管（人类是切牙孔）到达犁鼻器，感知外界环境的变化。

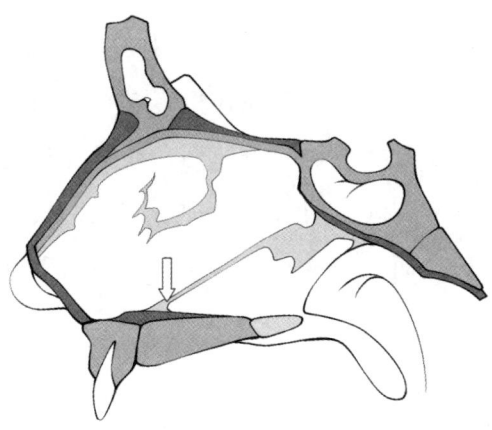

图 2-2-5 犁鼻器

2. 零号神经

犁鼻器的神经元轴突组成零号脑神经（nerve zero）或称为终神经（terminal nerve），与嗅神经一起穿过颅底前颅窝筛板的筛孔，同嗅束平行，终于大脑调控生殖行为的脑区（主要是隔区，图 2-2-3），并投射到副嗅球。副嗅球位于主嗅球的背后侧，体积较小。副嗅球神经纤维也与嗅束一样，传出投射到端脑隔区的隔内侧核和隔外侧核、下丘脑的视前区、杏仁核的内侧核、海马等与社会活动和生殖有关脑区，引起神经内分泌变化，调节性行为。这条嗅觉通路也被称为辅助嗅觉系统（图 2-2-6）。副嗅球也接受中枢的反馈性投射，如蓝斑和终纹床核传来的抑制性投射。从嗅上皮到嗅球再到嗅皮质（主要包括前嗅核、嗅结节和梨状皮质）的通路就称为主嗅觉系统（图 2-2-7）。在性和性行为的功能方面，主嗅觉系统为交配所必须，辅助嗅系统主要是用于区分性伴侣。啮齿动物（鼠）实验证实，雄性鼠辨别雌性鼠的信息素是由主嗅觉系统和辅助嗅觉系统共同作用完成的。分别或同时用硫酸锌损毁嗅上皮和切除犁鼻器，只有这两种器官组织同时被破坏，雄性鼠的交配行为才会消失[①]。

有学者发现动物的零号脑神经在传入过程中向视网膜神经层发出分支。动物的发情期具有明显的季节性，而昼夜长短更替是四季变迁的最精确标准。与交配和生殖有关的神经与视网膜相连，可能是为了保证精准的时效性。而人类没有发情期，应当与犁鼻器的退化有一定的相关性。

[①] Dhungel S, Masaoka M, Rai D, et al. Both olfactory epithelial and vomeronasal inputs are essential for activation of the medial amygdale and preoptic neurons of male rats [J]. Neuroscience, 2011, 199:225-234.

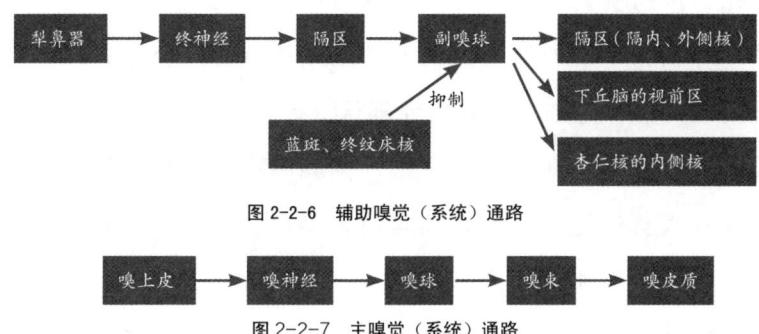

图 2-2-6 辅助嗅觉（系统）通路

图 2-2-7 主嗅觉（系统）通路

3. 人类的犁鼻器

胎儿和新生儿都有明显的犁鼻器结构。研究者认为，人类的犁鼻器在胎儿发育过程中和出生后发生了退化，但是依然具有感受信息素的功能。有学者认为，人类的犁鼻器与嗅觉相关的基因属于假基因（即该基因不能表达，或编码的蛋白质没有功能）。虽然犁鼻器在发育过程中短暂出现过，但成人并不存在，因此，人类似乎不再拥有辅助嗅觉系统[①]。但是，部分人类的嗅上皮含有与其他物种信息素感受器相似的感受器（Stephen D Liberles, et al.2006）。

研究结果提示，可能在成年人退化的犁鼻器中还保留部分的功能，或犁鼻器的传入通路和功能完全被主嗅觉系统替代。大多学者赞同人类犁鼻器属于退化结构，其区分性伴侣的作用被高度发达的视觉所取代。墨西哥学者（Garcia-Velasco J, Mondragon M.1991）报告，随机抽选 1000 名做鼻子整形手术的患者，发现每个人确实都有犁鼻器，位于

---

① （美）骆利群. 神经生物学原理 [M]. 李沉简等译. 北京：高等教育出版社，2018：224.

距离鼻孔2cm的嗅上皮；而不是位于鼻中隔前下部、与切牙孔（鼻腭管）毗邻的犁鼻器小凹。所以，他们所述的结构或是犁鼻器，或是嗅上皮的特化结构，这有待进一步的研究确认。

此外，研究显示在胚胎发育期，前脑中产生促性腺激素释放激素的神经元在大脑中迁徙寻找靶器官时，是以零号神经为路径，一旦这条路径被切断就会引发卡尔曼综合征（Kallmann syndrome，KAL）。卡尔曼综合征表现为无法进入青春期或青春期发育不完全，并伴随嗅觉丧失或嗅觉减退。由此推论，人类在胚胎时期应该存在犁鼻器和零号神经。

4. 信息素

首先，信息素（pheromone），又称为外激素，能够促进发情。雌鼠尿液的信息素抑制雌鼠发情，使雄性产生与性有关的生理变化，如睾丸变大。雄鼠尿液的信息素则促进幼年雌鼠发育成熟。同笼的一群雌鼠的发情期会变长，甚至消失。这使得雌鼠在没有雄鼠时不受孕，有利于保存生殖能力。然而，将雄鼠尿液放在雌鼠笼中，它们的发情期又重新开始，而且更加频繁。

其次，信息素能调控激素水平的变化，这些激素包括促黄体释放激素、黄体生成素和催乳素。

最后，信息素能调控性行为，阻断鼠的嗅觉和犁鼻器感觉神经的输入，使之不再进行交配。性成熟前的幼鼠能产生一种信息素，称为外分泌腺分泌肽22（exocrine-gland secreting peptide 22，ESP22）。这种信息素是通过眼泪释放的，可防止成年雄性鼠对其产生交配行为。

每一种犁鼻器感受器只对一种信息素反应。对于首选的化学物质，引起其反应的浓度可以低到千亿分之一，但是它对于其他的化学物质却基本没有反应[①]。

（二）体味和信息素

对于大部分动物种属，异性体味（气味）可以激发个体的性欲望，提高进行性活动的生理准备程度。当我们觉得他人对自己有吸引力时，在一定程度上与他或她的体味有关。但是相比而言，人类体味激起性欲望的作用已经减弱。每个人都有一种独特的体味，人体的体味主要产生于会阴部和腋下的大汗腺。据调查，71%的人认为体味是一种重要的"兴奋剂"〔参阅第五章第三节，三、非语言的性唤起，（二）接吻和体味的作用〕。

1. 人类的信息素

目前还未有确切的证据表明人类能够分泌信息素。睾酮的降解物雄二烯酮和雄甾烯醇由腋窝的大汗腺分泌，具有特别的气味，被学者视为最有可能是人类信息素的物质。研究结果表明，让男性和女性同时嗅闻雄二烯酮后，只在女性大脑中观察到反应。雌二醇的代谢物雌四烯醇被认为可能是女性的信息素，最初是在女性尿液中发现的。正电子发射计算机体层扫描（PET）发现，雄烯二酮激活女性下丘脑的视前核和腹内侧核群，雌四烯醇激活男性下丘脑的室旁核和背内侧核群（Ivanka Savic, et al.2001）。

---

① Leinders-Zufall T, Lane A P, Puche A C, et al. Ultrasensitive pheromone detection by mammalian vomeronasal neurons〔J〕. Nature, 2000, 405(6788):792-796.

2. 男女两性对体味敏感性的差异

女性的嗅觉从生理上似乎比男性更敏锐。女性比男性更容易识别体味（气味），她们可以嗅到约 1m 外的轻微汗味。在排卵期，女性的嗅觉会变得更为敏感。调查发现女性比男性更加关注潜在伴侣的气味，约 1/3 的女性认为体味重的男性比体味淡的男性更性感（Herz R S, et al. 2002）。男性、青春期之前的女性和绝经期之后的女性并没有表现出这种特性。所以这种对男性体味敏感的表现可能决定于女性体内性激素的水平。

3. 体味对人类行为的影响

体味（气味）对人类性行为的影响不如其他哺乳类动物那么明显和重要。嗅到配偶的体味（气味），通常不足以使人过于兴奋。但是，配偶的体味（气味）确确实实在吸引异性中有着不可低估的作用。在与异性朋友约会之前，人们总喜欢先沐浴更衣等，其实这会导致体味消失，使人的天然体香难尽其用。当然，难以忍受的气味也会令人不适。所以，最好的办法是既保持干净，又留有一定的体味（气味），才是增强性感的最佳选择。人类的新生儿似乎也与其他哺乳动物的后代一样，能通过母亲乳头散发的体味（气味）来寻找乳房。

信息素（或气味）影响人类行为的最好证据是其对女性月经周期的影响。美国学者 W. B. Cutler 等人（1986 年）让年轻女性志愿者接触另外一批女性志愿者捐赠的腋下分泌物，结果大部分接触分泌物的女性的月经周期与捐赠志愿者趋于同步。他的另外一项研究让性生活不活跃的年轻女性每天接触男性的腋下分泌物，14 周后大部分被试女性的月经周期比之前变得更加规律了。美国学者 Denise Chen（2001 年）分别从看恐怖片和喜剧片的被试者躯体上收集汗水，再让受试者做认知测试。在这个过程中，受试者会分别嗅闻到两种不同来源的汗水。结果在这项认知测试中，观看恐怖片的人的汗水能让受试者表现更好。无可置疑，在人的性行为或日常活动中，体味（气味）具有重要的作用。

四、皮质下性功能调控中枢

皮质下中枢包括小脑（调控躯体运动）、丘脑（将各种感觉传至大脑）、下丘脑（性唤起的重要脑区）、延髓（调节心跳、呼吸和其他生理过程）、脑桥（调节睡眠周期）。

（一）下丘脑

下丘脑（图 2-1-1B 和图 2-2-8）是重要的性生理皮质下中枢，其中视前区、视上核和室旁核等都参与性生理活动的控制。有学者通过正电子发射计算机体层扫描（PET）发现，在观看色情电影时，男性下丘脑要比女性兴奋得多。下丘脑一是经交感神经和副交感神经传出通路，直接调节性器官的活动，发起性行为的始动和实施；二是通过下丘脑-垂体-性腺（睾丸或卵巢）轴调控生殖细胞（精子或卵子）的成熟和分裂，调节两性生殖系统的功能状态和周期。此外，下丘脑还是外周性激素作用的靶器官。大脑的边缘系统与下丘脑之间有密切的往返纤维联系。

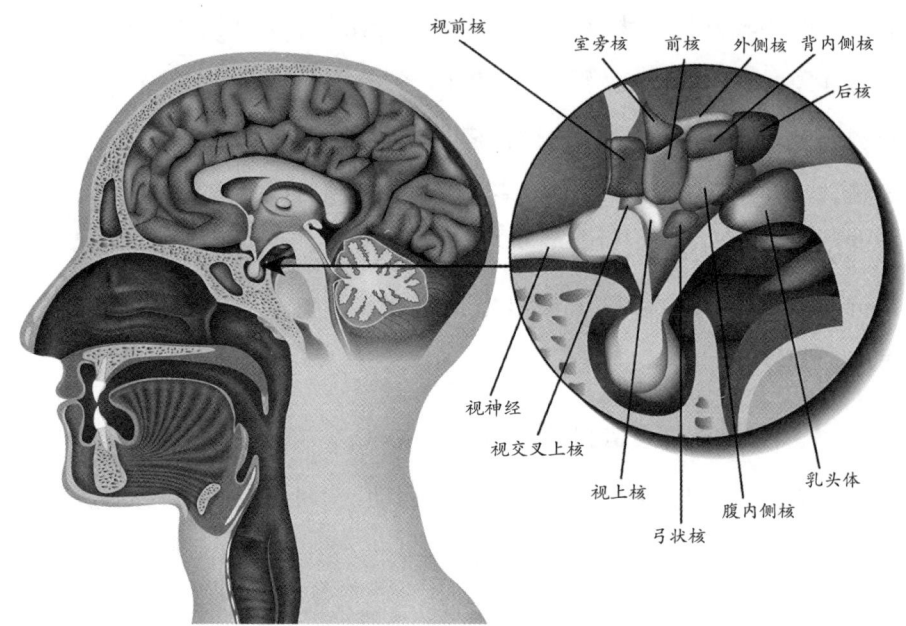

图 2-2-8 下丘脑的主要核团

1. 内侧视前区

1）位置

下丘脑前部的内侧视前区（medial preoptic area，MPOA）（图 2-2-8）位于视交叉前缘和前连合连线的腹侧部分，邻近第三脑室壁，是调控两性性行为和生殖神经内分泌系统的重要脑区，存在性激素敏感神经元；接受边缘系统的内侧前脑束等的胆碱能神经纤维的传入。胆碱能神经纤维可能与性兴奋有关。

2）性生理功能

（1）在雌性动物中，下丘脑内侧视前区（MPOA）有丰富的雌激素（雌二醇）和孕酮受体，是控制性行为的主要区域。直接将雌激素注入 MPOA 后，雌鼠产生准备交配的脊柱背曲行为（Edward C S, et al.2002）。损毁 MPOA，雌鼠的性行为不再被激活，这种脊柱背曲反应则消失，此时，即使注入雌激素或孕酮也不再有脊柱背曲反应。雌二醇启动雌鼠的性行为，孕酮后继激活性行为，使 MPOA 适时调控产生如排卵和曲背等交配行为。

（2）在雄性动物中，下丘脑内侧视前区（MPOA）有丰富的睾酮受体，电刺激 MPOA 诱发雄鼠交配行为，包括骑跨、插入（阴茎进入阴道）和射精。性活动则使 MPOA 神经元的动作电位单位发放频率增加（Tsuyoshi Shimura, et al.1994）。损毁雄性鼠 MPOA 使动物丧失交配行为，而且这种损伤的后果无法通过供给雄激素的处理来恢复。但是，将睾酮直接注入被阉割的雄性鼠的 MPOA，可以恢复雄性鼠的交配行为[1]。这是激素通过作用于 MPOA 神经元上相应的受体来调节动物的性行为。

综上所述，下丘脑内侧视前区（MPOA）掌控着雌、雄动物的性行为，包括交配和交配前的反应性动作。性激素必须通过 MPOA 调节雌、雄动物的这些性行为。

3）纤维联系

下丘脑内侧视前区（MPOA）通过终纹的神经纤维与杏仁核的内侧核和终纹床核发生联系，接受来自犁鼻器的化学感觉输入。MPOA 发出纤维到脑干的中脑导水管周围灰质（中央灰质）和网状结构的延

---

[1] E Antonio-Cabrera, R G Paredes. Testosterone or oestradiol implants in the medial preoptic area induce mating in noncopulating male rats [J]. J Neuroendocrinol, 2014, 26(7):448-458.

髓旁巨细胞核。脑干的这两个核发出纤维到脊髓，抑制脊髓的性反射；而MPOA的纤维则抑制这两个核的抑制性兴奋（Lesley Marson，Kevin E. Mckenna，1996）。所以，MPOA对脊髓性反射的兴奋作用（如阴茎或阴蒂的勃起）应该是通过这条神经传导路完成的（图2-2-9）。

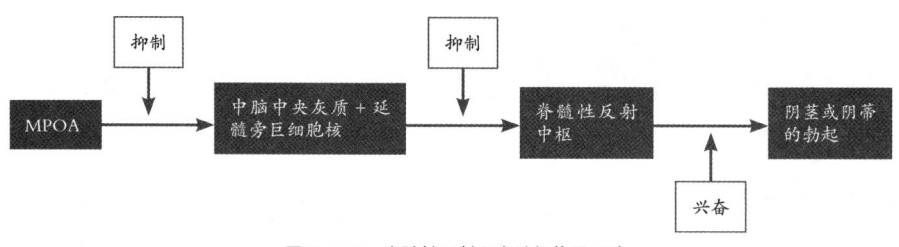

图2-2-9　脊髓性反射兴奋神经传导通路

2. 促性腺激素释放激素和下丘脑－垂体－性腺轴

1）垂体释放的激素

垂体（图2-1-1B和图2-2-8）是位于大脑底面的内分泌腺，分为前叶（腺垂体）和后叶（神经垂体）两部分。腺垂体产生并分泌生长激素、催乳素、促性腺激素和促肾上腺皮质激素等，还接受下丘脑（通过结节漏斗束）的释放激素和抑制激素，这两种激素分别促进相应的腺垂体细胞分泌和抑制相应的腺垂体细胞分泌。神经垂体通过视上垂体束和室旁垂体束的纤维与下丘脑联系，储存来自下丘脑的催产素和加压素。

2）促性腺激素释放激素

促性腺激素释放激素（gonadotropin-releasing hormone，GnRH），又称为黄体生成素释放激素，为十肽激素。GnRH广泛分布在神经、内分泌、生殖和消化系统中。迄今，有3种促性腺激素释放激素被发现。脑通过神经内分泌系统即下丘脑-垂体-性腺（睾丸或卵巢）轴，控制和管理性和性行为。GnRH-1由下丘脑的视前区、第三脑室底的正中隆起和弓状核等脑区（图2-2-8）的神经内分泌细胞合成。释放基础水平的激素是由位于第三脑室底的正中隆起和弓状核调控，波动性变化由视前区调控[①]。GnRH通过下丘脑与垂体间的垂体门静脉作用于腺垂体的GnRH受体，促使腺垂体合成和分泌黄体生成素（luteinizing hormone，LH）和卵泡刺激素，激活垂体-性腺轴，促进性成熟，在生殖调节中起重要作用。

在胎儿期，雄性胎儿在发育后期GnRH-1分泌非常活跃，促进睾丸生成睾酮，从而使脑雄性化。而雌性胎儿的GnRH-1神经元并不十分活跃，这种平静的状态一直保持到青春期。在青春期，GnRH-1分泌增加，引起性激素水平升高，促进性器官和第二性征的发育。在男女两性中，GnRH-1的分泌受血液中性激素水平的负反馈调节。

虽然促性腺激素释放激素（GnRH）通过刺激垂体释放黄体生成素和卵泡刺激素，但是其对性腺的直接作用是抑制性的。GnRH抑制卵巢的卵泡发育和排卵，使雌激素和孕激素生成减少，并抑制睾丸的生精作用和睾酮的合成和分泌。

3）促性腺激素

促性腺激素释放激素通过垂体门静脉系统到达垂体前叶（腺垂体），促进垂体分泌促性腺激素，即卵泡刺激素（follicle-stimulating

---

① 韩济生. 神经科学[M]. 4版. 北京：北京大学医学出版社，2022：1201.

hormone，FSH）和黄体生成素（LH）。卵泡刺激素和黄体生成素直接进入血液，作用于性腺，调节性激素的生成和分泌。在女性中，卵泡刺激素刺激卵巢的卵泡分泌雌激素、促进卵泡发育生长；黄体生成素促进卵巢排卵和黄体生成，分泌孕酮；卵泡刺激素和黄体生成素规律性的波动调控排卵周期（即月经），以及雌激素和黄体酮的合成和分泌。在男性中，卵泡刺激素促进睾丸生成精子，黄体生成素促进睾丸间质细胞分泌雄激素（主要是睾酮）。

4）催乳素

催乳素（prolactin，PRL）是由垂体前叶细胞合成产生，含199个氨基酸。催乳素的分泌既受到下丘脑的催乳素抑制激素和促甲状腺激素释放激素（其除能促进垂体分泌促甲状腺激素外，还能促进催乳素分泌）调节，又通过短环路反馈实现自我调节。在女性中，催乳素促进乳腺发育生长、在分娩后发动和维持泌乳，还可促进排卵、黄体生成。男性在睾酮存在的条件下，催乳素促进前列腺和精囊的生长，还可以增强黄体生成素对睾丸间质细胞的作用，增加睾酮的合成。

在雄性大鼠射精后分泌催乳素可抑制雄性鼠的性行为。有研究证实男女两性在性高潮过程中，催乳素分泌持续升高。有报告称有一男性由于在高潮后没有出现催乳素升高，因而他能连续交媾体验性高潮，没有射精后的不应期。男女两性血浆催乳素水平过高，称为高催乳素血症，与性欲和性满意度降低相关。高催乳素血症抑制雄性鼠的阴茎勃起（F Sato, et al.1997）。女性母乳喂养可促进催乳素分泌，有降低哺乳女性的性需求趋势，这有利于母亲全身心投入抚养后代。

5）下丘脑－垂体－性腺轴与性行为

下丘脑－垂体－性腺轴也可以认为是边缘系统－下丘脑－垂体－性腺轴，因为边缘系统属于大脑皮质直接调控内脏活动，包括性和生殖活动的高级中枢。人的性行为受到下丘脑、垂体和性腺功能的影响，性行为是性激素与脑（即神经系统）相互作用的结果。下丘脑、垂体、性腺三者之间通过内分泌系统释放促性腺激素释放激素、促性腺激素、性腺激素等，参与并实现正反馈与负反馈来调控人类的生殖和性行为。损毁下丘脑可以阻断动物的动情周期。此时，即使人为地提高性激素水平，也无法恢复雌雄动物的性行为。这表明下丘脑存在对血液性激素水平敏感的受体。

3. 性二态核

脑的结构存在性别差异，被称为"性二态"。哺乳动物脑最明显的性二态结构集中在第三脑室周围，在下丘脑的内侧视前区（MPOA）。性二态核（sex dimorphic nucleus，SDN）是位于 MPOA 中的神经核团。

1）形态和分部

雄性大鼠下丘脑 SDN 有较大的神经元，体积比雌性大 3~7 倍。大鼠 SDN 雄性化始于妊娠期的第 18 天，在出生后第 5 天结束。如果出生时去除雄性大鼠的性腺，SDN 的体积大大减小；如果给新生雌性大鼠注射睾酮，SDN 体积明显增加，但是出生 10 天后再进行处理，无论是去性腺还是用睾酮处理均不再起作用。损毁 SDN 使雄性性行为减少（Klaus-DDohle，et al. 1982）。雌鼠在孕期如有应激事件发生可导致雄性后代 SDN 变小。

人类的性二态核称为下丘脑前部间质核（interstitial nuclei of the anterior hypothalamus，INAH），共有4个性二态核（INAH1~4）。INAH-1和INAH-4的大小没有两性差异，其他两个核（INAH-2和INAH-3）在男性中要远大于女性，约大2倍（Allen L S, et al. 1998）。

2）性生理功能

性二态核调控生殖内分泌系统和性有关的、特定的社会行为，当前主要发现其与控制男性的性行为有关（Bloch G J, et al.1996）。注射神经节肽（Galanin）刺激此区将会增加许多种雄性动物的性行为。美国有学者（1991年）发现同性恋男性的INAH-3的大小与女性相似，只有一般男性的一半，可能这个核团与性取向有关[①]。

3）纤维联系

性二态核接受前脑基底部的内侧杏仁核和终纹床核的传出纤维，而内侧杏仁核和终纹床核接受来自辅助嗅球（位于嗅球顶部边缘）的僧帽细胞的直接投射。目前已知终纹床核与性别认同有关。

4. 室旁核和视上核、催产素和加压素

1）室旁核和视上核

室旁核（paraventricular nucleus）和视上核（supraoptic nucleus）位于下丘脑的前部，性唤起和性高潮可刺激室旁核和视上核兴奋。雌鼠的室旁核比雄鼠的大，与它在调控雌性排卵周期中的作用相一致。男女两性的室旁核和视上核均可分泌催产素和加压素。但是，室旁核主要合成催产素，视上核主要合成加压素。催产素能神经元和加压素

---

① 韩济生. 神经科学［M］. 4版. 北京：北京大学医学出版社，2022: 1103.

能神经元的投射纤维组成室旁垂体束和视上垂体束（两者也合称为下丘脑垂体束），经末梢释放入神经垂体（垂体后叶）。室旁核的催产素能神经元的投射纤维可下行至脊髓，终止于脊髓背角浅层、脊髓灰质后连合，以及脊髓胸腰段和腰骶段外侧角的交感和副交感神经的节前神经元，调控阴茎的勃起和射精[①]。此外，催产素是女性性高潮中起作用的性激素，在女性性高潮中起着神经递质的作用。

室旁核通过 D4 受体被多巴胺兴奋，而被内源性阿片肽抑制。室旁核又可直接或间接地通过谷氨酸激活中脑多巴胺通路，继而激活伏隔核[②]。中脑多巴胺通路属于奖赏系统。此外，视上核对睡眠和体温的昼夜节律起着主要调控作用。

2）催产素和加压素

催产素（oxytocin，OT），又称为缩宫素；加压素（vasopressin，VP），又称为血管升压素、抗利尿激素。二者的分子结构都属于九肽，两者的差异只是在第 3 位和第 8 位氨基酸残基不同。催产素和加压素参与调控配偶间紧密联系和抚育后代的行为。

催产素和加压素与一夫一妻制

催产素和加压素独特之处在于其既是激素又是神经递质。交配可诱发男女两性释放催产素和加压素。催产素和加压素通过直接或间接作用于伏隔核、杏仁核和前额叶皮质，从而影响动物和人的社会行为。

---

① Antonio Argiolas, Maria Rosaria Melis. Central control of penile erection: role of the paraventricular nucleus of the hypothalamus [J]. Prog Neurobiol, 2005, 76(1):1-21.
② Maria Rosaria Melis, Antonio Argiolas. Central control of penile erection: a revisitation of the role of oxytocin and its interaction with dopamine and glutamic acid in male rats [J]. Neurosci Biobehav Rev, 2011, 35(3):939-955.

如可以让雌雄之间产生依恋，包括人类在内的 3%~5% 的哺乳动物在成对个体交配后，它们会选择性地（虽然不一定排他性）伴随其性伴侣并与之交配，还可以促进雌雄两性动物参与到共同抚养后代的过程中。有学者发现，男女两性的性高潮强烈程度与血浆中催产素浓度呈正相关。因而性高潮时释放催产素可能是为了加强配偶共同抚养后代的行为。

在卵巢切除（因此不会接受交配）的雌性草原田鼠与一只雄性草原田鼠共处时，往雌鼠脑中注入催产素，尽管不曾交配，它还是在选择配偶实验中偏向该雄鼠。反之，当雄性田园鼠与一只卵巢切除的雌鼠共处时，往雄鼠脑中注入加压素，尽管不曾交配，它仍会更倾向于选择该雌鼠做配偶[①]。美研究人员（2013 年）挑选 20 名有多年情侣关系的未婚男性，要求他们排列伴侣、熟人和陌生人照片对其吸引力的程度。当这些男性参与者接受了催产素鼻喷剂后，他们对自己的伴侣评价更高。核磁共振成像结果显示，在使用催产素后，男性看到自己伴侣的照片时，与奖赏有关的中脑腹侧被盖区（ventral tegmental area，VTA）和伏隔核（nucleus accumbens）变得更活跃。该发现有助于解释人类一夫一妻制的生物学基础：在一个长期的关系中，提高一个人的催产素水平，能增加其与伴侣相处的时间[②]。

催产素和加压素其他功能

催产素促进妊娠子宫局限性宫缩，有助于分娩，但是对非孕子宫

---

① （美）骆利群. 神经生物学原理［M］. 李沉简等译. 北京：高等教育出版社，2018：407-409.
② Scheele D, Wille A, Kendrick K M, et al. Oxytocin enhances brain reward system responses in men viewing the face of their female partner［J］. PNAS, 2013, 110 (50): 20308-20313.

的作用不大。刺激外生殖器和子宫，以及吸吮乳头均可反射性地促使催乳素分泌，这有利于精子的运动。催产素的泌乳作用是使乳腺中的肌上皮细胞收缩，促进乳汁排出。催产素可以增强母婴联系。孕期血浆催产素水平高的女性，在分娩后与婴儿亲密互动和关注，如凝视、喃喃细语、爱抚等（Ruth Feldman, et al. 2007）。

催产素还参与调控其他条件下的社会关系，如人类中的信任和共情，并对友好的社交行为有重要的影响。当一个人催产素水平升高时，即便面对的是完全陌生的人，他也会变得更加慷慨，更有爱心。与催产素相关的基因被敲除的小鼠会表现出社交记忆选择性障碍（无法分辨新来的和熟悉的小鼠），而非社交记忆似乎不受影响。在性快感，特别是性高潮时，室旁核也会释放催产素，导致出现性高潮后的平静和无焦虑状态[1]，促进性伴侣形成更亲近的关系。

加压素可促进水分保留，升高血压，在防卫领地时与入侵者的攻击有关。中枢的加压素具有镇痛作用，其中室旁核的加压素能神经元系统发挥主导作用。中枢加压素的镇痛作用不依赖内源性阿片肽系统，而与中脑导水管周围灰质（中脑中央灰质）、中缝核群等脑区有密切关联。

研究表明，在功能上催产素和加压素互相依存形成重要的调节作用。它们都通过直接或间接地与伏隔核、前额叶皮质和杏仁核联系，强烈影响人的社会行为。

---

[1] Waldherr M, Neumann I D. Centrally released oxytocin mediates mating-induced anxiolysis in male rats [J]. PNAS, 2007, 104(42): 16681-16684.

3）催产素受体和加压素受体的生物学作用

草原田鼠实行一夫一妻制，而其他相关的田鼠类是多配的。这种性行为上的差异关键在于依赖催产素受体和加压素受体，特别是加压素受体。不同哺乳动物（包括草原田鼠和草地田鼠）表达的催产素受体和加压素受体的模式高度不同，与草地田鼠相比，催产素受体在雌性草原田鼠伏隔核中有更高表达，而加压素受体在雄性草原田鼠腹侧苍白球（伏隔核神经元的主要靶区）中有更高表达。向雄性草原田鼠侧脑室注射加压素受体拮抗剂，会增强雄鼠的攻击行为，从而破坏雄性–雌性单配，导致多配。

与草原田鼠不同，草地田鼠没有这种以催产素和加压素作为配偶间的纽带现象。当雄性草地田鼠与雌鼠共处时，向其脑内注入加压素并不能增加它对该雌鼠的偏好。但是，通过病毒转导增强雄性草地田鼠腹侧苍白球的加压素受体基因的表达，使得它们偏好之前与其交配过的雌鼠，单配现象显著增加。有趣的是，人类的基因在这个区域呈现多态性，这些多态性与人类男性的配对强度相关，也许这正是男性出轨倾向的生物学机制。

催产素对加强雌雄鼠的配对具有辅助作用，注射催产素能加强单配，抑制催产素受体则妨碍单配。破坏催产素受体可减弱小鼠的单配和促进母鼠–幼鼠的结合。配对的易化包括由杏仁核介导的正常恐惧反应的抑制，而杏仁核恰是对社会行为所必需的嗅觉识别信号进行加工的脑区。在人类中，这个作用已转为增加信任和同情。总而言之，少部分催产素和加压素及其受体是人类爱的情绪的生物化学基础[①]。

5.睾酮对下丘脑的性二态组构作用

在人类中，睾酮对下丘脑起到组构作用。在雄性啮齿类动物的胚胎发育期间，睾酮进入下丘脑的神经元内，经芳香化酶转化为雌二醇，促进下丘脑雄性化。其他无法被转化为雌二醇的雄性激素对下丘脑的雄性化作用就不明显。在雌鼠怀孕第 21 天和第 22 天喂食芳香化酶抑制剂——letrozole，以阻止睾酮转化为雌二醇，妨碍睾酮对下丘脑的性发展的组构作用。雌鼠的雄性后代成年后性能力受到严重的损害，未观察到其对其他雌性鼠的攀背、阴茎插入、射精等行为[②]。

在胚胎发育期，雌性胎鼠有一种胚胎血浆蛋白称为 α-胚胎蛋白（alpha-fetoprotein），其对雌二醇有高度亲和力，与雌二醇结合，阻止雌二醇对雌性胎鼠脑起作用，保证脑细胞的雌性化。在芳香化酶和 α-胚胎蛋白基因敲除鼠上，证实了雄鼠的雄性化发生在胚胎期，而雌鼠的雌性化发生在产后[③]。

（二）脑干的中脑腹侧被盖区和多巴胺

中脑腹侧被盖区（ventral tegmental area, VTA）（图 2-2-4）是脑内多巴胺能神经元聚集的主要核团，是上行多巴胺系统通路（中脑腹

[①] （美）骆利群著.神经生物学原理[M].李沉简等译.北京：高等教育出版社，2018：408.
[②] Gerardin C D, Piffer R C, Garcia P C, et al. Effects of maternal exposure to an aromatase inhibitor on sexual behaviour and neurochemical and endocrine aspects of adult male rat [J]. Reprod Fertil Dev, 2008, 20(5):557-562.
[③] Bakker J, Baum M J. Role for estradiol in female-typical brain and behavioral sexual differentiation [J]. Front Neuroendocrinol, 2008, 29(1):1-16.

侧被盖区－伏隔核－前额叶皮质）的节点。中脑腹侧被盖区也接受来自前额叶皮质和边缘系统的神经投射，并深度参与奖赏和成瘾机制。奖赏生理学的意义是指做了一次后还想做第二次。交配是一种自然正向奖励行为，在交配过程中多巴胺传递增强。在啮齿动物中，交配可以产生奖赏效应。如雌雄田鼠都喜欢在它们交配过的盒子中停留更长时间（条件性位置偏爱）。这种交配诱导的条件性位置偏爱依赖伏隔核多巴胺受体的激活。动物的交配行为和性接触（如接吻）都能够激活中脑腹侧被盖区，导致前额叶皮质和伏隔核的多巴胺增加。向伏隔核注射多巴胺受体拮抗剂可以阻断交配诱导的偏爱行为。正电子发射计算机体层扫描（PET）显示，在男性射精期间，中脑腹侧被盖区和纹状体表现出强烈的活动，与鸦片类成瘾者在海洛因冲击下唤起的活动方式极为相似。因此，性交配活动是具有奖赏效应的动机行为，也就是人们为实现性交目的表现出来的主观愿望和意图。这就是人们期盼性交活动的神经生物学的机制。

美国费舍尔博士团队（Helen Fisher, et al. 2005）用功能性磁共振成像技术扫描了刚陷入热恋的年轻人的脑，发现右利手的人右侧大脑尾状核和中脑腹侧被盖区为恋爱中枢，释放的神经递质为多巴胺，热恋时多巴胺增多。因此他们认为：恋爱不是感觉或情绪，它不能受理性的控制，是一种最原始的冲动；多巴胺是奖赏报酬的神经递质，是恋爱的燃料。与多巴胺增强性行为形成对比，5-羟色胺对性行为有抑制作用。

（三）中枢调控性行为的最后公路：脊髓

性生理活动涉及躯体、内脏感觉和运动神经的通路都必须经过脊髓才能完成。

1. 上行感觉传入

与性相关的感觉，特别是由性敏感区的皮肤和外生殖器感受性产生的性感觉，主要由阴茎背神经，经阴部内神经传入脊髓骶段，然后上行与下丘脑和边缘系统联系；浅感觉传导路，将外生殖器等皮肤的痛觉、温度觉和触觉，经对侧脊髓丘脑前束和脊髓丘脑侧束上传到丘脑，经丘脑最后到达大脑皮质的中央后回；意识性深感觉传导路，将发动性行为运动的骨骼肌本体位置觉和深部感觉，经同侧脊髓后索的薄束和楔束，终止于脑干延髓的薄束核和楔束核，再由这两核发出神经纤维到对侧形成内侧丘系，经丘脑最后也到达大脑皮质的中央后回。

2. 下行运动传出

大脑皮质高级中枢整合后的指令，由中央前回发出运动传出信息，经皮质脊髓束和皮质核束分别投射至脊髓前角运动神经元和脑干的运动神经核，由此发出传出运动纤维到效应器——主要是骨骼肌，引起性反应和性行为动作。

3. 性反射中枢

1）内脏运动神经反射中枢

在人类的性生理活动中，内脏运动神经系统的作用远远超过躯体神经。位于脊髓第 10 胸髓节至第 2 腰髓节外侧角的外侧核属于交感神经性质,被称为"射精中枢",其兴奋可引起阴茎射精。位于脊髓第 2~4 骶髓节段外侧角的外侧核属于副交感性质,被称为"勃起中枢",其兴奋可引起阴茎勃起。部分脊髓高位截瘫患者在直接刺激阴茎后,仍可产生阴茎勃起和射精,只是患者丧失了知觉和欣快感。

2)躯体运动神经反射中枢

位于脊髓第 1~2 骶髓节前角的海绵体肌脊髓核,分为背内侧群和腹外侧群,也属于性二态核。背内侧群神经元发出纤维支配球海绵体肌和坐骨海绵体肌,腹外侧群又称为 Onuf's 核,支配肛门外括约肌和尿道外括约肌。在胚胎第 24 周,男性胎儿产生大量的睾酮,导致海绵体肌脊髓核明显大于女性。如果在发育的关键期给雌鼠注射睾酮,会使成年期的海绵体肌脊髓核神经元数量明显增多,出生时去除新生雄鼠的睾丸,成年期时该神经核与雌鼠相似。

第三章

男性的性解剖学和性生理学机制

第一节 男性的性解剖学

性器官就是生殖器官。男性的性解剖学包括内生殖器和外生殖器（图 3-1-1）。内生殖器由生殖腺、输送管道和附属腺组成。睾丸为生殖腺，可产生精子和雄性激素；附睾、输精管、射精管和男性尿道

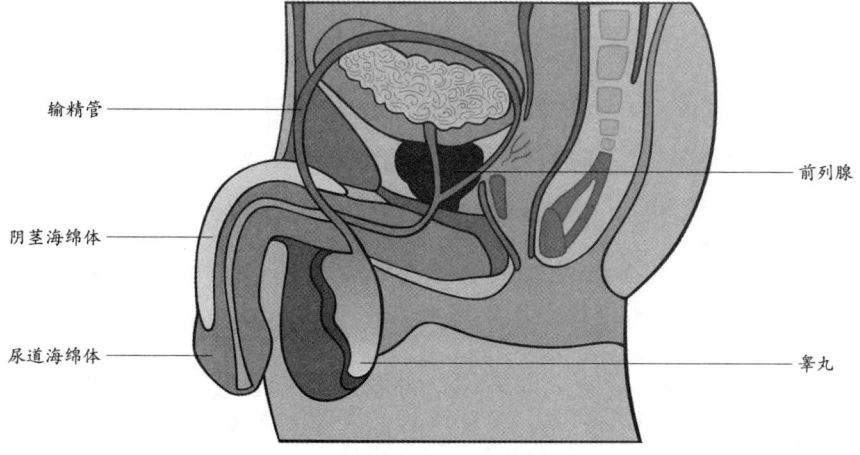

图 3-1-1 男性生殖器官

组成输送管道，负责输送精子；精囊腺、前列腺和尿道球腺是附属腺，分泌物参与精液的组成。外生殖器包括阴囊、阴茎和男性尿道。

一、内生殖器

（一）睾丸

1. 形态

睾丸（testis）呈微扁的卵圆形（图 3-1-1 和图 3-1-2），表面光滑，位于阴囊内，左右各一个，分成上、下两端，前、后两缘和内、外两侧面；后缘有血管、神经等结构出入。睾丸的大小随年龄变化，新生儿的睾丸相对较大，在性成熟前发育较慢，随着性成熟迅速发育；而老年人的睾丸随着性功能衰退逐渐萎缩变小。睾丸在胚胎早期位于腹腔内，以后逐渐下降，在胚胎第 7 个月时，睾丸通过腹壁上的小管道——腹股沟管降至阴囊中。如果睾丸下降不完全而停在腹腔或腹股沟管中，称为"隐睾"，倘若不及早进行手术治疗，可能导致男性不育症。

睾丸表面被覆一层厚而坚韧的白膜，白膜在睾丸后缘增厚伸入睾丸，发出许多睾丸小隔，呈扇形伸入睾丸实质，将睾丸实质分为 100～200 个睾丸小叶。每个睾丸小叶由 2～4 条盘曲的生精小管组成，精子就在其中产生，每个睾丸约有 1000 条生精小管。生精小管周围的间质细胞，是分泌雄性激素——睾酮的主要结构。生精小管在睾丸小叶的尖端汇合成精直小管，在后缘吻合成睾丸网，再发出睾丸输出小管进入附睾头（图 3-1-2）。

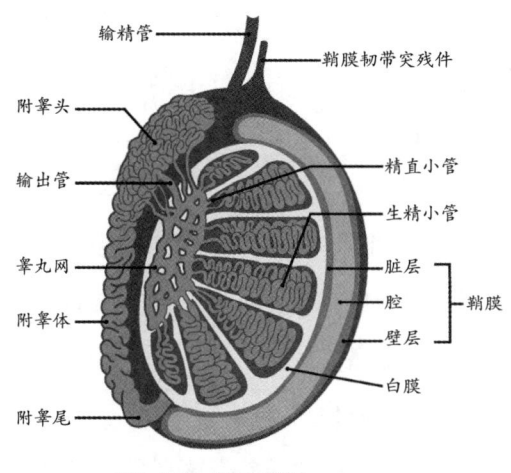

图 3-1-2　睾丸和附睾

2. 功能

睾丸的生理功能主要包括两个方面：一方面，睾丸能产生雄性激素——睾酮，睾丸间质细胞每天产生 6~7mg 的睾酮，约占人体雄激素的 95%，除此之外，肾上腺也可分泌部分雄激素。间质细胞不能储存雄激素，但是雄激素的合成持续进行，从未停止。睾酮促进胎儿的性生殖器官向男性分化、精子生成和男性第二性征的发育。另一方面，睾丸能产生精子，正常睾丸每秒约产生 1000 个精子。通过睾丸被膜的自发性收缩，睾丸将生成的精子向附睾排放。每毫升精液中正常含 2000~3500 万个精子。

睾丸的生精功能受到垂体分泌的黄体生成素（在男性中也被称为间质细胞刺激素）和卵泡刺激素的调控。前者刺激睾丸间质细胞合成雄激素，后者刺激生精小管（曲细精管）上的生精细胞产生精子。

3. 常见的病变

1）急性睾丸炎

急性睾丸炎（acute orchitis）有两种，一是细菌性睾丸炎，二是腮腺炎性睾丸炎。

患细菌感染的急性睾丸炎，临床表现多为单侧，发病急，多有寒战、高热、患侧阴囊皮肤红肿、睾丸肿大疼痛并向同侧下腹部放射。经过及时有效的治疗，大多数急性睾丸炎可得到迅速控制和治愈。

腮腺炎性睾丸炎多为感染流行性病毒性腮腺炎时，病毒经血流到达睾丸而致病。腮腺炎性睾丸炎多见于青春后期。腮腺炎性睾丸炎除睾丸肿痛外还应有病毒性腮腺炎，睾丸肿痛常在病毒性腮腺炎出现3~4天后发生，全身症状较轻；但是50%受累的睾丸发生萎缩。若出现双侧睾丸炎，可能会导致生精细胞严重损害，引起男性不育症。因此青少年如果染上流行性病毒性腮腺炎后，应及时求医诊治，以免引发睾丸炎。

2）隐睾症

隐睾症（cryptorchidism）即阴囊内未触及睾丸，包括睾丸下降不全、睾丸异位和睾丸缺如等。单侧隐睾症是双侧的3倍，右侧较左侧多见。在胚胎期，睾丸位于腹腔腹膜后隙的腰部。随着胎儿发育，睾丸下降进入腹股沟管，至胎儿7~9个月时完全进入阴囊。如果睾丸未进入阴囊，停留在下降过程中的某一部位，即为睾丸下降不全。如停留在腹腔（约25%）、腹股沟区（约70%），其余的在阴囊上部或其他部位。睾丸异位是指睾丸误入，或位于大腿内上侧、阴茎根部，或会阴等。

隐睾症的并发症：睾丸下降不全者几乎会并发腹股沟管斜疝；易发生精索扭转；发生肿瘤的概率提高；双侧隐睾症可致男性不育。

3）斯维尔综合征

斯维尔综合征也称为单纯性腺发育不全。患者的染色体核型为46XY，但是没有卵巢和睾丸，只有不活跃的性腺残体。原因是Y性染色体的性别决定基因（SRY）缺失，睾丸无法发育，婴儿发育成没有卵巢的女性，外生殖器官像女性。直到青春期后出现乳房没有发育和月经未来，才会引起自身和家人的注意。一般来讲斯维尔综合征患者可接受雌激素疗法，因为患者有子宫，可以通过生殖辅助技术（试管婴儿）来怀孕生育。斯维尔综合征患者很少见，迄今仍未有准确的发病率。

4）睾丸肿瘤

睾丸肿瘤较为少见，我国睾丸肿瘤的发病率约为1/100000，占男性全身肿瘤的1%~2%，睾丸肿瘤的病因还不清楚。"隐睾"是其发病的第一相关因素，5%~20%的患者既往有隐睾病史，腹腔内隐睾恶变率比腹股沟区隐睾高4倍。6岁以前隐睾复位固定术能降低睾丸肿瘤的发病率。

睾丸肿瘤多为单侧，以右侧多见。最常见症状为无痛性、进行性睾丸肿大和睾丸下坠感等，常为无意间发现。没有证据显示睾丸癌是由于过度的性活动引起的。

5）睾丸的自我检查

在洗好热水澡后，轻轻地在拇指、示指和中指之间滚动睾丸，触感是否有小的、硬的结节（睾丸的小肿块一般是不痛的）。有以下改变就应及时地求医就诊：一侧睾丸略微增大；睾丸的质感有所改变；有硬的结节、肿块、隆起；有睾丸沉重或下坠感。

（二）附睾

1. 形态

附睾（epididymis）呈新月形，紧贴睾丸上端和后缘。附睾实质是由长 5~6m 的附睾管盘曲形成，分为上端的附睾头，中部的附睾体，下端的附睾尾。附睾尾向后上弯曲移行为输精管。附睾头由睾丸输出小管汇合成一条盘曲的附睾管（图 3-1-1 和图 3-1-2）。

2. 功能

附睾为暂时储存精子的器官，分泌的液体可营养精子。精子在附睾内孵育停留 5~6 周，以便进一步成熟并获得受精能力。附睾具有免疫屏障的作用，将精子与自身的免疫细胞阻隔开来，以免产生自体免疫反应。未射出的精子和绝大部分的附睾液会被附睾重新吸收。因为精子都储留在附睾尾部，所以在辅助生殖技术（俗称"试管婴儿"）中，人工取精的位置就在附睾尾。临床上附睾也是某些疾病的好发部位，如结核。

3. 常见的病变

1）附睾炎

附睾炎多发生于青壮年，是阴囊内最常见的炎性疾病。40 岁以下的附睾炎病原体多为沙眼衣原体，年轻人主要有性接触感染史。急性附睾炎发病急，体温高，阴囊肿胀疼痛，并向下腹部放射，站立时疼痛加剧。炎症较重时，阴囊皮肤红肿热痛，可有脓肿。一般急性炎症经对症诊治一周后，逐渐消退痊愈。

慢性附睾炎临床上较多见，可由急性附睾炎迁延所致，常伴有慢性前列腺炎，但多数患者并无急性患病史。临床表现相当不同，可无明显症状，或可有坠胀感、阴囊疼痛等。体征为触及患侧附睾肿大变硬，无压痛或轻压痛等。

2）附睾结核

附睾结核又称结核性附睾炎。临床上最明显的男性生殖系统结核是附睾结核，但是病理检查的结果最常发生的部位却是前列腺。附睾结核的原发病灶可能在前列腺，经前列腺、输精管逆行感染所致。一般病程发展缓慢，附睾逐渐肿大，无明显疼痛，肿大的附睾可与阴囊粘连形成寒性脓肿。治疗以抗结核药物为主。

（三）输精管

输精管（deferent duct）为肌性输精管道，管壁肌层厚，具有很强的收缩能力，对精子的运输起到重要作用。输精管续于附睾尾部，上行穿过腹壁进入盆腔，最后在膀胱的背面两侧输精管膨大成输精管壶腹，与同侧精囊的输出导管汇合成射精管（图3-1-1和图3-1-2）。附睾来的精子汇聚在输精管壶腹部，并得到来自精囊的营养。

因输精管行程较长，临床将其分为睾丸部、精索部、腹股沟管部和盆部4段。其中精索部位置表浅，在阴囊的上后方最易触摸到，是输精管结扎的理想部位。在阴囊后上方，用拇指和示指触捏可感受到有一索状结构，即为精索；两指稍稍搓动精索，即可感觉到其中心有一铁丝样结构，此即输精管。

（四）精索

精索（spermatic cord）是输精管的精索部（自睾丸上端至腹股沟管深环）与伴行的动脉、静脉、淋巴管和神经等被结缔组织膜包裹形成的一条索状结构。输精管位于精索的中央，动脉为睾丸动脉、输精管动脉和提睾肌动脉；静脉为蔓状静脉丛；神经有生殖股神经的生殖支和交感神经的睾丸丛。从内向外分别是精索内筋膜、提睾肌、精索外筋膜。

精索静脉曲张是指阴囊内的蔓状静脉丛（即睾丸静脉或精索静脉）扩张迂曲，造成血流不畅和淤血。主要症状有阴囊持续的牵拉、坠胀感和钝性隐痛，站立和行走时特别显著，卧床后可减轻。严重者导致男性不育。精索静脉曲张常见于20~30岁的男性。这可能与该年龄段的男性性欲高涨、性兴奋活跃，性器官频繁充血有关。精索静脉曲张患者应尽早就医手术，以避免患男性不育症。

（五）精囊

精囊（seminal vesicle）为长椭圆形的腺体，表面凹凸不平，位于膀胱的后方，输精管的外侧，其输出导管与输精管末端汇合成射精管（图3-1-1和图3-1-3）。精囊分泌的黄色黏稠液体呈弱碱性，参与组成精液，占精液组分的50%~80%，主要成分包括果糖、前列腺素和凝固酶等。果糖为精子运动提供能量；前列腺素松弛子宫颈，增强精子运动和穿过子宫颈黏液的能力；凝固酶使精液在阴道里暂时凝固，防止精液流出，增加受孕机会。

精囊炎和前列腺炎往往同时发生，感染途径和发病原因相同。精囊炎患者有时可有排精疼痛、精液量减少，以及慢性前列腺炎的症状，或除血精外，可无其他症状。

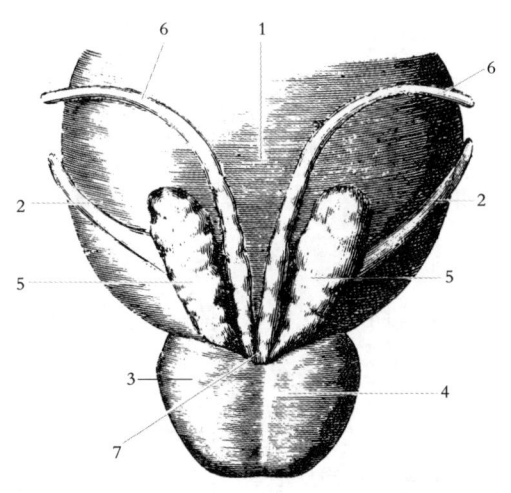

图 3-1-3 精囊和前列腺

注：1膀胱，2输尿管，3前列腺，4前列腺沟，5精囊，6输精管，7输精管壶腹部。

（六）射精管

射精管（ejaculatory duct）是由输精管末端与精囊的排出管汇合而成的管道，管壁薄，富有肌层，具备很强的收缩能力，向前下穿前列腺实质，开口于尿道。射精管管径狭小，以确保射精时具有一定的压力。当射精时，精液被"挤出"，通过神经反射，引发欣快感，从而达到性高潮。

（七）前列腺

1. 形态

前列腺（prostate）为一实质性器官，呈栗子形，由腺组织和平滑肌纤维构成，位于膀胱下方，直肠前方。其分为五叶，即左右两叶、前叶、中叶和后叶，尿道从中叶穿过。前列腺导管开口于尿道前列腺部的后壁。在前列腺后面中间有一纵行的前列腺沟，活体直肠指诊可触及此沟（图3-1-1和图3-1-3）。患有前列腺增生肥大时，此沟变浅或消失。前列腺也是性敏感部位，如隔着直肠按摩前列腺沟可以引起性兴奋、阴茎勃起和射精。这也是临床上收集精液的常规方法。

2. 功能

前列腺主要分泌碱性的乳白色液体。前列腺液约占精液组分的30%，主要成分有酸性磷酸酶、蛋白分解酶等。酸性磷酸酶能使男性第二性征的发育成熟。蛋白质分解酶使凝固的精液液化，促进精子在精液中自由活动，同时溶解子宫颈管口内的黏液栓和卵子的透明带，促进精子和卵子的结合、受精。

性兴奋时，前列腺收缩，将前列腺液排入尿道，若未及时射精，则容易患前列腺结石，出现腰痛、解尿不顺等。

3. 常见的病变

1）前列腺炎

前列腺炎是青壮年男性的常见病，美国的一项针对泌尿外科就诊病人的调查发现，在前列腺炎的患者中50岁以下男性所占的比例最高。

但是其病因仍不清楚，治疗效果也不理想。

前列腺炎分为四型：I 型即急性细菌性前列腺炎；II 型即慢性细菌性前列腺炎；III 型即慢性前列腺炎/慢性盆腔疼痛综合征，为慢性非细菌性前列腺炎和前列腺痛，占慢性前列腺炎的 90% 以上；IV 型即无症状性前列腺炎。

细菌性前列腺炎占比为 5%，非细菌性前列腺炎占比为 64%，前列腺痛占比为 31%。所以非细菌性前列腺炎远较细菌性前列腺炎多见。任何导致前列腺充血的因素，如饮酒过量、受寒、会阴损伤、性生活过度等，均能诱发非细菌性前列腺炎。

急性细菌性前列腺炎源于细菌感染，主要症状有发热畏寒、尿道不适等。其余的前列腺炎病因主要归于前列腺内部变化，而不是细菌感染。主要症状有尿流变细、下腹疼痛、射精痛等。

2）良性前列腺增生症

良性前列腺增生症简称前列腺增生，旧称前列腺肥大，是男性中老年常见病。40 岁后前列腺增生发生率逐年增加，多数患者在 50 岁后才出现症状。41~50 岁的发病率为 20%，51~60 岁的为 60%，80 岁以上达到 90%。

该病为细胞增生而非细胞增大，发病机制仍不完全清楚。前列腺增生起始于围绕着尿道的腺体，这部分腺体为中叶（也称为移行部）。因为尿道穿过前列腺，所以尿道周围的前列腺组织增生会压迫尿道，出现排尿困难和尿道梗阻等表现。若尿液长期潴留，还会出现泌尿系感染、膀胱结石、肾功能损害等继发病变。

现已知老年化和有功能的睾丸是前列腺增生的主要危险因素。吴阶平等人报告清朝留下的 26 名太监，10~16 岁切除睾丸和外生殖器官，经过 41~65 年（平均年龄 72 岁）时，由于没有睾丸且前列腺都高度萎缩，当中没有人发生前列腺增生[①]。所以治疗和预防前列腺增生，常选用抑制雄性激素产生和破坏其功能的药物。

3）前列腺癌

前列腺癌是老年病，极少发生在 50 岁以下的男性，约 99% 的病例中患者年龄超过 50 岁。在欧美，前列腺癌是最常见的恶性肿瘤之一，在我国，前列腺癌发病率和死亡率都远低于欧美国家，与日本相近。但是侨居美国的华人和日本人前列腺癌的发病率都高于本土的同胞，提示可能与生活环境或饮食习惯有关。

与前列腺癌相关的病因有性激素、遗传、饮食等，具体情况如下：性激素，前列腺癌绝大部分为雄激素依赖的肿瘤。已经发生前列腺癌时，切除睾丸可使癌细胞凋亡和瘤体变小；遗传，家族中无患前列腺癌者的相对危险度为 1，而遗传型前列腺癌家族成员患前列腺癌的相对危险度为 5；饮食，高脂肪饮食并摄入大量红色肉类（如猪、牛、羊等）可增加前列腺癌的发病率。

前列腺癌是人类恶性肿瘤中生物学特性变异最大的肿瘤。50 岁以上的男性中 40% 尸检可发现潜伏癌，但是其中只有 9.5% 出现症状和发展为临床癌，死于前列腺癌的为 2%，这在恶性肿瘤中极为罕见。多

---

① 吴孟超，吴在德. 黄家驷外科学[M]. 7 版. 北京：人民卫生出版社，2009（下）：2402.

数前列腺癌没有明显的临床症状，前列腺特异抗原（PSA）检测可增加癌症检出率。所以 50 岁以上的男性在体检时，应当将 PSA 作为常规检测项目。

（八）尿道球腺

尿道球腺（bulbourethral gland）是一对豌豆大的球形腺体，位于前列腺下方的深层肌肉（尿生殖膈）中（图 3-1-1），输出管开口于尿道球部。当阴茎勃起时，尿道球腺受挤压，分泌少量蛋清样，透明、黏稠的碱性黏液。在阴茎交媾射精前先流出尿道口，润滑阴茎头部，有利于阴茎插入阴道。有学者认为，这些分泌液的主要作用是中和尿道中的酸性物质，确保精子安全通过。许多青少年常误把尿道球腺液当成精液，他们自称在看言情小说或影视刺激性较强的画面时，出现滑精，量少而清亮，因为精液多呈灰白色，其实这些往往是尿道球腺的分泌液。

二、外生殖器

（一）阴囊

阴囊（scrotum）是位于阴茎后下方的皮肤囊袋，容纳着睾丸和附睾。阴囊由双层膜构成，表面是皮肤，薄而柔软，富含汗腺，成年人有少量阴毛，性成熟后色素沉着、颜色较深。阴囊皮下缺乏脂肪组织，含有平滑肌纤维、致密的肉膜。肉膜在正中矢状位延续形成阴囊中隔，将阴囊分为左右两个囊腔，同侧的睾丸、附睾和下段精索位于相应的阴囊腔内。肉膜平滑肌随外界温度的变化而舒张、收缩，以调节阴囊内的温度，保持比体内温度低 3.1℃，这样的温度有利于精子的发育与生存。阴囊内温度过高时，精子是无法发育成熟的。所以，在日常生活中建议男性穿着宽松的内裤，多站立，少泡温泉和蒸桑拿，否则不利于精子的发育生长。

（二）阴茎

1. 形态

阴茎（penis）是男性的性交媾器官，兼有排精和排尿的功能（图3-1-1）。人类具有灵长类中最大的阴茎。阴茎由前向后分为头、体和根3部分。阴茎根埋藏于阴囊和会阴部皮肤的深面，附着于耻骨上。中部为阴茎体，呈圆柱形，悬垂于体外，皮肤松弛，有利于阴茎增粗勃起。阴茎头端膨大称为阴茎头（俗称龟头）。阴茎头的尖端有尿道开口，其后端凸起的部分称为阴茎头冠，在性交时，阴茎头冠与阴道壁交锁，形成封闭。头与体交界的狭窄处称为阴茎颈，也称冠状沟。阴茎平均大小：松弛时长5~8cm，勃起时10~18cm。

阴茎由一对阴茎海绵体和一条尿道海绵体组成。尿道海绵体前端膨大形成阴茎头，也称为龟头，覆盖在两条阴茎海绵体的前端，后端扩大为尿道球。尿道穿过尿道海绵体，开口在阴茎头，称为尿道外口。尿道在尿道海绵体的尿道球处扩大称为尿道球部。阴茎头皮肤颜色变化大，由浅红色到紫色不等，含有丰富的神经末梢，对性刺激特别敏感。阴茎头最敏感的部位是阴茎系带，系带是阴茎头下方、连接阴茎体和阴茎头的带状皮肤。一对阴茎海绵体紧密相连，前端嵌入阴茎头凹槽内，后端分开称为阴茎脚，分别附在两侧的耻骨和坐骨处。

每条海绵体外包有一层坚韧而缺乏弹性的纤维膜称白膜，但是尿道海绵体前端的阴茎头无白膜包绕。海绵体之间的白膜融合成隔膜。海绵体由不规则血窦组成，通俗地说海绵体内部有由无数纤维组成的小梁，小梁纵横交织形成海绵状结构。其中由小梁相互交织形成的无数的微小网眼就是血窦。小梁的腔面覆盖内皮细胞，内皮的深面是平滑肌细胞和纤维组织。海绵体的血窦与动、静脉相连。这也就是性兴奋时阴茎勃起的组织学基础。

2. 阴茎勃起的机制

阴茎勃起是指在性信息刺激下，在中枢神经系统大脑皮质、神经血管内分泌和外生殖器共同作用下，产生的一个反射过程。阴茎勃起可分为心理性勃起和反射性勃起两类。在生理学上，阴茎勃起是一系列神经、血管活动作用于肌性器官——阴茎的结果。勃起的基本条件：完整的神经传导通路；完善的阴茎组织结构；足够的动脉充盈压。三者缺一不可。海绵体的每个血窦都有输入小动脉和输出小静脉与其直接相通，血管壁上都存在瓣膜状平滑肌皱襞称为括约肌，受勃起神经调节，起到"开关"闸门的作用。当性兴奋时，神经冲动使输入小动脉的括约肌"开关"完全开放，输出小静脉的括约肌"开关"完全关闭。这时，动脉流入的血流量增多，而静脉流出的血流量减少。血窦内因充满血液而膨大，海绵体开始逐渐充盈，因而阴茎体积也明显增大、增粗。当增粗、增大的直径达到一定程度后，海绵体表面坚韧的白膜无法再继续拉伸，从而约束阴茎海绵体继续增大、增粗，迫使海绵体内血窦的充盈压大于动脉压，阴茎持续勃起并达到所需要的硬度。射精后，动脉括约肌收缩，"开关"部分关闭，血流减少，而输出静脉的括约肌"开关"完全开放，静脉回流增加，海绵体的血窦迅速排空，阴茎很快变小、疲软。

阴茎勃起是每个健康男性的正常生理现象。男婴出生后2个月即已开始形成这种"开关"结构，自3岁起大量增加，这说明男性儿童具有勃起现象。新生儿阴茎勃起，纯属神经生理反应，不存在瓣膜"开关"的问题。进入青春期后，在感官上受到性刺激时，阴茎也可产生心理性的勃起。

3. 常见的病变

1）包皮

阴茎皮肤薄而柔软，并富伸展性。在阴茎颈处，皮肤向前延伸为双层游离环形皱襞，称阴茎包皮（prepuce of penis）。包皮内层与阴茎头之间的缝隙称为包皮腔，下方中线处连有一皮肤皱襞，称包皮系带。包皮含有许多包皮腺。从青春期开始，包皮腺可产生一种油性物质，与皮肤中的死细胞、尿液、病原体混合形成包皮垢，可能诱发感染，也是阴茎癌和女性子宫颈癌的重要诱因之一。所以男性为了自己和伴侣的健康，应该经常清洁阴茎头（包括阴茎冠和冠状沟）的包皮腔。

包皮过长和包茎

幼儿时期包皮较长，包裹着整个阴茎头。随着年龄的增长，包皮逐渐向后退缩至阴茎处，阴茎头显露于外。若成年人阴茎头仍完全被包皮包裹，但可用手翻开暴露阴茎头者，称为包皮过长。包皮口狭小，不能向后翻转至阴茎颈露出阴茎头者，称为包茎。包茎常因包皮过紧而在阴茎勃起时引起疼痛，且易引起包皮阴茎头炎和湿疣，甚至发生阴茎癌。所以包皮过长或包茎，应尽早行包皮环切术。包茎者应在青春期前完成包皮环切术。手术时应注意勿伤及包皮系带，否则会引起阴茎勃起困难。

包皮嵌顿

包皮嵌顿是指由于包皮外口狭小或包皮与阴茎头粘连，导致包皮口紧小，强行向后上翻转未能及时完全复位，造成包皮口紧勒在冠状沟处，使远端包皮和阴茎头血液和淋巴回流障碍，发生水肿、淤血、疼痛等。包皮嵌顿如不及时诊治处理，可导致阴茎头缺血、感染、溃烂，甚至坏死。

2）阴茎癌

阴茎癌多发生于老年男性，平均发病年龄为60岁。阴茎癌的发病率与卫生条件和文化宗教背景有关，尤其与包茎关系密切。犹太男婴出生后10日内施行包皮环切术，他们几乎无阴茎癌发生。伊斯兰教徒男童在7岁行包皮环切术，阴茎癌的发病率显著降低。在我国，阴茎癌曾经是常见病，随着经济、卫生条件的改善，发病率逐渐下降。所以，青春期前，未发育成熟的男性少年儿童应当注意阴茎头的清洁卫生，经常清洗包皮腔，去除包皮垢。

3）缩阴症

缩阴症又称恐缩症，主要发生于东南亚（大多在马来西亚）和我国的南方，属于一种急性焦虑反应的心理障碍。此病多发生于偏远地区和文化程度偏低者。根据在海南岛做的调查，患缩阴症者多为农民，初中以下文化程度者占84%，从全国范围看亦是如此。缩阴症在男女两性中均有，男性患者表现为感觉阴茎麻木、疼痛，继而感觉阴茎已变小内缩；女性患者表现为感觉阴部发凉，阴唇和乳头逐渐内陷。患者普遍相信阴茎/阴唇和乳头一旦陷入体内便会引起死亡，所以这些主观症状出现后，患者通常表现出极为恐惧，紧抓住阴茎或乳房不放，或大声呼救等症状。

一般认为缩阴症发生在具有特定文化的人格素质的基础上，是社会与心理因素相互作用形成的心理障碍。患者常在手淫、梦遗、性欲放纵或阴茎暴露在冷水、冷空气后，产生相应的恐惧反应而发病，发作时自知力完全丧失。因为缩阴症是一种心理异常反应，故应给予心理治疗。

（三）尿道

1. 形态

男性尿道（male urethra）除了具有排尿功能外，还可以排精。其起自膀胱的尿道内口（即膀胱口），止于阴茎头的尿道外口；分为前列腺部、膜部和海绵体部（图3-1-1）。尿道内括约肌（即为膀胱括约肌）是围绕在尿道内口（膀胱口）的环形平滑肌，属于膀胱肌层。

前列腺部为尿道穿过前列腺的部分，后壁有一纵行的隆起称为尿道嵴，尿道嵴的中部隆起称为精阜。射精管分别开口在精阜两侧。精阜两侧的尿道黏膜上有许多细小的前列腺输出管的开口。膜部为尿道穿过盆底肌层（尿生殖膈）的部分，周围环绕着属于骨骼肌的尿道外括约肌。海绵体部为尿道穿过尿道海绵体的部分，尿道球腺开口在海绵体部的起始段。尿道膜部起始段膨大位于尿道海绵体的尿道球内称为尿道球部，末端经过尿道海绵体阴茎头时扩大称为舟状窝。

尿道有两个弯曲：耻骨下弯和耻骨前弯。恒定的耻骨下弯，位于耻骨联合背侧、凹向后下，包括前列腺部、膜部和海绵体部的起始段。耻骨前弯凸向上前方，位于耻骨联合前下方的阴茎根和阴茎体之间，阴茎勃起时或将阴茎向前上提拉时，耻骨前弯变直而消失。尿道有3个扩大部：前列腺部、尿道球部、舟状窝。在性兴奋射精时，它们可以储积精液。

2. 尿道下裂和尿道上裂

尿道下裂是指尿道没有生长到阴茎头部，尿道外口位于阴茎的腹侧。男婴的发生率为1/300。尿道下裂可能是胎儿睾丸产生的睾酮量不足，或雄性激素受体缺乏，在孕期8~14周发育过程中，使得尿道沟融合不全形成尿道下裂。同时也伴有尿道海绵体发育不全。在出生后两年内完成外科手术，矫正尿道外口前移，可保有射精功能。

尿道上裂是一种比较罕见的先天性畸形，男女发生的比例为3：1；是由于在胚胎期，尿道背侧融合缺陷所致的先天性尿道外口畸形，男性患者表现为尿道外口位于阴茎背侧，女性患者中表现为尿道上壁出现瘘口，阴蒂分裂，大阴唇间距较宽。尿道上裂常常合并膀胱外翻。即使通过手术矫正，一般很难在外观和性功能上完全满足患者的期待。

三、会阴肌

会阴是指外生殖器和肛门之间的区域。会阴肌分为尿生殖区的肌肉（即围绕在生殖器和尿道的肌肉）和肛区的肌肉（即环绕肛管的肌肉）。这两部分的肌肉向中心汇聚附于会阴中心腱。会阴中心腱或称会阴体是位于阴茎和肛门之间的腱性结构。会阴肌具有承托盆腔脏器的作用。

（一）尿生殖区的肌肉

1. 浅层

尿生殖区浅层肌肉有：会阴浅横肌，为一对狭窄的小肌，起自坐骨，止于会阴中心腱；坐骨海绵体肌，起自坐骨，止于并覆盖两侧阴茎脚（阴茎海绵体）表面；球海绵体肌，起自中心腱，围绕尿道海绵体后部以及尿道球部，止于阴茎背部。后两块海绵体肌的收缩有助于阴茎勃起和射精。

2. 深层

尿生殖区深层肌肉有：会阴深横肌，比会阴浅横肌宽大，位于阴浅横肌和尿生殖膈下筋膜深面，肌束张于两侧坐骨之间，部分肌束止于会阴中心腱；尿道外括约肌，位于会阴深横肌前方环绕尿道。

（二）肛区的肌肉

肛区的肌肉主要有：肛提肌是一对宽大的扁肌，起自耻骨和坐骨，向内下止于会阴中心腱和尾骨；尾骨肌位于肛提肌后方，起于坐骨，止于骶骨和尾骨两侧缘；肛门外括约肌是环绕肛门的骨骼肌。

（三）男性凯格尔运动训练

凯格尔运动（参阅第四章第一节；四、会阴肌）最初是为了减小产后女性尿失禁的发生，随后发现凯格尔运动在性交过程中能提高会阴肌的功能，更好地控制射精，增强性高潮时的强烈感，提高性生活质量，但凯格尔运动不能增强阴茎的勃起能力。下面简要说明男性凯格尔运动的锻炼方法。

1. 确认会阴肌

为了在主观意识上确认会阴肌，可以在排尿过程中中断排尿，或者在肛门非常想要排气时憋着不排放。这能确认出尿道外括约肌、肛门外括约肌就是会阴肌的一部分。主观意识到这些骨骼肌的位置，并将它们与周围的大肌群区隔后，就可以躺着锻炼它了。

2. 锻炼

排空尿液，深呼吸，保持全身放松，将注意力集中在会阴肌上。呼气时收紧会阴肌，这种感觉就像中断排尿的感觉；吸气放松会阴肌。每次收缩（呼气）和放松（吸气）会阴肌 50 下，每天两次，一个月就会有效果了。在每一回合过程中，坚持 5s 收缩会阴肌并尽量达到最大极限，然后 5s 慢慢放松会阴肌。

3. 注意点

在运动过程中还需注意以下几点。

（1）一定要放松腹肌，不能让腹肌同时收缩。

（2）一定要放松臀部和大腿的肌群。

（3）一定要持之以恒，切忌三天打鱼两天晒网。

四、精子和精液

（一）精子

精子只占精液 1% 的容量。在 20 世纪 70 年代，男性的精子密度平均为每毫升精液中有 1 亿个精子。当今男性精子密度只有 50 年前的 1/5，约为每毫升精液含 2000 万个精子。但是，目前基本上没有确凿的证据可以找出精子数量断崖式下降的原因。主要相关因素可能与环境污染、食物影响、生活习惯改变和精神压力大等有关，或许还有生物学演化的因素。

虽然精子密度的数量级都超过千万，但是在女性体内因素的影响下，如阴道的酸性环境能杀灭其中 90% 的精子；子宫颈的黏液栓又阻止剩余 90% 的精子通过；受精后，女性免疫系统激活，在性交完成后的 15min 内，白细胞开始大量地向子宫、输卵管聚集，1h 内白细胞的数量可以超过 10 亿个，灭活异体蛋白——精子。这样，在到达输卵管之时，精子的数量已经从上亿个减少到几百个，在卵子周围只有 20~200 个精子，最终只有 1 个精子进入卵子。因此，睾丸的生精功能、精子的数量等级与男性的生育能力密切相关。

（二）精液

1. 组成和量

精子和来自精囊、前列腺、尿道球腺的分泌液共同构成精液。70% 的精液来自精囊，其余的 30% 主要来自前列腺，少量来自尿道球腺。精液含有水分、黏液、果糖和酶等。正常男性精液一次射精的量为 2~5mL。精液量若多于 7mL 则为精液过多，精子密度减少，容易从女性阴道中流出，致使精子总数降低，常见于精囊炎患者；少于 2mL，则为精液量少，1mL 以下为过少，容易导致不育。

2. 颜色

正常精液的颜色是灰白色或略带黄色。若为乳白色或黄绿色，则表示男性生殖管道或附属腺存在炎症。若为粉色或红色，或者显微镜下能看到红细胞，则为血性精液。

3. 固化和液化

精液射出后，在凝固酶作用下呈胶冻状，经过 10~20min，在前列腺分解酶的作用下转为液体，这一过程称为液化。精液射出 30min 后仍不液化，就属于异常，可导致男性不育症。

4. 黏稠度检查

用玻璃棒接触液化的精液，轻轻提起后会形成精液丝。正常的精液丝长度应小于 2cm。

如果男性发现自己上述 4 项指标（精液量、颜色、液化的时间和黏稠度）均不太正常，应当到医院做进一步的化验检查。还有诸如精液酸碱度、精子活力等指标需要经过实验室化验才能得到准确结果。

（三）首次遗精

首次遗精大多出现在 13~16 岁。笔者问卷调查选修本课程（2021~2022 学年）的福建医科大学共 214 名大一、大二的男生，首次遗精的年龄大部分在 12~16 岁（表 3-1-1）。首次遗精是男性的性生理发育趋于成熟的重要标志,是男性具有生殖功能的起始特征。首次遗精及以后的一段时间里,精液中常无精子或精子的量很少,一直到18岁左右精子的数量才达到成人的水平。遗精常发生在睡梦中,故又被称为"梦遗"。发生遗精的间隔时间个体间差异较大,有的仅仅间隔一两天,有的可长达数月。

表 3-1-1　福建医科大学男生首次遗精的年龄

年龄（岁）	人数（人）	占比（%）	年龄（岁）	人数（人）	占比（%）
10	2	0.9	15	50	23.4
11	2	0.9	16	21	1.0
12	26	12.1	17	6	2.8
13	45	21.0	18	2	0.9
14	60	28.0			

（四）最佳生育年龄

男性最佳生育年龄在 25 岁后,此时生理心理的发育都处于成熟期,精力旺盛,精子数量最多、活力最强、质量最好,35 岁后精子质量和数量都开始逐步下降。所以,25~35 岁是男性最佳生育年龄。

（五）精子数量和质量下降的相关因素

1. 人类文明发展的趋势

随着人类社会文明的进程,男性的角色性格不再凶猛强悍,而是越来越温顺,在角色表现上越来越接近女性。美国人类学家团队研究了 1400 个古代和现代人类颅骨,男性面颅女性化预示着睾丸激素的减少（参阅第一章第二节,二、欧美主导的性和性行为的价值观及生物学基础）。最近研究发现，许多男性体内雌激素水平越来越高，有的甚至比正常值高出2~3倍。这种"现状"甚至形成年轻化的趋势。

2. 缺乏运动和久坐

美国波士顿大学副教授劳拉·怀斯调查研究（有2200名男性参与）显示，在排除营养水平、体重、血压、内裤款式等其他因素后，每周骑自行车时间累计超过5h的男性相比其他男性，精子数量和精子活性都有所下降。在缺少锻炼的男性群体中，23%的人精子数量偏低；而每周骑车超过5h的"骑车男"群体中，这一数值升至31%。另外，40%的"骑车男"精子活性不高，在人群中的比率同样高于不运动男性[1]。因坐位时，阴囊紧贴着椅面、坐垫或大腿，使得阴囊无法散热导致升温，这可以解释骑车与精子数量和质量下降之间的关联机制。

3. 环境污染

美国学者Alan Barreca（2017年）在一项有关男人精子数量减少现象的研究报告甚至警告人类将会消亡——假使这一趋势继续下去的话。研究发现，1973~2011年，北非、欧洲和澳大利亚男性的精子量减少了50%~60%。该研究报告引证了"多重环境与生活方式影响"，以解释精子量何以会减少。属于这些影响的有因化学品污染或母亲在孕期吸烟导致的孕期内分泌干扰，不过，成年人生活中的农药污染则为主要原因。

---

[1] 科学网 https://news.sciencenet.cn。

第二节　男性的性生理学机制

与性行为的神经内分泌学相反，阴茎的勃起和射精等的基本性生理机制主要涉及中枢神经系统的特定结构。

一、阴茎的神经

（一）躯体神经

阴茎的躯体神经来自盆腔骶丛的阴部神经。阴部神经含有运动纤维和感觉纤维，终支为阴茎背神经。阴茎背神经为躯体感觉神经，分布在阴茎皮肤、阴茎头和阴囊皮肤，传导痛觉、温度觉和触压觉。阴部神经有分支支配会阴肌的运动，会阴肌的收缩有助于阴茎的勃起和射精。

（二）内脏运动神经

与阴茎功能相关的内脏运动神经有交感神经和副交感神经。与阴茎有关的交感神经由脊髓胸腰段的外侧核发出，经过盆丛与动脉伴行到盆部生殖器，在性兴奋时，使盆部生殖器平滑肌收缩引发射精，如输精管平滑肌收缩，尿道内括约肌（膀胱括约肌）收缩，关闭尿道内口，防止精液反流。除了阴部神经外，交感神经的下腹神经也传导睾丸的痛觉。支配阴茎的副交感神经由脊髓骶段的外侧核发出，经盆内脏神经和盆丛到阴茎的海绵体，使海绵体血管舒张，进而阴茎勃起，故称之为勃起神经。

二、男性的性反应机制

正常男性性反应的特点是全身性的整体反应，包括远离最初性接触部位的感觉输入和对这些感觉的感知。中枢神经系统对性功能的控制表现在皮质下中枢（如间脑、脑干等）产生的性本能反应，对导致性兴奋的感觉传入的器官做出反应，这种由来自皮质下中枢（脊髓）的刺激引起的阴茎勃起属于生理反射性勃起。大脑皮质可以产生和加工心理刺激，以促进或抑制阴茎勃起反应。

（一）阴茎勃起两个因素

（1）心理刺激指动情思想和幻想，以及与性生殖器官无关的动情刺激，如文字、语言、画面或影像等。这些刺激通过神经传导路，最后兴奋脊髓骶段副交感神经中枢（勃起中枢），激起阴茎勃起。

（2）躯体刺激包括5类基本感觉：视、听、味、嗅和触觉，最能激发性兴奋的是触觉。生殖器官（接受外部触觉刺激）或直肠和膀胱（接受内部刺激）的刺激通过阴部神经和脊髓骶段的副交感神经中枢（勃起中枢）调节起作用。

（二）脊髓的调控

阴茎的勃起和射精反射直接受脊髓控制（称为脊髓反射）。触摸和舔吸阴茎等直接感觉刺激通过阴部神经，兴奋脊髓胸腰段和骶段的性反射中枢，引起阴茎的勃起和射精。所以脊髓高位截瘫（如脊髓颈段被水平横切断）或脊髓勃起中枢以上水平损伤的患者，直接刺激阴茎仍可引起阴茎勃起和射精。但是由于与大脑皮质的联系被切断，故患者没有性知觉，更没有欣快感。

（三）高级中枢的调控

2023年《细胞》杂志刊登的一篇文章中，实验者通过刺激雄性小鼠的终纹床核中表达 P 物质的神经元，促进和增加了下丘脑视前区中表达 P 物质受体的神经元活动。紧接着在 10~15 分钟后，雄性小鼠完成与雌性小鼠的交配行为；如果直接将 P 物质注射到下丘脑视前区附近，则大大加快雄性小鼠与雌性小鼠的交配时间。

该实验所使用的雄性小鼠阴茎勃起不应期为 5 天。但是，在直接激活下丘脑视前区表达 P 物质受体的神经元后，会促使刚刚完成射精的雄性小鼠立即与雌性小鼠再次进行交配，甚至会导致雄性小鼠与无生命物体交配[1]。

（四）阴茎勃起的生理和分期

阴茎勃起过程可以人为地划分为 6 个阶段：松弛期、潜伏期、充盈期、充分勃起期、强直勃起期和消退期。

（1）松弛期（性兴奋刺激前）。阴茎体积恒定，海绵体内压不变，血流速率稳定，动脉和静脉血流量最小，以维持营养。

（2）潜伏期（充盈前期）。血管平滑肌舒张，海绵体内压力降低（潜伏期的特征），小动脉灌流量增加，阴茎体积轻度增加，长度增长而周长尚未出现明显改变。

（3）充盈期。海绵体内血流量快速增加，阴茎直径、周长迅速扩张，体积急速增大、增长。海绵体内压力增高，动脉血流量降低一半，并伴有动脉搏动，同时静脉被挤压，回流减少。这一时期持续时间长短取决于年龄大小和受性刺激的强度影响。

---

[1] Bayless D W, Davis C O, Yang R. et al. A neural circuit for male sexual behavior and reward.[J] Cell, 2023, 186:(18):3862-3881.

（4）充分勃起期。阴茎最大体积不变，阴茎内压升高到等于血压的收缩压或略低于收缩压，动脉血流量低于充盈期，但仍高于松弛期。在这一阶段通过阴茎的动脉血流量明显减少，直至达到白膜允许的最大容量。海绵体的血窦壁和白膜间的静脉通道多数被挤压，静脉回流明显减少。但是，由于阴茎头无白膜，这时其内的静脉发挥动静脉直接吻合的作用，引导动脉血回流。尽管大部分静脉管腔受压，静脉血流比疲软状态时仍有轻度增高。

（5）强直勃起期。此期阴茎最大体积不变。由于会阴肌收缩，海绵体内压超过收缩期血压（可达到数百毫米汞柱），几乎无血流通过海绵体，使得阴茎勃起达到坚硬程度。由于持续时间短，不会造成缺血或组织损伤的发生。事实上，在有意延长的兴奋期中，勃起可以部分地消失随后又很快获得，反反复复，维持很长一段时间，既不完全松弛，也不总是保持在强直勃起期。

（6）消退期。在射精后或性刺激终止后，动脉血流量快速减少到松弛期水平，随之阴茎硬度迅速消失，体积减小，恢复到松弛期的长度和周长。

6个阶段实际是持续连贯的，其中强直勃起期对完成交媾具有最重要的生理意义。消退期后，男性即进入不应期，这时即使再给性刺激也不会引起性兴奋。男性不应期的生理意义是自我保护，以恢复消耗的体力和精子精液的质和量。

（五）阴茎充分勃起的特征

阴茎体积显著增加并达到足够硬度是阴茎勃起的主要特征。其中阴茎体积显著增大是指牵拉阴茎头时，阴茎海绵体不能再被拉长。足够硬度指以两手挤捏阴茎体时，不能再捏扁变形。但是应当注意，由于组织结构的差异，阴茎头还是可以被捏变形，这是因为阴茎头海绵体压力低，膨大的阴茎头能防止阴茎海绵体坚硬的尖端使女性出现疼痛或损伤，同时也防止阴茎海绵体血液系统的损伤。

三、与勃起和射精相关的性功能障碍

（一）阴茎勃起障碍

阴茎勃起功能障碍（erectile dysfunction，ED）属于性唤起障碍，旧称阳痿（impotence），是指阴茎不能勃起，或勃起的硬度不够，或时间短暂，无法使阴茎插入阴道，从而无法完成交媾，不能获得满意的性生活。ED 的发病率相当高，而且与年龄成正比。据调查，40~70岁成年男性阴茎勃起功能障碍发生率为 54.8%（其中轻度 20%，中度 25.2%，重度 9.6%），其发病率表现出随年龄增加而增高[1]。然而，很少见到阴茎完全不能勃起的，更多见的是手淫时可以完全勃起，在交媾时部分勃起，但缺乏足够的硬度而不能插入。虽然阴茎勃起基本上是由脊髓控制，但是大脑的意识加工和介入影响阴茎勃起的作用也相当重要。个体的想法、幻想和感觉不仅仅能刺激射精，还能够激发阴茎的勃起。阴茎勃起障碍主要分为心理性和器质性两种，当然也有可能是生理和心理因素的双重作用。

---

[1] 吴孟超，吴在德. 黄家驷外科学 [M]. 8 版. 北京：人民卫生出版社，2020：2360.

1. 阴茎勃起障碍的相关影响因素

1）心理性阴茎勃起障碍

心理性阴茎勃起障碍的因素有：不良的性经历、生活或工作压力、缺乏性知识等。

2）器质性阴茎勃起障碍

器质性阴茎勃起障碍表现在解剖生理学方面与勃起有关的神经、血管的损伤均可导致勃起障碍。

3）手淫引起的阴茎勃起障碍

经常手淫的男性在经历一段时间的频繁手淫后，常常在手淫时阴茎很容易勃起（阅读第六章第二节），但是在交媾（生殖器官性交）时却发生阴茎勃起障碍。

4）药物引起的阴茎勃起障碍

引起阴茎勃起障碍的药物有抗高血压药、抗精神病药（包括抗抑郁药）、镇静药、抗前列腺增生药等。大部分药物引起的障碍是可逆的，即停药后可恢复阴茎勃起。

5）吸烟对男性性功能的直接影响

吸烟对男性性功能的直接影响是造成阴茎勃起障碍和性欲减退等。每4位男性吸烟者中至少有1位患有阴茎血液循环障碍，而在不吸烟的男性中这个比例是12∶1。另一项调查数据表明，2/3 阴茎勃起障碍患者是吸烟者，在阴茎末梢血管阻塞的患者有 9/10 是吸烟者[1]。

---

[1] 陈新，李竹. 今日男性生殖健康[M]. 上海：上海科学普及出版社，2004：270.

6）睡眠中的阴茎勃起

在深睡或是黎明将醒时，男性常有自发性的阴茎勃起，这是人在睡眠状态下一种生理性的自然反应。由于在安静和睡眠时，尤其在夜间机体的生理过程中，副交感神经兴奋处于主导地位。副交感神经兴奋（也就是勃起神经兴奋）导致阴茎勃起。正常男性在每个晚上睡眠时，都会有4~5次自主的阴茎勃起，持续时间通常为30~50min，同时伴有眼球快速运动。不过，夜间勃起与睡眠状态有关，有时睡眠质量不好，第二天早上也可能就没有晨勃。

在深睡或将醒时有自发的阴茎勃起，表明男性的勃起神经的传导功能正常，阴茎海绵体具备正常的充盈扩张能力。这也佐证了一个观点：交媾时勃起困难，更可能是心理因素，而不是器官的病变。

7）骑自行车与阴茎勃起障碍

美国学者 Vincent Huang 等人（2005年）在查阅 1999~2004 年共 21 种相关杂志的 43 篇论文后指出，每周骑自行车超过 3h 的人有 4.2% 患中度到重度的阴茎勃起障碍，而对照组（跑步者或游泳者）患病率是 1.1%。可能的机制是会阴骑跨坐在车垫上，血管受压，阻塞阴茎血流灌注，导致阴茎勃起困难。德国学者 Frank Sommer 等人（2010年）综述 53 篇相关论文后指出，骑自行车者会阴部受压，导致血管、内皮和神经源性功能紊乱，最终发展为阴茎勃起困难。比利时学者 Mathias Michiels 等人（2015年）综述 45 篇论文后指出，没有充足证据表明骑自行车作为单独因素可以引起阴茎勃起障碍，但也无法排除这种可能性[①]。

2. 自我测试阴茎勃起功能的邮票试验

自我测试阴茎勃起功能的邮票试验具体方法为：在睡前，用4张横行联孔的邮票环绕阴茎体，将其重叠部分黏住，使其成为一环，入睡。然后，在清晨检查邮票黏孔处是否撕裂。连续测试3天。邮票黏孔有断裂，提示夜间阴茎有勃起。本试验为自我测试阴茎充盈勃起的方法，不能记录睡眠质量。凡连续3天均能撕裂邮票，可基本认定在性交时阴茎勃起障碍的病因是属于心理性的[②]。

当然，也可以在家里应用阴茎硬度测量仪（RigiScan System）检测阴茎的勃起。Rigi Scan System是一种能连续记录夜间阴茎膨大程度、硬度、勃起次数和持续时间的装置。

与人类不同，大多数雄性哺乳类动物有阴茎收缩肌或阴茎骨，所以它们不存在阴茎勃起障碍。在灵长目动物里只有人类和蜘蛛猴没有阴茎骨。人类既没有阴茎收缩肌，也没有阴茎骨，这也是人类演化生物学中众多难解的谜题之一。

3. 万艾可与阴茎勃起障碍

万艾可（viagra），俗称伟哥，学名为枸橼酸西地那非（sidenafil）。万艾可对不同病因引起的阴茎勃起障碍都有效，在临床上是治疗阴茎勃起障碍的口服首选用药。口服万艾可后，在10~40min内起效，

[①] Michiels M, Van der Aa. Bicycle riding and the bedroom: can riding a bicycle cause erectile dysfunction? [J]. Urology, 2015, 85(4):725-730.
[②] 黄宇烽，许瑞吉. 男科诊断学 [M]. 上海：第二军医大学出版社，1999：415.

在一定的性刺激作用下，于 20~40min 内持续有效，平均作用时间为 27min。万艾可有两种用法：按需服用，在性生活开始前半小时至 1 小时按需服用，每日最多服用 1 次，可以按照个体差异，在推荐剂量内选择适合自己的最佳作用剂量；规律服用，在治疗中度或重度勃起性功能障碍上，还可以选择按疗程服用，疗效确切，可用药 8 周，每周保持 2 次性活动。其中，大多数患者能够达到较满意的勃起硬度。

服用万艾可后，常见的副作用主要表现为头痛、面部潮红、消化不良，少数出现视觉异常、鼻塞、腹泻等，但总体发生率低，而且发生后症状很快就会消失。万艾可对大部分人是安全的。但是万艾可的机制是舒张阴茎海绵体的平滑肌，促进血液流动，最终使阴茎勃起。因此，患有心血管疾病的患者根据病情应遵医嘱慎用或禁用。

（二）早泄

1. 定义

早泄（premature ejaculation，PE）又称早发性射精或射精过速。早泄是指阴茎插入阴道前或刚插入阴道尚未做骨盆运动即射精的现象。目前，关于早泄的定义、病因和治疗方法有很大的分歧，其关键是将"早泄"的范围扩大化，把年轻人阴茎刚插入阴道抽动，就射精的现象也归到"早泄"。

事实上，直到 30 余年前人们才觉得"早泄"需要治疗。这是源自欧美的性和性行为价值观所影响的结果。其认定当今人类的性活动主要目的是娱乐，男女双方都应享受到快感，从而使性交媾持续的时间长显得更为重要，并以此作为"早泄"的诊疗标准。早泄是男性最常见的性功能障碍，其特点是患者不能控制以使性伴侣达到高潮[1]。美国精神病协会将早泄定义为插入时或插入后不久，并在个人意愿前射精，引起显著痛苦或影响伴侣关系。无疑，这些标准和论述已经否定了"生殖是性行为的目的"的生物学本质，为了满足人类的欲求，人为地扩大了早泄的范围。

2. 治疗

男性对射精的控制能力是后天获得的。一些性经验较少的年轻男性刚开始拥有性生活时，由于对射精缺乏自我调控能力，无法延长时间，在阴茎插入阴道后的一两分钟内就射精，并迅速达到高潮。这并不是"早泄"，因为在生理功能上，他们已经历经一个完整的性反应周期。几乎所有的男性在第一次性交时射精都很快。这种对射精无法控制的感觉大部分是属于心理学因素，是不需要治疗的，没有必要将其与射精持续的时间联系起来。当然，如果长期这样没有改进，或阴茎插入阴道前，或刚插入阴道尚未做骨盆运动（抽动）即射精，才是真性早泄，需要求医诊治。总的来说，年轻男性可尝试在交媾时使用各种可以降低阴茎对性刺激敏感度的方法，如使用较厚的避孕套等，提高射精阈值，延缓射精时间，随后可依据情况逐渐调整。

3. 关于早泄的手术治疗

有人采用阴茎背神经切断术治疗早泄。这种手术的原理是切断阴茎感觉传入神经——阴茎背神经的若干分支，降低阴茎头的敏感性，

---

[1] （德）Eberhard Nieschlag，（德）Hermann M. Behre，（德）Susan Nies chlag. 男科学 [M]. 3版. 李宏军译. 北京：北京大学医学出版社，2013：274.

使得达到射精兴奋阈值的时间延长。阴茎背神经切断术可能造成阴茎麻木，感觉明显缺乏，使阴茎反射性勃起的功能减退，甚至导致阴茎勃起障碍。故在一般情况下不建议采用该手术治疗早泄。

4. 生物学意义

在演化生物学上，雄性动物快速射精是具有积极意义的，有益于动物生存的行为。因为动物在交配时最易受到天敌的攻击，所以交配的时间越短越好，只有快速射精才能避免潜在的威胁。由此得出结论，年轻人阴茎进入阴道刚抽动就射精是正常的生理表现。也因为他已经依次完成了所有的性反应，经历过一个完整的性反应周期，只要经过一段时间的磨合就会适应。

（三）射精疼痛

射精疼痛是男性在射精时或射精后出现的肌痉挛，会造成男性的性交不愉快或性交中断。首先，射精疼痛应当排除生殖器官的实质性病变，如炎症、肿瘤、结石和包皮过长或包茎。其次，射精疼痛是由于相关的会阴肌强烈、持续收缩造成的。通常这种疼痛持续一段时间，就会慢慢平息消失。

（四）遗精

遗精（梦遗）是指在睡眠中自发的性兴奋，在不知自己射精的情况下继续睡觉。男性遗精亦有可能在一天中任何时间发生，在青春期和青壮年中最常见。正常成年男性，如果没有排精，一个月有一两次遗精都是正常的。如果次数过多，伴有头晕、耳鸣、神情疲惫，应该到医院就诊。

第四章

女性的性解剖学和性生理学机制

第一节　女性的性解剖学

女性的性解剖学包括内生殖器和外生殖器（图4-1-1和图4-1-2）。内生殖器官由生殖腺、输送管道和附属腺组成。卵巢是生殖腺，可产生卵子和性激素。输卵管、子宫和阴道是输送管道，负责输送卵子和精子，子宫还是受精卵着床发育的场所，阴道也是交媾器官。前庭大腺是附属腺。外生殖器官位于两侧大腿根部之间、耻骨联合的前下方，也称为外阴或女阴，包括阴阜、大阴唇、小阴唇、阴蒂、阴道前庭、前庭球等结构。此外，女性生殖器官还包括位于胸部的乳房。

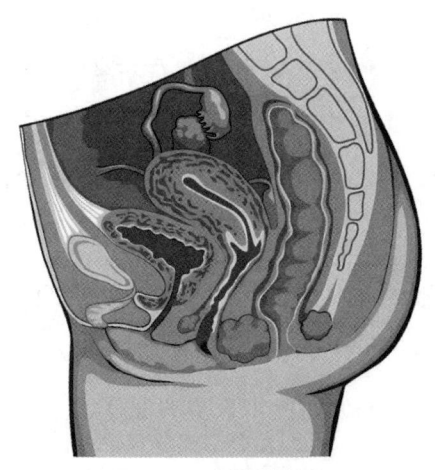

图4-1-1　女性内生殖器

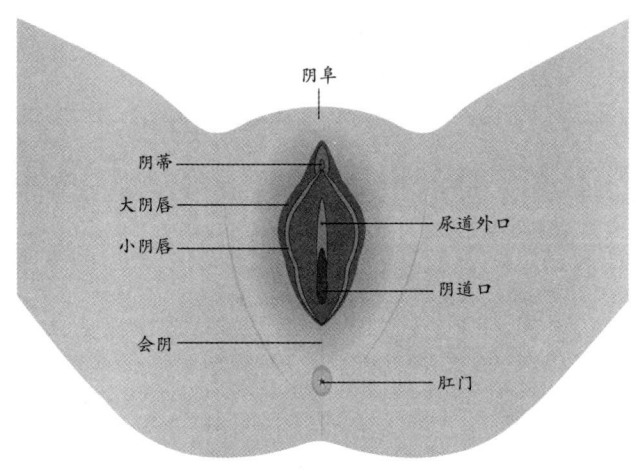

图 4-1-2 女性外生殖器

一、内生殖器

女性内生殖器官在性激素调节和生育过程中起着极其重要的作用。

（一）卵巢

1. 形态

卵巢位于盆腔，左右各一，在子宫两侧，由卵巢韧带附于子宫。卵巢的大小、形状随年龄而有所差别，幼年的卵巢较小、表面光滑，性成熟时卵巢最大，以后由于多次排卵，卵巢表面出现瘢痕，显得凹凸不平。35~40 岁卵巢开始缩小，约 50 岁以后逐渐萎缩，月经停止。卵巢含大小不等、数以万计的不同发育阶段的卵泡，每个卵泡有一个卵子。成熟卵泡经卵巢表面以破溃的方式将卵子排出进入腹膜腔，而后被输卵管吸入。女性的一生，两侧卵巢共排约 450 个卵子。

2. 功能

卵巢产生卵子和分泌雌激素、孕激素。一般一个月经周期（约28天）两侧卵巢仅排1个卵子，排出卵子后的卵泡形成黄体，黄体能分泌孕激素和雌激素。如未受孕，黄体在两周后开始退化，逐渐被结缔组织代替，形成瘢痕称为白体。

雌激素主要包括雌二醇、雌三醇和雌酮等，其中最重要的是雌二醇，可促使女性进入青春期和第二性征发育、生殖性器官成熟，并调节月经周期。孕激素以孕酮为主，抑制排卵，促使子宫内膜分泌，以利受精卵植入，降低子宫肌的兴奋度，便于妊娠，促进乳腺腺泡生长。

3. 最佳受孕期

女性在25~29岁卵子的质量最好，生育力最旺盛，并且，女性全身骨骼要到23~25岁才发育完成。35岁后，卵巢功能逐渐衰退，卵子染色体畸变概率增大，容易发生流产、难产等，畸形儿的发生率也增高。

4. 常见的病变

1）卵巢囊肿

当卵巢应该排卵的卵泡未能正常破裂时，便会产生囊肿，通常不伴随任何症状，而是会在几个月内自行消解。大多数卵巢囊肿（ovarian cyst）发生在排卵期，一侧或双侧卵巢都可发生。一般不会有症状出现，常由影像学检查获知，大多数的卵巢囊肿只需要定期追踪。在停经后，16%的女性会发生卵巢囊肿，相较于停经前，停经后出现的卵巢囊肿转归癌症的机会较高。

2）多囊卵巢综合征

多囊卵巢综合征（polycystic ovary syndrome，PCOS）是育龄女性最常见的内分泌疾病，当前越来越受到关注。多囊卵巢综合征常见于18~50岁的女性，是因为雄激素过多所导致的系列症候群，是育龄期女性多见的内分泌代谢紊乱疾病之一，发病率为5%～10%。多囊卵巢综合征占不排卵不孕症的30%～60%，以闭经或月经紊乱、不孕、多毛、痤疮和双侧卵巢呈多囊样改变为主要临床表现。其危险因素有肥胖症、运动量不足或有家族病史。如果有以下3种症状中的2种便可诊断患者有多囊卵巢综合征：无排卵、雄性激素过高和卵巢囊肿。

卵巢囊肿和多囊卵巢综合征的鉴别要点为：单纯性卵巢囊肿是卵巢上的小囊肿，大多数患者属于生理性的，即使不治疗也可以自然消失，多囊卵巢综合征则是卵巢上有多个囊肿，并伴有系列症状。卵巢囊肿基本上不影响受孕，而多囊卵巢综合征正常受孕概率较小。

3）卵巢癌

在女性生殖系统恶性肿瘤中，卵巢癌（ovarian carcinoma，OC）居女性恶性肿瘤发病率的第3位。卵巢癌的病因目前尚不清楚，可发生在任何年龄段，并随着年龄增长，发病增多，一般较多见于更年期和绝经期妇女，以及从未生育过的女性。卵巢癌早期可无症状，多在手术及病理检查时确诊。通常早期发现会有不错的治愈率。但是由于大部分的卵巢癌在早期都没有明显的症状，所以当被确认发现是卵巢癌时，通常都已经扩散。所以在妇科恶性肿瘤中卵巢癌的死亡率比较高。

（二）输卵管

输卵管是输送卵子的肌性管道，分为输卵管子宫部、输卵管峡部、输卵管壶腹部和输卵管漏斗部。输卵管与卵巢没有直接相连，漏斗末端为腹腔口，边缘有许多细长的指状突起，称为输卵管伞。

输卵管内呈负压。当卵巢的成熟卵泡破裂排卵时，输卵管的腹腔口移行到该卵泡的表面，将卵子吸入，在输卵管壶腹部卵子与精子结合——受精。然后，受精卵移入子宫体的内膜着床发育。如果受精卵停留在输卵管内，为宫外孕，在胚胎第 3 个月可致输卵管破裂，引起腹痛、大出血危及母亲生命。如果排卵后 24h 内未受精，孤独的卵子进入子宫，随之被分解和吸收。

（三）子宫

1. 形态和功能

子宫是壁厚腔小的肌性器官，位于盆腔中央，膀胱和直肠之间（图 4-1-3）。未孕育过的成年子宫，呈倒置的梨形，前后稍扁、拳头大小，位于骨盆中央，前贴膀胱、后邻直肠。子宫由内向外分别是内膜、平滑肌层和外膜。子宫分为子宫底、子宫体、子宫峡和子宫颈 4 部分。子宫内的腔隙较狭窄，分为子宫腔和子宫颈管两部分。子宫腔位于子宫体和子宫底内，呈底在上、前后略扁的三角形，子宫颈管位于子宫颈内。

子宫上端宽而圆凸的部分，位于两侧输卵管子宫口连线的上方，称子宫底。下端较窄呈圆柱状的部分称子宫颈。子宫底与子宫峡之间为子宫体。子宫峡为子宫体的下部与子宫颈上部相接处，也被认为是子宫颈的上部分，其内膜的月经周期变化不如子宫体明显。在妊娠时子宫峡逐渐伸展、变长，形成"子宫下段"，产科常在此处进行剖宫术。

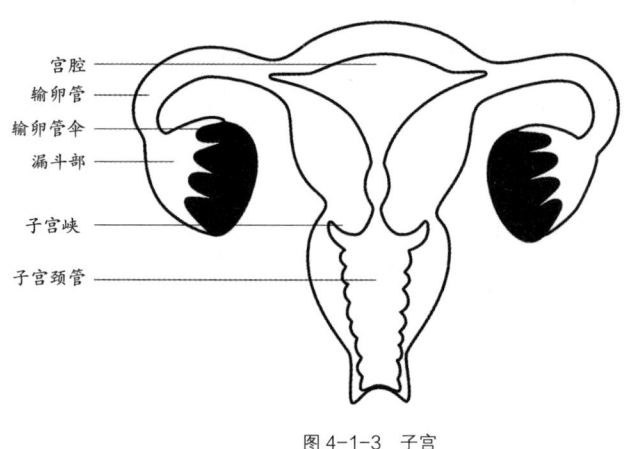

图 4-1-3 子宫

1）子宫体

子宫的平滑肌层富有伸展性，肌纤维走行呈纵行和环形交织排列，既能在妊娠时高度扩张，又能在分娩和性兴奋时强有力收缩。妊娠时在雌激素、孕激素作用下肌纤维增生肥大，可增长数十倍。子宫体和子宫底内的腔为子宫腔。子宫底和子宫体的内膜可分为腔面表浅的功能层和深层的基底层。功能层较厚约占内膜的 2/3，随着月经来潮而发生周期性脱落出血，妊娠时，受精卵也是植入此层。基底层的内膜无周期性变化，有较强的增生和修复能力，以修复脱落的功能层。

2）子宫颈

子宫颈的内腔即为子宫颈管，管腔细窄，呈梭形。子宫颈管内口开口在子宫体下端的子宫腔，子宫颈管外口（即子宫口）开口于阴道。未孕女性的子宫口（子宫颈管外口）呈圆形点状，分娩后呈一字形。子宫颈伸入阴道的部分称为子宫颈阴道部。子宫颈肌层平滑肌与子宫体相比较少，而含较多的弹性纤维，以利于分娩时子宫颈的延展。如果受精卵种植在子宫颈壁（也属于宫外孕），在胎儿8个月时，无法再支持其长大，就会发生胎盘剥离引起流产。

子宫颈下段的黏膜含有较丰富的宫颈腺，但是不发生月经的周期性剥落。宫颈腺分泌清亮、黏稠、凝胶状的碱性黏液，形成黏液栓，阻塞子宫口，将子宫颈管与外界隔离。在月经周期的中期，宫颈腺分泌的液体量增多，黏稠度下降，以利于精子穿过。子宫颈的上2/3段黏膜为单层柱状上皮，下1/3段（包括子宫颈阴道部）黏膜为复层扁平上皮。子宫颈的单层柱状上皮与复层扁平上皮之间的结合处无过渡，骤然转换，约位于子宫颈管外口（即子宫口）。在雌激素刺激下，青春期的子宫颈管内单层柱状上皮扩张至子宫口外，单层柱状上皮区外观红肿粗糙，称为外翻（旧称子宫糜烂）。由于单层柱状上皮暴露在阴道的酸性环境中，通过鳞状化生过程，子宫颈外的复层扁平上皮再生覆盖此暴露区，并可能进一步发生恶变。其他高雌激素状态如妊娠或口服避孕药都可导致外翻，因此这是一种正常的生理表现，不需要进行任何治疗。绝经期后的女性，此结合处退缩回子宫颈管内。

2. 子宫与性兴奋

在性兴奋时，子宫可产生与分娩相似的节律性收缩，从子宫底开始，经子宫体止于子宫体下段。子宫颈随着性兴奋的高涨分泌物逐渐增多，子宫颈管外口（子宫口）也会有规律性的张合。

3. 常见的病变

1）子宫平滑肌瘤

子宫平滑肌瘤简称子宫肌瘤，是女性生殖器官中最常见的一种良性肿瘤，病因尚不清楚。20%~80% 的女性在 50 岁以前得过子宫肌瘤。多数患有子宫肌瘤的女性并无症状，偶尔在肌瘤退变时有疼痛感，并伴有过量的经血排出。没有症状的不需要治疗，一般在停经后会缩小。

2）子宫内膜异位症

子宫内膜异位症是子宫内膜组织生长在子宫腔以外的位置，进而引起的病变和症状，是女性常见的良性疾病。子宫内膜异位症可发生在体内的任何部位，包括肺和肠道，但多数在卵巢、输卵管和子宫附近的组织。有 6%~10% 的女性患此病，常见于 25~30 岁女性，但病因不明。当子宫内膜异位在卵巢时，可在卵巢内形成一个子宫内膜组织的囊肿。异位的子宫内膜也会有月经周期的变化，由于经血无法排出，积聚在卵巢内形成囊肿，亦称为巧克力囊肿。如果子宫内膜组织发生在子宫肌层内，则称为子宫腺肌病。

子宫内膜异位症的典型症状是痛经（在青春期的女性，常被忽视，误诊为原发性痛经），月经异常，也有性交痛，有时会导致不孕等，目前尚无特效药。

3）宫颈癌

宫颈癌是女性常见的恶性肿瘤，发病率仅次于乳腺癌，居第 2 位。超过 90% 的宫颈癌是由生殖器疣的人乳头瘤病毒感染所致，属于性传播疾病。典型的宫颈癌由为期 10~20 年的癌前病变发展而来。早期通常不会有症状，晚期可能有不正常的阴道出血、盆腔疼痛等。大部分感染人乳头瘤病毒的人不会发展成癌症。目前可通过接种疫苗来预防大部分的宫颈癌。

宫颈癌早期为癌前病变，病灶局限于子宫颈，可无症状，且容易治愈。故成年女性（即使接种过疫苗）仍需要定期接受子宫颈涂片检查，以便早期发现，早期治疗。

4）宫颈腺囊肿

宫颈腺囊肿（Nabothian cyst），当宫颈腺导管开口堵塞，腺体因黏液潴留肿胀称为宫颈腺囊肿，是慢性子宫颈炎常见的一种表现。常见于子宫颈外翻，新生的鳞状上皮覆盖宫颈腺管口或伸入腺管，将腺管口阻塞，腺体分泌液排出受阻。宫颈腺囊肿是炎症而非肿瘤，如无不适症状，一般无需治疗，发炎时可给予药物或物理治疗。但是，在长期炎症刺激下，少数患者具有恶变倾向，还需高度关注，或手术切除。

4. 月经周期

月经是女性特征之一，是性和生殖功能成熟的标志。自青春期开始，在下丘脑-垂体-卵巢轴分泌的激素作用下，子宫体和子宫底的内膜和卵巢都出现周期性变化。子宫体和子宫底的内膜每隔约 28 天发生一次内膜功能层剥脱、出血、增生、修复，即为月经周期。我国女性初潮年龄在 13~15 岁。笔者问卷调查选修本课程（2021~2022 学年）的福建医科大学共 374 名大一、大二的女生，月经初潮的年龄大部分在 12~14 岁（表 4-1-1）。月经周期的实质是反映了卵巢周期的变化。

在卵巢周期中，一个卵泡发育成熟、破裂，释放出卵子，卵泡壁转化为内分泌腺体即黄体，如未受精，排卵后10天左右，黄体退化被纤维结缔组织替代即白体。

表4-1-1　福建医科大学女生月经初潮的年龄

年龄（岁）	人数（人）	占比（%）	年龄（岁）	人数（人）	占比（%）
10	3	0.8	14	100	26.7
11	23	6.1	15	29	7.8
12	91	24.3	16	8	2.1
13	120	32.1			

1）月经周期的生物学意义

（1）子宫内膜周期性更新有利于保持活力。从演化生物学来看，月经周期是哺乳动物生殖史新增的附加物，月经只稳定地出现在人、类人猿及与猿接近的旧大陆猴（如黑猩猩、长臂猿等）中。但是除了人类外，其他灵长类的雌性只是经历微量的出血，仅有人类中的女性在未怀孕时出现子宫内膜坏死、脱落和大量出血。人类子宫内膜月经期间增厚，一是对子宫有一种保护作用，避免受精卵种植胚胎发育伤及子宫壁；二是像土壤一样给受精卵提供营养，使其顺利发育成胚胎。基于第二点，子宫内膜的周期性更新使内膜组织保持活力并提供充足的营养物质，以利于受精卵的胚胎的发育生长。

（2）月经周期与性行为。在月经期间，女性可以表现出有较高涨的性欲，提高交配、受精和生育后代的概率。但是，迄今研究的结果表明其仍无规律可言。不同的人在月经的不同时期呈现高涨的性欲，有些女性在经期前、经期后性欲最强,而有些女性则在排卵期性欲最强。

2)月经周期的过程

(1)以卵巢卵泡发育的特点为标准,月经周期(或卵巢周期)可分为:月经来潮(第1~7天);卵泡期(又称增殖期,第5~13天);排卵期(第14天);黄体期(又称为分泌期,第15~28天)。每个月经周期是从此次月经的第1天起至下次月经来潮的前一天止。

(2)以子宫内膜组织学变化的特征为标准,可分为3个阶段:第1阶段为月经期(月经来潮)持续3~6天;卵细胞若未受精,黄体逐渐萎缩,雌激素和孕激素的分泌急剧减少,子宫内膜的血管收缩,内膜功能层缺血,变性,坏死脱落,脱落的内膜与血液混合排出阴道,即月经来潮。第2阶段为增生期(排卵前期,卵泡期)经历10~20天;卵泡分泌雌激素(雌二醇),子宫内膜逐渐修复和增厚,卵泡发育直至成熟排卵。第3阶段为分泌期与卵巢周期的黄体期一致,由排卵起到下次月经来临之前,即月经周期的第15~28天。黄体生长成熟,并分泌大量孕激素和雌激素。子宫内膜和腺体继续增长,分泌黏液,为受精卵的种植、发育准备条件。

(3)从生育的角度:月经周期包括卵子成熟和子宫进行怀孕准备两个阶段,如果没有怀孕,则"重新开始"。

3)促性腺激素释放激素

月经周期受到下丘脑-垂体-卵巢轴分泌的激素调节(参考阅读第二章第二节)。下丘脑分泌的促性腺激素释放激素(GnRH)是依赖月经周期各阶段黄体生成素（LH）水平随机产生。在前一次月经周期黄体萎缩后，雌激素和孕激素的分泌随之减少，解除对下丘脑的抑制。从而，下丘脑又开始产生和分泌 GnRH，以刺激脑垂体分泌卵泡刺激素（FSH）和黄体生成素（LH）。

4）卵泡刺激素和黄体生成素

卵泡刺激素（FSH）刺激卵泡发育，在 FSH 和黄体生成素（LH）的协同作用下，卵泡逐渐发育成熟，并产生和分泌雌激素，子宫内膜增厚、腺体增多和增长。内膜间质中的小血管由较直行变为迂曲，呈螺旋状，称为增生期子宫内膜。卵泡成熟后，体内雌激素出现第 1 个高峰。雌激素分泌量增多，抑制 FSH 的产生，促进 LH 分泌增多，出现 LH 峰，触发排卵。女性一般每月成熟 1 个卵泡，如果成熟两个卵泡，同时排卵并获受精，将发育成异卵双胞胎。随后卵泡收缩成细胞团块，称为黄体。LH 支持黄体分泌雌二醇和孕激素（孕酮）。在雌激素和孕激素共同作用下，子宫内膜发生典型的分泌期变化。孕酮还抑制卵巢生成其他卵泡。黄体分泌的大量雌二醇和孕酮，通过负反馈作用，使 FSH 和 LH 分泌减少，黄体开始萎缩。

女性在排卵期有更高的性唤起倾向。许多年轻女性在排卵期总会有种莫名的躁动情绪。有学者研究显示，在排卵期间，与智力聪慧相比较，女性更偏好比自己伴侣更帅气的男性[①]。给处在月经周期不同时

---

① Gangestad S W, Thornhill R, Garver-Apgar C, et al. Men's facial masculinity predicts changes in their female partners' sexual interests across the ovulatory cycle, whereas men's intelligence does not [J]. Evolution and Human Behavior, 2010, 31(6): 412-424.

相的女性志愿者欣赏男性面孔的图片，以选择自己喜欢的面容：结果卵泡期（包括排卵）的女性更喜欢有男子汉气概的面孔。总之，在卵巢排卵前后，女性更喜欢具有男子汉气质的异性（Penton-Voak I S，Perrett D I.2000）。

5）雌激素和孕激素

雌激素和孕激素的共同作用使子宫内膜间质高度水肿、疏松，子宫的螺旋小动脉增生、卷曲；腺体产生大量黏液及糖原，内膜增厚，称为分泌期子宫内膜。如果此时卵子受精了，受精卵经输卵管到达子宫内发育，称为妊娠。

6）人绒毛膜促性腺激素

人绒毛膜促性腺激素（human chorionic gonadotrophin，HCG）由胎盘合成、分泌，以支持卵巢黄体继续发育，维持妊娠。一般在受精第 6 天后，胎盘开始分泌 HCG。HCG 通过母体血液循环由肾脏排泄到尿中。当妊娠 1~2.5 周时，血清和尿中的 HCG 水平即可迅速升高，孕期第 8 周达到高峰；到孕期第 4 个月时，HCG 又降至中等水平，并一直维持到妊娠末期。因此，血液和尿的 HCG 浓度水平可用于早期妊娠的诊断。

7）基础体温

基础体温的检测是女性了解自己生殖健康的一种简单有效、经济易行的方法。育龄女性的基础体温是指清

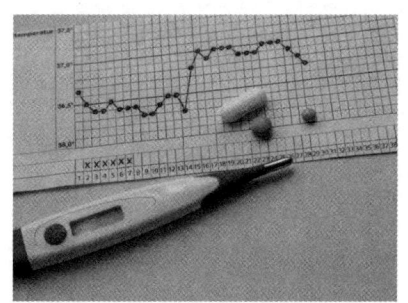

图 4-1-4　基础体温双相曲线图

晨醒后未做任何活动,在床上测得的体温。基础体温伴着月经周期,呈规律性的变化(图4-1-4)。这种体温变化与排卵有关。

通常在排卵时,女性体温会突然下降0.1℃~0.2℃。卵巢排卵后次日,因黄体形成,分泌孕激素,刺激下丘脑的体温调节中枢,导致基础体温上升0.3℃~0.6℃,该高温期持续12~16天(平均14天)。若无怀孕,黄体萎缩成为白体,停止分泌孕激素,在月经来潮前1~2天,体温下降,回到基本线,月经来潮。女性将每天测量到的基础体温填写在一张体温记录单上,并连成曲线,就可以看出月经前半期体温较低,月经后半期体温上升,这种前低后高的体温曲线即称为女性基础体温双相曲线,其意义表示有排卵。若是怀孕,因黄体受到胚胎分泌的HCG支持,转变为妊娠黄体,继续分泌孕激素,持续高温。若没有排卵也没有黄体形成,体温始终接近同一水平呈直线状称为单相曲线,表示无排卵。

基础体温的意义:确认有无排卵;预测月经;确认怀孕;确认需要采取避孕措施的时间;发现流产征兆;了解激素异常与否,以作为评价内分泌系统功能的参考资料。

8)月经期的不适

(1)经前期综合征和经前期紧张症。在月经前或月经期出现生理、心理的不适,如头痛、腰背痛、子宫痛、疲惫、乳房胀痛等,称为经前期综合征。小部分女性经前期综合征伴有焦虑、抑郁、心神不安等严重的心理症状,称为经前期紧张症或经前期焦虑障碍。目前,针对该类症状没有确切的诊断方式和有效的治疗方法。临床上,依据患者的月经史，如果症状在月经来潮前一周出现，在月经开始时减退，并在月经结束后一周消失，就可诊断为经前期综合征。

（2）痛经。在月经前后或月经期出现下腹部疼痛、坠胀，伴有腰酸或其他不适，即痛经，症状严重者影响生活质量。痛经分为原发性痛经和继发性痛经。原发性痛经指生殖器官无器质性病变的痛经。继发性痛经指由盆腔器质性疾病，如子宫内膜异位症等引起的痛经。一般在月经最初半天到一天痛经最为剧烈，因人而异，之后会稍微缓解。痛经时，最直接有效的方法是减轻工作量，卧床休息。热敷下腹部、按压腹部疼痛部位，可以缓解疼痛。如果在痛经的同时，又存在月经不调，应当求医诊治。如果年轻女性痛经剧烈，超过常人，应高度怀疑子宫内膜异位症，更应到妇科求诊。另外，怀孕过的女性痛经的发生率有所下降。

（四）阴道

1. 形态和功能

阴道（vagina）位于骨盆腔内，是肌性管道，上宽下窄，向前下（尾端）倾斜。阴道前壁与膀胱和尿道毗邻，后壁与直肠相贴，上端（头侧）与子宫颈的阴道部相连接，经子宫口通向子宫，并环绕子宫颈下段，与子宫颈下段之间形成环形腔隙称为阴道穹窿。阴道穹窿后部称为阴道后穹窿，腔隙最深，且是阴道最易扩张的部分，既为勃起的阴茎提供必要的空间，又是精液的储存池。阴道下端为阴道口开口在阴道前庭。阴道是接纳阴茎和接受精液的交媾器官，也是排出月经和娩出胎儿的通道（图4-1-3）。在静息状态下，阴道前后壁相贴。在性兴奋时扩张，容纳勃起的阴茎。阴道上2/3段的由内脏神经支配，对痛觉与触觉迟钝而对触压敏感，阴道下1/3段则受躯体神经支配，感觉神经分布丰富，对机械刺激极为敏感，容易引起性兴奋。

阴道富有伸展性，从内向外为黏膜、肌层和外膜。阴道外膜由疏松结缔组织、弹性纤维和神经血管束构成。阴道的肌层由内环、外纵的肌纤维交织而成，肌层的上2/3是平滑肌，下1/3是骨骼肌。在阴道下部，尿道阴道括约肌、肛提肌和耻尾肌等会阴肌对阴道有收紧括约作用。女性阴道的松紧程度因生理过程而大不一样，未婚女子的阴道都比较紧，分娩过孩子之后，阴道壁变得松弛。在妊娠时，阴道肌纤维长度可增加4~5倍，便于生产时胎儿娩出。

阴道黏膜有许多环形皱襞，黏膜上皮较厚、为非角化的复层鳞状扁平上皮，与子宫颈外部的上皮相似且相延续。青春期后，上皮增厚，表层细胞富含糖原。阴道黏膜上皮受性激素的影响具有周期性变化，在排卵后糖原含量明显增加，直到月经末期逐渐减少。临床应用阴道涂片检查脱落细胞的形态特征，可协助诊断生殖系统疾病和测定卵巢功能。阴道壁富含静脉丛和淋巴管，但无黏液腺。当性刺激时，组织充血，液体从黏膜渗出，与子宫颈腺的黏液一起，可以保持阴道湿润，降低阴茎抽动时的摩擦不适感。

2. 白带

进入青春期后，随着卵巢雌激素的分泌，阴道上皮规律性地脱落、新生，阴道壁渗出少量液体，子宫颈黏液腺也分泌白色的黏液。这些上皮细胞、黏液和液体混合在一起，从阴道流出就是白带。正常的白带呈蛋清样透明的分泌物，并有特殊的气味和味道，对性伴侣有性唤起的作用。

3. 阴道的自净作用

阴道黏膜上皮不断脱落，脱落的细胞含有糖原。糖原在阴道乳酸杆菌作用下酵解转化为乳酸，使阴道环境呈酸性，抑制病菌生长，之称之为阴道的自净作用。在青春期前和绝经期后，糖原含量较少，所以在这两个阶段，阴道感染较为常见。由此可知，过度清洗阴道会影响正常的阴道自净作用。据国外研究报道，阴道冲洗可能将致病微生物挤入子宫，增加子宫和阴道的感染风险，有规律进行阴道冲洗的女性，比少冲洗或不冲洗的女性有更高的盆腔感染的风险。这些女性出现异位妊娠的机会高于平常 4 倍。老年女性或某些原因导致雌激素水平下降时，阴道上皮细胞内的糖原减少，酸性降低甚至变为碱性，使得细菌更容易生长繁殖，而更易发生阴道感染。

4. G 点和 Skene 腺

1）G 点

许多性学学者认为在阴道前壁中点有一个高度性敏感的区域，称为 G 点。当 G 点受到阴茎碰触时，很容易激起性兴奋并达到性高潮。但是，其他学者认为阴道内不存在对刺激更敏感的特殊点。马斯特斯和约翰逊依据他们的研究提出，只有 10% 的女性在阴道前壁存在一个高度敏感区域。总之，不论 G 点是否为真实存在的位置，有一点可以明确，刺激阴道前壁比后壁更容易引起性兴奋。

我们也要认识到，即使是 G 点的支持者也承认，要准确地找到 G 点的位置是很困难的。因此，在性行为中，不用刻意地寻找 G 点，"凭感觉行事"可能达到更好的体验。

2）Skene 腺

有观点认为，女性身上存在与性快感相关的，会大量对外分泌体液的腺体，并把这种腺体称为 Skene 腺体。Skene 腺又被一些性学者称为女性的"前列腺"，有的学者称为"尿道旁腺"。据相关研究报道，Skene 腺为管道结构，约长 1.5 英寸（约 38mm），开口位于尿道两侧，部分在阴道壁前面（可能与 G 点有关）。管道内面为高柱状的分泌细胞，在性兴奋时分泌液体，液体含抗菌成分[1]。Skene 腺可能在胚胎时期存在，出生后逐渐退化，或仅存在于部分的女性中。有证据表明，在性兴奋时一些女性从尿道口喷射出液体，并带来性快感和性满足感，这些液体可能来自 Skene 腺。

关于 Skene 腺的准确位置和形态，并未在大部分解剖学专著（包括权威的 Gray's 解剖学）和教科书中提及，因此所观察到的女性在性兴奋时 Skene 腺分泌体液的现象也可能仅仅是某些个体独有的生理表现。

5. 常见的病变

1）阴道痉挛

阴道痉挛（vaginismus）是一种常见的女性性功能障碍，又称为性交恐惧症，意指在即将交媾时，阴道括约肌和肛提肌不自主地强烈收

---

[1] Zaviacic M, Belosovic M, Breja J, et al. Ultrastructure of the normal adult human female prostate gland (Skene's gland) [J]. Anat Embryol (Berl), 2000, 201(1):51-61.

缩痉挛，阴道入口突然紧闭，排斥任何插入阴道的动作，以致无法进行性交。该现象发生的原因较为复杂，尚无明确的结论。

2）阴道癌

根据2015年数据，美国阴道癌的发生率为每10万妇女中有0.45例。阴道癌的发病率随着年龄的增长而增加，其发病高峰期为≥80岁，平均诊断年龄为58岁。鳞状细胞癌占原发性阴道癌的70%~80%。阴道鳞状细胞癌与人乳头瘤病毒（HPV）之间有密切关系。HPV16是最常见的类型，在55%的阴道癌样本中被检出[1]。因此，多个性伴侣、第一次性生活过早和吸烟等是患阴道癌的危险因素。

大部分阴道癌发生于阴道后壁上1/3处。较常见的症状是下腹疼痛和阴道流出液体，但最常见的是阴道流血。可通过接种HPV疫苗降低阴道鳞状细胞癌的发生率。

二、外生殖器

女性外生殖器也称为女阴或外阴（图4-1-2），是重要的第二性征，对男女两性的性唤起有着重要的作用。

（一）阴阜

阴阜为前下腹部耻骨联合前方的皮肤隆起，圆润柔软，皮下富含脂肪，有丰富的神经末梢，爱抚可产生愉悦感和性唤起，是女性重要的性敏感带。青春期时，阴阜逐渐被呈倒三角形的阴毛覆盖，即三角

---

[1] （美）芭芭拉·霍夫曼，（美）约翰·肖治，（美）约瑟夫·谢弗，等. 威廉姆斯妇科学[M]. 3版. 段华，王建六主译. 北京：北京大学医学出版社，2021：721.

的底朝向头端。阴阜厚厚的脂肪隆起在性交时，可以保护女性免受因猛烈冲击而造成对耻骨压力引发的疼痛。

（二）大阴唇

大阴唇为一对腹背纵行的长隆起、从阴阜向后伸展到会阴的皮肤皱襞。大阴唇的前端和后端左右互相连合，形成唇前连合和唇后连合（图4-1-2）。大阴唇分为内、外两面，丰厚的皮下脂肪层富含血管、淋巴管和神经。外侧面的皮肤有卷曲的阴毛、汗腺和皮脂腺，在青春期皮肤色素沉着，颜色逐渐加深。内侧面皮肤细薄、平滑，呈粉红色，有大量的皮脂腺，无阴毛且湿润。未婚女性两侧大阴唇自然并拢，遮盖阴道口，生育后呈分开状。绝经后大阴唇逐渐萎缩，阴毛稀少。

青春期性成熟后，阴阜和大阴唇卷曲的阴毛为人类敏感部位提供温暖、湿润的环境，在日常生活和性生活中起到保护生殖器的作用。阴毛为体貌特点的第二性征，代表个体的成熟。阴毛处有大汗腺，散发出性成熟个体独特的气味。

（三）前庭球

前庭球位于大阴唇深面，由充血勃起性的静脉丛组成，有球海绵体肌覆盖，该海绵体与男性的尿道海绵体是同源物。两侧前端狭窄并相连称为前庭球连合，位于尿道外口和阴蒂之间的皮下，并借两条细长勃起组织与阴蒂头连接，后端膨大与前庭大腺相邻。

（四）小阴唇

小阴唇位于大阴唇的内侧，为一对较薄的皮肤皱襞，表面光滑无毛，呈粉红色，无皮下脂肪，含有丰富的血管和神经末梢。小阴唇是性敏感区，在性刺激和性唤起中具有重要作用。其前端分叉绕过阴蒂两侧，在阴蒂上下方互相接合，位于阴蒂上方的称为阴蒂包皮，位于阴蒂下方的称为阴蒂系带。其后端两侧汇合并与大阴唇连接，在正中线形成一条皮肤皱褶称为阴唇系带。两侧小阴唇之间的菱形裂隙称为阴道前庭。阴道前庭前部有尿道外口，后部有阴道口（图4-1-2）。

（五）阴道口和处女膜

阴道口位于尿道外口后方的矢状裂隙，周缘覆有处女膜。处女膜是较薄的黏膜皱襞，内含结缔组织、血管和神经末梢。

处女膜多为环形，开口在中央，可容纳一个手指，但不足以容纳勃起的阴茎插入。如果处女膜没有小孔而封闭阴道口，称为"处女膜闭锁"。几乎不存在先天性处女膜缺失。除了性交之外，还有许多因素（如骑马、骑车、外阴受到碰撞等）可导致处女膜撕裂。初次交媾处女膜破裂引起的疼痛，通常与性焦虑引发肌紧张或阴茎在阴道未充分润滑就插入有关。受分娩影响，产后仅留有处女膜痕。处女膜仅存在于人类和马中，而与人类相近的灵长目动物，如黑猩猩和大猩猩等都没有处女膜。因为处女膜没有明显的生物学功能，故人类处女膜的存在仍然是生物学之谜。

（六）阴蒂

阴蒂（俗称阴核、阴豆）是勃起器官，在性兴奋时充血肿胀勃起。阴蒂位于大阴唇的唇前连合后下方，小阴唇前端分叉形成的阴蒂包皮和阴蒂系带之间，由一对与男性阴茎海绵体同源的阴蒂海绵体组成。阴蒂分为阴蒂头、阴蒂体和阴蒂脚3部分。阴蒂的游离端暴露在外称为阴蒂头，为圆形的小结节，黄豆大小，富有神经末梢，感觉敏锐，是女性最敏感的性器官，能强烈、迅速地激发女性的性欲、性唤起和性快感。但是，应注意不停地摩擦阴蒂同样会使女性感到不适，甚至被激怒。在交媾时，只要阴茎位置正确，阴蒂就会受到刺激。阴蒂体表面覆盖有小阴唇形成的阴蒂包皮。阴蒂体的后端附于两侧耻骨和坐骨的阴蒂脚，被坐骨海绵体肌包被。在解剖学上，可以认为阴蒂是一个小阴茎的变形体。许多女性在夜间睡眠时，阴蒂也像男性的阴茎一样出现夜间勃起的现象（参阅第三章第二节）。

因为阴蒂具备上述生理特点，在一些民族或文化群体中，至今还有对女童施行去除阴蒂的"割礼"。在埃及曾调查250名受过割礼的女性，其中80%抱怨有痛经，49%抱怨性交时阴道干涩，45%缺乏性欲望，49%较少感到性快感，61%难于达性高潮。有学者招募39位双性人，她们均以女性的性别生活，其中18例做过阴蒂缩小术者全部都有性行为，但无快感和无力达到性高潮[①]。两项研究结果提示，全部或部分切除阴蒂可能影响到性激素分泌水平，从而影响到女性的性功能。

（七）前庭大腺

前庭大腺是与男性的尿道球腺同源的腺体，形如豌豆，位于阴道

---

① Minto C L, Liao L M, Ransley P G, et al. The effect of clitoral surgery on sexual outcome in individuals who have intersex conditions with ambiguous genitalia: a cross-sectional study [J]. Lancet, 2003, 361(9365):1252-1257.

口两侧的深面，与前庭球后端接触或重叠。前庭大腺导管向内侧开口于阴道前庭内的处女膜和小阴唇之间的沟内。在性唤起时，前庭大腺分泌的清澈或白色黏液具有润滑阴道口的作用。如果患炎症可致使女性前庭大腺导管堵塞，造成前庭大腺囊肿，常有红肿热痛等症状。

（八）外生殖器的自检

成年女性应当每月（或定期）自我检查外生殖器，观察是否有异常现象和症状，以便及时就医诊治，自检方法如下。

（1）查看阴毛下的皮肤，检查阴蒂和包皮，注意皮肤颜色是否改变，这些部位是否有触痛，有无肿块、疹子或水疱。

（2）仔细查看两侧大阴唇、小阴唇有无以上同样的损害。

（3）认真查看阴道分泌物（白带）颜色、气味、黏稠度。

（九）外生殖器的疾患

外阴痛

外阴痛（vulvodynia）也就是外阴疼痛综合征，也称为外阴前庭炎，是外阴在没有感染、皮肤病或其他生理疾病的情况下，出现持续3个月及以上的疼痛综合征（美国妇产科医师学会）。外阴痛可能是急性的，也可能是慢性的，具体可以分两种类型：广泛的外阴疼痛，不同时间点在外阴的不同部位发作，呈偶发或持续性疼痛；局部外阴疼痛，出现在外阴某一特定部位，这一类型的症状常伴烧灼痛，通常在受到外部挤压或触碰，如性交、置入卫生棉条或久坐时出现，此类疼痛、烧灼感、刺痛感或触痛感会令女性非常不适，在性交或久坐时会痛苦不堪。外阴痛不仅给患者带来躯体上的痛苦，也给女性带来情感和心理负担，甚至严重影响她们的性生活与伴侣的亲密关系。

对该病症的研究很少，其病因仍然是个未解之谜。有些研究认为，外阴痛与患者自身的免疫疾病、神经损伤、过敏反应等有关。同时，抑郁症及焦虑症等心理问题都可能会增加患外阴疼痛的风险。有学者研究发现，外阴疼痛症患者脑部处理疼痛与压力的脑区有更多灰质。因此，外阴痛可能并不是因身体患处引起，而是源于大脑——其他慢性疼痛疾病亦是如此[1]。

外阴痛的治疗因人而异，要找到适合自身情况的治疗方法需要花时间，可以尝试中国传统医学的针灸镇痛。

三、乳房

1. 形态和功能

乳房是女性最具代表性的第二性征。在青春期，性成熟的女性乳房隆起呈半球形丰满而坚挺，可体现女性独有的形体曲线和健康美。尽管乳房不属于生殖器官，却是新生儿和婴儿的营养源泉，也是女性重要的性敏感区。刺激乳房特别是乳头，可以唤起性欲和性兴奋。新生儿吮吸乳头可引起垂体释放催乳素（参阅第二章第二节）。乳房由皮肤、脂肪组织、纤维组织和乳腺小叶构成。未生育的成年女性乳房呈扁圆形、半球形或圆锥形。乳房的大小由脂肪组织的量决定。因此，女性既要保持体形纤细（体瘦）又要乳房丰满，这在生物学上是做不

---

[1] Farage M A, Galask R P. Vulvar vestibulitis syndrome: a review [J]. Eur J Obstet Gynecol Reprod Biol, 2005, 123(1):9-16.

到的。

乳房的皮肤薄而光洁，有弹性，具有良好的性触觉感。乳头和乳晕是皮肤的特化区，乳晕是乳头基部盘状的区域。两者皮肤表面有皱褶，含有丰富的汗腺和皮脂腺。其表皮内的色素细胞多，故颜色较深，未经产妇的呈粉红色，妊娠的第 2 个月，乳头和乳晕颜色开始变深。乳头富含神经末梢，刺激乳头对性欲的唤起有着重要作用。乳头有平滑肌纤维，收缩时可竖起。

乳房的纤维组织包绕乳腺，并嵌入乳腺内，将腺体分割成 15~20 个小叶，其排泄管称为输乳管。乳腺小叶和输乳管以乳头为中心呈放射状排列，故乳腺手术时宜做放射状切口，旨在减少对乳腺叶和输乳管的损伤。乳腺的纤维组织发出纤维束，走向深面连于胸大肌表面的胸筋膜，在浅面连于皮肤和乳头，对乳房起支持和固定作用，称为乳房悬韧带。如果受乳腺癌细胞侵袭，乳房悬韧带缩短、失去弹性并牵拉相应部位的皮肤，使皮肤表面呈现橘皮样改变。

儿童期的男女两性乳房没有差别。进入青春期后，女性在卵巢分泌的雌激素、孕激素作用下，乳房变得丰满、富有弹性。雌激素促进乳腺导管增生，孕激素促进乳腺腺泡发育。由于卵巢激素在月经周期中呈现周期性变化，因此非孕妇女乳房的体积也可能有周期性变化，表现为月经前期感到乳房稍增大，这与乳腺局部充血有关。

2. 常见的病变

1）乳腺小叶增生症

乳腺小叶增生症见于育龄女性，发病高峰年龄为 30~40 岁。病因为卵巢内分泌失调，雌激素分泌过多，孕酮相对较少时，刺激乳腺实质增生，并使末梢导管上皮不规则增生，导致乳腺小叶数目增多，乳腺小叶变大。主要症状是乳房出现结节状肿块和胀痛等。乳腺小叶增生症属于生理性变化范畴，具有自限性，可不治自愈，特别在婚后、妊娠和哺乳时症状可自行消失，但时有反复，绝经后能自愈。

2）乳腺痛

66%的女性可发生乳腺痛，接近绝经期的女性乳腺痛的发生率高于年轻女性。乳腺痛分为周期性和非周期性两种。非周期性乳腺痛通常比较局限，而且与月经周期无关。局限性、非周期性乳腺疼痛常常是单纯囊肿引起，偶尔乳腺癌也伴有局限性乳房疼痛。因此，这类疼痛必须求诊并做仔细的临床检查。

周期性乳腺痛常常是双侧的，呈弥漫性的，在月经周期中的黄体期末最明显，月经来潮后疼痛减轻或消失。周期性乳腺痛一般不需要额外检查和治疗。

3）乳腺癌

流行病学

根据世界卫生组织国际癌症研究机构数据，2020年女性乳腺癌新增病例达到226万，首次超过肺癌（221万），成为"全球第一大癌"，也是全球第五大导致死亡的癌症。在我国，乳腺癌发病率位居女性恶性肿瘤的第1位。40~59岁为癌发病高峰，40岁以下的乳腺癌患者现在也很常见，此外，还能见到20~30岁的患者。

相关的危险因素

（1）年龄因素。发病率随年龄增长而上升。在月经初潮前罕见，但 20 岁以后发病率迅速上升，45~50 岁较高。

（2）遗传因素。12%~30% 的乳腺癌有家族史因素。有第一级直亲家族的乳腺癌史者，其乳腺癌的危险性是正常人群的 2~3 倍。30 岁前的乳腺癌患者有遗传基因突变的易感性，30 岁以后出现乳腺癌与遗传因素的关系较小。

（3）雌激素水平。持久暴露在高水平的雌激素环境，如初潮过早（早于 13 岁），绝经过迟（晚于 55 岁），晚育（晚于 30 岁）和无生育史者。女性经常服用避孕药也会增加患乳腺癌的风险，在停药 10 年后才会消退（参阅第六章第三节）。

（4）生育情况。根据统计数据，女性患乳腺癌的概率可能与少生或根本不生孩子，以及生育年龄较晚有关。此外，肥胖、酗酒、抽烟等容易导致肿瘤发生，不良的生活方式也会导致患乳腺癌的概率增加。

自我检查

乳房自检可以早期发现乳腺癌。成年女性在月经来潮后第 7~14 天是乳腺检查的最佳时间。此时雌激素对乳腺的影响最小，乳腺处于相对静止状态，容易发现病变。停经、更年期的女性建议选择在每个月相同的时间自我检查，每月 1 次，具体自我检查方法如下。

（1）视诊。在镜前自我仔细观察，首先观察双侧乳房的外形、大小、位置是否对称，皮肤有无红肿、渗出、静脉曲张、破溃等，有无橘皮样改变。

（2）触诊。坐位或平卧位，将指腹平放置于乳房表面，依乳房象限顺序进行触摸（图4-1-5），切勿捏抓。如发现结节或肿块应及时上医院确诊。

影像学检查

乳腺癌可以通过超声检查或钼靶检查诊断。因为我国乳腺癌的高发年龄是50~60岁，女性从40岁开始应

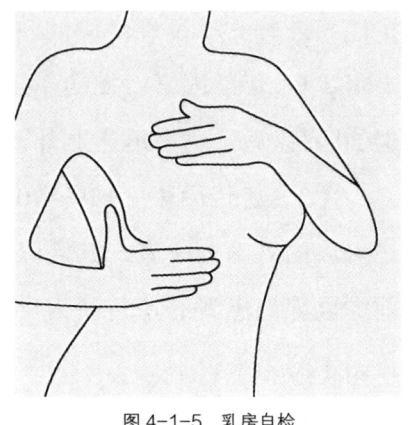

图4-1-5 乳房自检

当每年接受1次乳腺钼靶检查，钼靶对乳腺癌查出的准确率达95%。35岁以下的女性，1年做1次超声检查，超声查出乳腺癌的准确率为80%~85%。

四、会阴肌

（一）概述

女性会阴肌基本上与男性相似（参阅第三章第一节），主要的差别：坐骨海绵体肌覆盖在两侧阴蒂脚表面（阴蒂海绵体），收缩有助阴蒂勃起；球海绵体肌覆盖在前庭球表面，可缩小阴道口，故又称为阴道括约肌；在女性中，尿道外括约肌称为尿道阴道括约肌，可紧缩尿道和阴道。

这3组会阴肌再加上围绕着阴道的耻尾肌和会阴浅横肌、会阴深横肌，以及阴道壁外2/3的肌层（属于骨骼肌），可以由人的意识支配。

在性兴奋时，可控制它们的收缩力量，增加张力，缩窄阴道，使阴道对阴茎产生"紧握"的作用。

（二）女性凯格尔运动训练

在 1948 年，美国妇科医生和生理学家凯格尔（Arnold Kegel，1894—1981）发明了凯格尔运动（骨盆运动），强化会阴肌群，以帮助女性控制产后尿失禁。结果他发现，训练较好的患者性生活的满意度和获得性愉悦的能力都得到提高。

1. 确认会阴肌

用食指插入阴道，试用周围肌肉挤压它，这时你会感觉到盆底肌被提起，阴道收紧压迫食指，或是在排尿时试着中断，或开始排尿。

2. 锻炼

吸气，收缩会阴肌 10s，呼气，放松会阴肌。开始慢慢来，然后迅速挤压和放松，重复 10 次，每天 3 次，直到自己感觉可以主动控制会阴肌。一般可在 8~12 周发现明显不同[①]。

第二节 女性的性生理学机制

一、性激素与药物对女性性欲的影响

性欲是一种基于生物学和社会学因素影响的主观体验，是对性活

---

① （美）凯莉·威尔奇. 性——你知道的你不知道的那些你应该知道的事[M]. 富晓星等译. 北京：中国人民大学出版社，2014：65.

动的渴望，也是一种通过各种性行为释放性紧张的驱动力。对于性欲望，最有效的途径是通过性行为来获得满足。

（一）雌激素

雌激素在促进青春期发育和第二性征的形成，以及维持正常月经周期方面起了非常重要的作用。雌激素可以扩大阴部神经的"感受野"，提高阴部神经的敏感性。但是，雌激素并不直接影响女性的性欲和性反应。

（二）睾酮

女性的性欲和性反应是受到体内周期性变化的雄激素（主要是睾酮，约为男性的1/10）水平影响。在月经周期中，女性睾酮处于高水平。女性往往在排卵时性欲望增强，有的人在月经来潮前一周内性欲望也增强。在女性中，雄激素主要由肾上腺合成分泌，卵巢的一种间质细胞——门细胞，也产生少量的睾酮。在刺激和维持女性的性驱动力方面，雄激素比卵巢分泌的雌激素的作用大得多。雄激素（睾酮）也影响着男性的性欲。

许多研究结果支持睾酮是女性产生性欲的重要因素的观点。例如：行卵巢切除术的女性失去雌激素作用，导致阴道干涩和性交疼痛，但是不影响性欲，肾上腺和卵巢都被切除的女性才逐渐失去性欲。行卵巢切除术的女性接受雌激素和雄激素联合疗法，可提高性欲和性幻想的效果，比单纯雌激素替代疗法好；对多毛症女性，在用抗雄激素药物治疗期间，性欲降低；对参加舞蹈俱乐部的女性雄激素水平的研究发现，穿着暴露服装的女性有更高的雄激素水平，暗示着更想找到性伴侣^①。

（三）药物的作用

药物对女性的性欲提高作用不明显。与女性相比，男性的性欲似乎受生理条件的影响较大，因此男性的性能力出现障碍时常可以通过药物解决，如用西地那非、育亨宾等药物治疗勃起障碍或性欲下降，而激发女性性欲的药物就少得多。许多性医学家和精神病学家并不认同女性性欲低是一种病，因此不赞同用药物治疗。2004 年美国一项大型调查结果表明，约 40% 的女性在性生活中出现了问题，其中大部分是性欲降低，但是只有 12% 的人为此感到苦恼。影响女性性欲的因素很多，既有生物学因素也有社会学因素，因此在诊治时医生不应该首先考虑使用药物，药物应为最后的方法。

有学者研究发现，虽然在闭经和绝经时体内雌二醇、孕酮和睾酮含量下降，但是并没有特别明显地削弱女性的性欲和性行为。而非激素的因素，如性伴侣、身心健康等比未绝经时更容易影响女性的性欲[2]。

二、女性性唤起的生理

女性性唤起（也就是性兴奋）是一个高度个体化的现象，通俗地说就是每个人的主观感受会有很大的不同。根据临床和生活观察发现，女性对性唤起相伴随的认知和情感变化的意识要比男性更明确、更清

---

① Grammer K, Renninger L, Ficher B. Disco clothing, female sexual motivation, and relationship status: is she dressed to impress? [J]. J Sex Res, 2004, 41(1):66-74.
② Van't Hof S R, Cera N. Specific factors and methodological decisions influencing brain responses to sexual stimuli in women [J]. Neuroscience & Biobehavioral Reviews, 2021, 131(2): 164-178.

楚和更重要，也就是与其受到的性刺激和情绪环境呈正相关。

（一）性唤起时器官充血肿胀的机制

性唤起时，会出现心率增快，此时女性乳房和生殖器的动脉括约肌舒张，也就是血液进入的闸门开放，使血流量增加，与此同时乳房和生殖器中的静脉括约肌收缩，也就是出去的闸门关闭，使血液潴留。在上述器官出现充血肿胀时，器官内的小动脉和小静脉壁的平滑肌舒张，使管腔增大，促进充血，这些是女性乳房和生殖器官充血肿胀时人体共同作用的生理机制。

（二）女性性唤起的标志

1. 阴道内壁湿润

当性兴奋升高时，足够的性刺激持续 10~30s，便可在阴道壁上观察到"出汗"现象（俗称"出水"），总量可达到 3~5mL。液体渗出首先以小滴的形式出现，然后汇集到足够的量以湿润阴道内壁。

2. 阴道壁的颜色发生改变

当性兴奋时，阴道周围静脉丛发生爆发式充血反应，血流量激增，由于充血阴道壁增厚，从淡紫红色变为深紫色。

3. 器官的变化

女性在性唤起时，常伴有瞳孔开大。性兴奋时，会出现阴道增长，同时伴有阴道宽度扩张 2/3。此外，子宫也会缓缓升高，向上牵拉阴道前壁，进一步增加阴道宽度。少部分女性性唤起的第一感觉是阴蒂的震颤感。

(三)女性性唤起的生理机制

在性兴奋过程中收集的阴道分泌物生化分析表明,阴道分泌液中钾离子水平接近血液中的水平。阴道黏膜无腺体,但是有丰富的静脉丛,性唤起时同时伴有液体渗出和血管充血,因此推测二者有一定相关性,但是迄今为止,仍然无法解释阴道液体渗出与血管充血的确切机制。有文献报道,支配阴道黏膜下毛细血管的神经纤维,含有一氧化氮合成酶、降钙素基因相关肽、神经肽和血管活性肠肽,这些肽类神经递质可以增加血流量,使阴道充血,应当与阴道壁的液体渗出有关。

液体小珠从黏膜渗出后,在阴道壁上形成碱性液膜,覆盖全部的阴道壁,起润滑和保护作用,为交媾做准备,并创造有利于精子的碱性环境。

三、女性性高潮期的生理学机制

(一)女性性高潮期连续的 3 个阶段

女性的性高潮期可分为连续的 3 个阶段,具体情况如下。

1. 第一阶段

第一阶段的特征是性紧张达到顶点,虽然激烈的运动可以继续,但已有一种瞬息间的悬吊或漂浮的感觉,像激情逐渐增强、扩张的波涛。这种感觉同时伴有或在其后紧随着强烈集中的盆腔感觉。

2. 第二阶段

第二阶段是身体出现起自盆腔并传遍全身的温热感觉。在这时,阴茎在阴道里抽插、牵拉阴蒂，包皮刺激了阴蒂，使女性强烈地感受到阴蒂产生的极度快感，逐渐通过骨盆蔓延至全身，有时手指和脊背还会颤抖，大腿肌肉也有类似反应。这种感觉仅维持2s左右即消逝。女性还隐约地有"坠落"和"敞开"身体的感受，同时促进阴道液体溢出。

3. 第三阶段

在第三阶段会意识到不随意的暖流从骨盆扩散到身体其他部位，它以生殖器的收缩和悸动、颤抖为特征而达到快感顶峰。女性可感到恍惚、与世隔绝，好像完全失去与外界联系，或曰神智的暂时丧失，同时伴有一种兴奋感。

在性高潮后，一般会感到疲倦舒爽。总的来说，女性性高潮的强度和质量因人、因时而异，并非所有人都能清晰感受到上述3个阶段，也可能只有上述的某一阶段的某种感受，这种情况也完全正常。

（二）性高潮期躯体的生理反应

女性在性高潮期，阴蒂的性感受增加，引起自下腹开始扩展到手臂、颈部和腿足等部位的抽动性收缩。阴道外1/3和肛门区肌肉收缩持续2~4s后，出现3~4个周期0.8s的节律性收缩，次数可达到15次。性高潮开始后的2~4s，子宫出现从子宫底向子宫颈的轻微波状收缩。

（三）女性性高潮时的电生理学

女性在性高潮时，大脑皮质出现6~7Hz的 θ 波（图4-2-1），达

25~45s，这时心率下降，眼球运动停止 2~3s，呻吟声停止，呼吸暂停，全身出汗，肌肉从紧张、僵硬到突然松弛。同时，脑内涌现引起快感的 β-内啡肽。

θ 波对于正常人的生理意义：在大脑的颞叶和顶叶较明显；困倦时出现；人的精神处于深度松弛状态。

紧张状态 β 波	～～～～～
松弛状态 α 波	～√√√√√√
忘我状态 θ 波	～√√√√√√

图 4-2-1　女性脑电波

男性性高潮射精后性快感跌落为零。这时如果男性继续爱抚，女性由 θ 波平缓变换为 8~13Hz 的 α 波，再到 14~30Hz 的 β 波，在心理感受上可以得到充分的满足。但是，若男性停止关爱的刺激，女性将由 θ 波直接转向 β 波，这种电生理的突然改变常令女性感到怏怏不乐。

α 波和 β 波对于正常人的生理意义：α 波是大脑处于休息但又不是睡眠的一种状态，如在清醒、安静、闭目时出现，当受试者睁眼或受到其他刺激时，α 波消失；β 波是大脑处于意识清醒，精神紧张，对周围事物很敏感，注意力集中于外在环境的一种状态，大多数人白天都处于这种状态。

四、女性生殖器的感觉通路

女性外生殖器和阴道外 1/3 处感觉是由躯体感觉神经的阴部神经传导的，经脊髓丘脑束传导至大脑。近来研究发现，子宫和阴道等女性生殖器的感觉可由迷走神经传递至脑干孤束核尾段，引起瞳孔放大和性兴奋。

科学家通过招募脊髓第 10 胸椎以上受损的女性患者（也就是脊髓丘脑束受损），应用功能性磁共振成像（fMRI）检测到这些女性患者在刺激阴道-子宫颈（手淫）时，脑干的孤束核下端兴奋，证实女性可以由迷走神经通过孤束核，越过脊髓将生殖器的感觉刺激直接传入大脑。因为迷走神经本干都在胸腹腔内行走，经颅底的颈静脉孔进入颅腔，经脑干到孤束核。

1990 年，通过将神经示踪剂——辣根过氧化物酶注入实验鼠的子宫颈后，发现标记到迷走神经下神经节（或称结状神经节）的神经元，其中枢突终止于孤束核尾部。此后，将所有分布到生殖器的神经——下腹神经、盆内脏神经、阴部神经全部切断，对鼠的阴道-子宫颈刺激仍能使鼠的痛阈升高。只有同时在膈肌下切断双侧迷走神经，刺激阴道-子宫颈时痛阈升高和瞳孔放大现象就不再出现。这也是脊髓高位损伤的女性患者刺激阴道-子宫颈仍然可以引起性兴奋的神经解剖学基础。

在一项脊髓损伤和没有损伤的女性对照研究中（1997 年），实验者用仪器深入阴道单独刺激子宫颈，脊髓完全离断的女性患者仍然能感受到刺激，只是刺激阈值较正常女性高[1]。由此我们认识到，阴道子宫-迷走神经-孤束核-大脑皮质传导路的存在，是交媾时阴茎深插顶碰子

---

[1] （美）Barry R K，（美）Carlos B F，（美）Beverly W. 性高潮的科学 [M]. 胡佩诚主译. 北京：人民卫生出版社，2008：111-114，127.

宫颈，可以提高女性性兴奋的神经解剖生理学的基础（图4-2-2）。

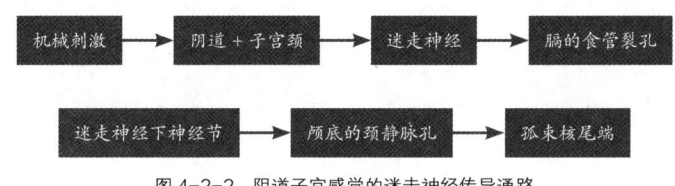

图4-2-2 阴道子宫感觉的迷走神经传导通路

五、女性性功能障碍

（一）性交不适

性交不适即疼痛性交（或称为性交疼痛）指持续存在或反复发生与性交有关的外阴、阴道或下腹部轻重不等的疼痛或不适。疼痛可发生于性交时或性交后。疼痛性质可以是不适、抽搐、隐痛、钝痛或烧灼痛等。临床上依据程度分为4级：Ⅰ级是指性交时不适感或轻度疼痛；Ⅱ级是指性交插入时或抽动时阴道浅部疼痛；Ⅲ级是指性交时阴道深处疼痛或疼痛在性交后仍持续存在；Ⅳ级是指性交疼痛严重乃至性交不能进行。

病因有心理因素和器质性因素（也就是器官病变引起），临床上以心理因素多见。无论何种病因，都应到医院妇科就诊。

（二）性交恐惧综合征

性交恐惧综合征又称为阴道痉挛、插入恐惧和性交困难，是指想象或试图向阴道内插入阴茎或类似物时，阴道外1/3肌肉发生不随意的、剧烈而持续的痉挛性收缩，以致阴茎无法进入阴道完成性交，或使已经插入阴道的阴茎无法退出。这与性高潮中的节律性收缩不同，是一种影响女性的性反应能力的心理生理综合征，多见于年轻女性。她们通常曾有过不愉快的性交经历，或过早地被迫与他人发生性行为。但是，性交恐惧往往并不影响女性对性交前戏（性唤起）的渴望。

临床上依据程度分为4级：Ⅰ级是指仅在某些特定情况下发生阴道痉挛，痉挛的肌肉仅限于会阴部的肌肉和肛提肌群；Ⅱ级是指阴道痉挛在多种情境下都可以发生，痉挛不仅限于会阴部，而且累及整个骨盆肌群；Ⅲ级是指阴道痉挛频繁发生，臀部肌肉不随意抽搐，导致整个臀部不自主地抬起，性交很难完成；Ⅳ级是指阴道痉挛，双腿内收并极力向后撤退整个躯体，甚至出现大喊大叫等惊恐反应。这种反应往往不是实际行动所引起，而是对性伴侣或医生的靠近和预感的反应。痉挛系原发性的，性交从未完成。

阴道痉挛的病因是一个复杂的问题，既可以是精神心理性的，也可以是器质性的，有不少案例则是混合性的。

六、生物演化选择中发情期消失的人类（智人）

发情期是指成年动物在固定的时间性激素分泌水平升高，生殖生理发生变化，出现发情行为，致使其要交配的这段时间。通常雌性动物的发情期反应比雄性强烈，所以发情期多指向雌性。人类（智人）在性机能上一个重要的生物学特征：女性没有发情周期。动物的发情期是与排卵有关的、实施生殖功能的、短暂的性行为周期，性成熟的动物在生理上表现为排卵，准备受精和怀孕，在行为上表现为吸引和接纳异性。大多数雌性哺乳动物只有在发情期才接受性活动，只有处在发情期的雌性动物才会对雄性献媚"动心"。发情期的高峰是排卵期，所以绝大多数雌性哺乳动物的生殖能力和性感受之间存在着密切的相关性。

人类（智人）女性没有发情期，而性感受（也就是性欲）始终贯穿整个性成熟的成年期，这应该是生物演化的选择，有利于人类——智人这个物种的繁衍和生存。虽然人类女性没有发情期，但是女性在排卵期有更高的性唤起倾向，许多年轻女性在排卵期总会有种莫名的躁动情绪。或许这些现象恰是动物发情期留下的演化痕迹。

发情期消失对人类（智人）的意义

1. 扩大受孕机会，产生更多的后代

发情期消失可扩大女性受孕机会，生育更多的后代，从而能弥补生存率低的缺陷。在远古年代，孱弱的人类是众多食肉类猛兽的猎物，同时恶劣的自然环境使得人类的生存率极低。据人类学家估测，10万年全球的智人（即现代人）总共仅500万余人。因此，在漫长的生物演化过程中，经历着"优胜劣汰，适者生存"的法则，在众多的人种中选择无发情期的智人种。与其他灵长目雌性相比，发情期消失的女性智人可以在任何时间、任何地点迅速产生性欲和性要求，并能较快地进入性兴奋，理论上可无限制地增加性交的频率，扩大女性智人的受孕机会，从而能维持着智人种群在恶劣的生存环境中繁衍所必需的数量。笔者大胆地推测，或许其他人种（包括两万余年前消失的最后一个其他人种——尼安德特人）由于存在着发情期，故而无法保持种群繁衍所必需的数量。这应该是其他人种消失的重要原因之一（参阅第七章第二节）。

2. 吸引男性共同抚养后代

在发情交配后，绝大多数动物的雌雄个体彼此分开生活，即使有雄性个体参与抚育后代，那也仅仅是生物本能而已，但是人类智人却是社会性群居动物。发情期消失，而在整个性成熟的成年期，女性几乎都保持着性欲和性吸引力，可将男性配偶紧密地联系在自己身边，共同抚养后代，战胜"弱肉强食"的人类社会，克服恶劣的自然环境，有利于后代的存活，从而有利于种群的生存和繁衍。

3. 无声无息地排卵，有利于繁衍生存

人类在性功能上的另外一个特征是女性无声无息地排卵，而不像雌猩猩那样，排卵时会伴随着外生殖器发生鲜红色的隆起，以此为标志吸引雄猩猩。无论女性本身还是男性都无法在主观意识上判断是否排卵。无声无息地排卵使得女性可以不被生理功能的变化拖累、分心。这有利于繁衍生存。

4. 第二性征扩大选择范围

与其他绝大多数的哺乳纲动物相比较，尤其是在灵长目动物中，人类在整个性成熟期具有独一无二的、清楚明确的区别男女两性的第二性征。受益于直立行走后开阔的视觉作用，人类能迅速地辨认异性，扩大选择异性的范围。再加上发情期的消失，随时即可进入性活动和交媾，使得人类多姿多彩的性活动是其他任何哺乳纲动物无法企及的。

第五章

人类的性行为

  性行为对正常发育的成人而言通常是指与异性交媾的行为，即阴茎与阴道的交合行为。在所有的文化中，性交是最重要和最主要的性行为，也是性兴奋和性高潮的本源。性行为最核心的生物学功能就是将人类的基因传递给下一代。因此，性行为是一种内在需要激起的、有动机性的意志性行为。"动机"是发动、指导和维持躯体和心理活动的体内过程，是决定行为的内在动力。"需要"是机体内部的一种不平衡状态，而"驱动"是来源于这种生物需要的唤醒状态。在当今，性行为的动机和需要常常蜕变为享受性行为的愉悦感。

  在生物学上，人类的性行为可以狭义地定义为任何增加生殖细胞结合（精子与卵子结合）可能性的行为[1]。广义的人类性行为并不一定是以生殖为目的，既可能是生理活动，也可能是心理活动。而通过这些活动，个体不但可以得到生理上的满足，也获得精神和情感上的满足；总而言之，其是建立在人类性与性行为基础上的一切性活动。

---

[1] （美）珍妮特·海德，约翰·德拉马特. 人类的性存在[M]. 8版. 贺岭峰等译. 上海：上海社会科学院出版社，2005：3.

第一节 性行为的生物学机制

一、性行为的中枢神经解剖生理学基础

（一）性行为的调控脑区

性行为的中枢神经解剖学基础有 3 个层面。一是脑干 - 脊髓交媾反射系统，包括与交媾反射相关的神经回路和运动单位，可调控脊柱前凸（角弓反张）等基本的性行为。二是大脑半球前部的交媾模式产生系统，包括犁鼻器、嗅球（还包括副嗅球）、终纹床核、内侧杏仁核、下丘脑前部的内侧视前区以及腹内侧核，可调控两性的交媾行为反应；内侧视前区调控雄性动物的交媾模式，腹内侧核调控雌性动物的脊柱前凸反射。下丘脑前部与哺乳动物的发情周期有关，已经证明破坏下丘脑前部细胞可以导致雌性动物发情期缺失，雄性大鼠减少或去除性行为。三是边缘 - 纹状体 - 皮质唤醒系统，主要包括伏隔核、杏仁核的基底外侧核等；损毁这俩核团后，性欲显著降低，但是对交媾反射没有影响。雄性和雌性动物调控性行为的神经通路是相同的[1]。

（二）性奖赏的脑区

性奖赏是指通过极具诱惑的性刺激，引导出满足欲望的性行为，以获得身心的愉悦快感。性奖赏的主要脑区是中脑腹侧被盖区（参阅第二章第二节，四、皮质下性功能调控中枢）的多巴胺能神经元。交媾行为或性接触（如接吻）刺激中脑腹侧被盖区，导致前额皮质和伏

---

[1] 韩济生. 神经科学 [M]. 4 版. 北京：北京大学医学出版社，2022 年：1201.

隔核内多巴胺增加。当人的个体看到爱恋对象的相片时，功能性磁共振成像（fMRI）显示中脑腹侧被盖区和大脑纹状体的活动增强。正电子发射体层扫描（PET）证实，在男性射精期间腹侧被盖区和纹状体出现强烈活动。这些研究结果同阿片类药物成瘾者中海洛因冲击唤起的活动模式高度相似。因此可知，性活动是具有奖赏效应的动机行为。

有性繁殖的雌雄异体必须有一种奖赏机制，驱使他们产生强烈的、自愿结合的力量，于是就产生了异性相吸的自然法则。强烈的性欲和交媾的极度愉悦快感就是大自然的回馈奖赏，就是驱使雌雄个体（人类就是男女两性）结合的动力和必需条件。

二、性激素对性行为的生理作用

性激素包括雌激素、孕激素和雄激素，大部分是由性腺（卵巢和睾丸）产生，少部分由肾上腺产生。雌激素主要为雌二醇，孕激素主要为孕酮（维持怀孕），雄激素主要是睾酮。人类性成熟后，性激素并不能直接引起性欲和性行为，而是通过改变有关脑区的活动来改变大脑对性刺激的反应方式，也改变阴茎、阴道和子宫颈的敏感性（Etgen A M, et al. 1999）。此外，性激素的水平与成年人的性活动呈正相关。雄性哺乳动物被阉割后虽然还能维持性行为，但是性兴趣和性活动下降了很多。性激素通过肝脏代谢，然后通过胆汁和尿液将代谢产物排出体外。因此，肝功能受损的患者被过多的性激素作用，而出现过多的体毛、乳房发育、好斗等症状。

（一）性激素作用的主要脑区

性激素不能引起性行为，但是可以改变相关脑区的活动，由此改变大脑对性刺激的反应方式，同时可增强阴茎、阴道和子宫颈的敏感度。在人类中，中枢神经的性唤起系统（大脑对性刺激加工系统，如对性敏感带的抚摸或阅读、观看性资料等的处理和整合）应该比外周性唤起系统更依赖性激素的激活作用。其中睾酮对性欲和性行为起的作用最大。

性激素与下丘脑内侧视前区的性激素敏感神经元上的受体结合，提高性反应的程度。在性行为中，睾酮和雌二醇都会促进下丘脑内侧视前区性激素敏感神经元释放多巴胺。多巴胺释放越多，雄鼠越愿意与雌鼠交配（Putnam S K, et al. 2001）。另一方面，美国一学者的实验证实（Hull E M, et al. 1995），阉割的雄鼠在可交配的雌鼠出现时，其内侧视前区也存在着常规量的多巴胺，但是这些被阉割的雄鼠并不尝试着去交配。在下丘脑内侧视前区，维持着中等浓度量的多巴胺可使雄性阴茎勃起，雌性则表现出接受性交的姿势；当浓度更高时，多巴胺可导致性高潮[1]。以上实验结果提示，性激素通过刺激相关脑区的性激素敏感神经元释放多巴胺，从而激活和促进性行为。

（二）睾酮对性行为的影响

睾酮是雄激素，然而男女两性的性腺（睾丸的间质细胞和卵巢的门细胞）及肾上腺都可以合成分泌睾酮。男性睾酮的分泌量是女性的

---

[1] （美）詹姆斯·卡拉特. 生物心理学[M]. 北京：人民邮电出版社，2011：344.

10~15倍（MJA Apperloo，et al. 2003）。在男女两性中，睾酮都有明显激发性欲的作用。虽然女性睾酮含量低，但是女性对睾酮更加敏感。在男性中，睾酮水平与性唤起和寻找性伴侣呈正相关。但是健康男性在正常范围内的睾酮水平的个体差异与性能力无关。睾酮水平低会使得男性性行为减少，摘除睾丸（阉割）可导致男性的性兴趣降低和性行为减少。所以，我国历代王朝用摘除了睾丸的太监服侍皇后和贵妃。有学者观察到，已婚男性及稳定地保持与女性同居关系的男性，他们体内平均睾酮含量较单身无配偶的男性低。该观察结果提示，男性与女性伴侣一旦建立起一段稳定的、亲密的性关系后，他就不需要再努力寻找性伴侣，也就不必再保持着高水平的性欲和性唤起，因此他体内的睾酮水平也随之下降。反之，如果已婚男性的体内仍有高水平的睾酮，他依然会继续寻找婚外性伴侣[①]。或许，这就是男性婚姻出轨的生理生化基础之一。

但是，睾酮水平的高低与阴茎勃起障碍没有直接的关联。睾酮可能激发性需求，但不直接参与刺激性唤起和性高潮相关的神经通路，而是用于维持神经通路对生殖器刺激引起的感觉活动进行应答的功效。

（三）月经周期性激素对女性行为的影响

月经周期性激素水平的变化可导致女性性兴趣或性欲的改变。在月经期排卵前后的时间里，女性的雌激素（雌二醇）水平最高（参

---

① McIntyre M, Gray P B, Chapman J F, et al. Romantic involvement often reduces men's testosterone levels—but not always: The moderating role of extrapair sexual interes [J]. Journal of Personality and Social Psychology, 2006, 91(4): 642-651.

阅第四章第一节）。在没有服用避孕药的情况下，女性在排卵前后时间里会主动发起更多的性行为（包括与性伴侣的性活动或自慰）。但性欲的高峰发生在月经周期的卵泡期中段的节点上，而不是排卵的时候（Hill E M. 1988）。另有荷兰学者研究表明（Slob A K, et al. 1996），女性在月经周期的卵泡期观看色情视频时，相比其他时间更容易激起性欲和性唤起（如小阴唇温度升高）。在月经周期中，性激素提高了女性性欲和性唤起的敏感度，这样更加利于生殖。

性激素同样影响着女性对于周围环境性刺激的注意力。有实验研究要求女性尽快按性别对人脸照片分类，相比月经期的其他时间，女性在排卵前后的时间做出的分类更快[1]。当女性观看两名男性视频并被要求选择与其中一位发生短期恋爱关系时，在排卵前后时间的女性更加愿意选择看起来更有活力、具备竞争力和自信，并且不把自己形容为"人品好"的男性[2]。简言之，在排卵前后的时间里，与生殖力关联的激素水平可以改变女性对男性的偏好，使女性更加喜欢看起来和表现得更男性化的男性。

三、求偶的生物行为学原理

（一）求偶的生物行为学

人和动物的复杂行为通常可以分为两个阶段，即欲求行为阶段和

---

[1] Macrae C N, Alnwick K A, Milne A B, et al. Person perception across the menstrual cycle: Hormonal influences on social-cognitive functioning [J]. Psychological Science, 2002, 13(6): 532-536.
[2] Gangestad S W, Simpson J A, Cousins A J, et al. Women's Preferences for Male Behavioral Displays Change Across the Menstrual Cycle [J]. Psychological Science, 2004, 15(3): 203-207.

完成行为阶段。就性行为来说，寻找配偶和求偶是欲求行为，而交媾是完成行为。

在生物行为学上，动物交配前求偶过程的功能体现在：互相了解对方的种属、性别、生殖状态和位置等；减弱对方的攻击性，以便能安全交配；协调雌雄双方的行为和生理状态；选择能最大限度增加生殖成功率的配偶[①]。在一定程度上，人类欲求行为中求偶过程的功能就像是动物求偶过程的翻版，主要表现为认识或相亲、恋爱和结婚（或交媾）的过程。

有学者发现，雄鼠和雌鼠性动机的差异在于如果一对鼠在特定的笼子里交配，那么雄鼠再回到这个笼子的概率较雌鼠来得高。之后改变实验程序时，雄鼠被限制在笼里，雌鼠可以自由出入该笼子，即雌鼠可以决定它们交配的发生和停止，以及发生的时间。只有在这种情形下，雌鼠才表现出明显偏好这个笼子。显然，雌鼠只有在它们能够控制性关系时，才能被性强化。据说这种趋向对于其他物种同样适用[②]。人类似乎也这样，女性要有安全感，也就是在感觉自己能够把握住主动权的情况下，才会进一步发展性关系。

（二）人类的求偶行为

从生物行为学角度着眼，人类的恋爱过程或寻求爱情的过程应属于生物行为的第一阶段即欲求阶段，也就是寻找配偶和求偶的过程。这个过程又分为两个阶段：吸引和迷恋。

---

① 尚玉昌. 动物行为学 [M]. 2 版. 北京：北京大学出版社, 2014：394-395.
② （美）詹姆斯·卡拉特. 生物心理学 [M]. 北京：人民邮电出版社, 2011：344.

1. 吸引阶段

吸引的行为体现为被对方独特的气质和特性深深地吸引，时时不由自主地思念对方。处在这一阶段的个体，情感上会有很大的波动，如强烈的期盼、害羞、难为情、惊喜、担忧或坐立不安等，或看到喜欢的人会突然有"头脑一热""眼睛一亮"等主观的情绪感受，生理功能上表现出食欲缺乏，或是难以入睡，失眠等。著名心理学家斯滕伯格（Sternberg R J）提出爱情的三成分：亲昵、激情、承诺/决定。吸引阶段对应于心理学的表现就是亲昵和激情。

吸引阶段一般可维持18~36个月的时间。在此期间，边缘系统的相关脑区多巴胺含量增高，脑的奖赏中枢被激活［参阅第二章第二节，四、皮质下性功能调控中枢，（二）脑干的中脑腹侧被盖区和多巴胺］。Xu X等人研判18名北京年轻人的功能性磁共振成像（fMRI）的结果，比较他们看到心上人的照片和一般熟人的照片时相关脑区的表现。他们发现这些年轻人看到心上人照片时，中脑腹侧被盖区和尾状核被高度激活[1]。中脑腹侧被盖区等奖赏中枢的激活和神经递质——多巴胺的增多是吸引阶段的解剖生理学基础。

2. 迷恋阶段

在这一阶段，神经解剖生理学的机制可能是边缘系统中的神经元终于适应多巴胺，大脑已经习惯了这种"兴奋剂"。最终，这种吸引和爱会只集中到心仪的恋人身上，确定了恋爱关系，情感也就趋于稳

---

[1] Xu X, Aron A, Cao G, et al. Reward and motivation systems: a brain mapping study of early-stage intense romantic love in Chinese participants [J]. Hum Brain Mapp, 2011, 32(2): 249-257.

定，表现为当与恋人在一起时，心情就会感到特别舒畅和愉快，视对方为自己生命中的一部分，即为迷恋。迷恋阶段相当于斯滕伯格爱情三成分中的"承诺/决定"。

同时，大脑里的内啡肽升高。内啡肽是机体合成的、内源性类似吗啡样的神经递质，它的作用是使个体产生内心宁静的欣快感和成就感。此外，催产素和加压素在男女异性恋人之间的互相爱慕眷恋和排他性的情感关系中同样起重要作用［参阅第二章第二节，四、皮质下性功能调控中枢，（一）下丘脑］。

第二节 性欲的概念和表现

一、性欲的概念

（一）性欲

性欲（libido），早期音译为力必多，又称为性驱动力，是指对性的追求和渴望。该术语是弗洛伊德提出的，曾有许多同义词描述，如性冲动、性兴趣、性欲望、性骚动、淫欲和情欲等。性欲是人体内部兴奋状态的本能，是与生俱来的一种本能。性欲是性行为的前奏曲，是一种迫切想要性行为的愿望，或对产生性快感的期望。性欲是个体被性感受激发进入性准备状态，综合了心理的情欲意图和生理的感觉需求，在性驱动力推动下，试图与异性完成身心结合的一种欲望，促使经过性行为的接触，而产生性紧张的驱动力。正常的性功能需要性欲的启动和维持。在生理学上，性欲是中枢神经系统和周围神经系统互相协同作用，构建个体对性和性行为的欲望。性欲分为两种形式：一是接触欲，仅仅希望与异性接触，抚摸双方性敏感区，从而达到性满足；二是发泄欲（又称性交欲），是指通过射精获得性快感的欲望。

性欲对性暗示做出持续积极的反应称为性渴望，而做出消极反应的称为性恐惧；如果维持着高水平的性渴望称为性欲亢进，而性欲望水平异常的低称为性欲减退。性欲亢进和性欲减退分别是性渴望和性恐惧的极端。

但是，有些人常常将性欲和急切需要释放的性紧张混为一谈。那什么是性紧张呢？性紧张是性欲的产物，也就是一个正常的成年男性或女性受到较强烈的性刺激时，就会情不自禁地出现性欲望，产生性兴奋，在积累到一定程度后，就会渴望进行性接触，以求得性能量的释放，使身心松弛下来。这种由视、听、触觉或性幻想引发的渴望性接触的身心状态，即称为性紧张。

（二）性欲可塑性

生物体的可塑性是指结构、形态和功能受环境因素的影响而产生变化的一种自然属性。人类个体的性欲是一种自然的、生理的属性。但是，产生性欲的条件并非一成不变的，就像人类的其他行为一样，可以通过生活实践的学习和经验积累加以改变，这就是性欲可塑性。人类的性欲可塑性就是个体在社会活动中学习到的经验，这些外在的环境因素作用于大脑，使得个体对能够激起性欲的对象、环境、形式等的反应发生改变，也包括了是否产生性欲或抑制性欲的发生。这种可塑性体现在以下3个方面。

1. 物种的差异

在性行为上，人类异性伴侣的交互行为与动物相比较有很大的差异。首先，激发人类性欲、具有性吸引力的对象相当广泛，是其他动物无法比拟的。其次，通过触摸，能够激发人类性欲的躯体部位也比动物多了许多。

2. 兴奋和抑制的差异

同样的一个异性在不同的环境，对一个特定的个体可以是激发起性欲，当环境变化时却发生抑制性欲。

3. 激发性欲的对象差异

人们常常说他们会被一种类型的异性对象吸引而产生性欲，而这种类型几乎每一个人都不一样。即使是同一个个体，对激发性欲的异性个体类型，随着时间的变化、年龄的增长和经历经验的获得，也会发生变化。

激发性欲的对象既可以是现实中的一个鲜活的异性个体，也可以是无生命的影视画面上的异性个体，或仅仅是用文字语言描述的异性个体，甚至是自己大脑想象出来的异性个体。

激发性欲的对象可以仅仅是异性身体的某个部位（如足），或异性的体味等。

总之，人类性欲的可塑性除了受到遗传因素的作用，也很容易受到后天心理因素和性经验的影响，这点对于我们研究人类的性和性行为有着重要的意义。

二、影响性欲的因素

（一）性激素对性欲的作用

以往认为，高水平的雌激素对女性的性欲唤起是必须的。但是临床资料表明，无论是男性或女性，性欲在不同程度上取决于体内睾酮的水平；而雌激素对女性的性欲影响很小。回顾本书第四章第二节所述可知，女性的睾酮水平与其性兴趣和性欲望呈正相关。女性的睾酮主要来自肾上腺皮质，少量来自卵巢的门细胞；男性的睾酮由睾丸分泌。在我国，古代皇帝后宫用被阉割（去除睾丸）的男性也就是太监服侍皇后和贵妃等女性，就是因为他们较低的性欲对于女性没有性侵犯的潜在威胁。

性欲的唤起是复杂的，性欲不仅是受到性激素的影响那么简单，还受到脑和环境的影响。在一项用睾酮贴片治疗女性性欲减退的临床双盲实验中，一位在安慰组（安慰组的实验者并没有真正使用有效的治疗药物）的女士经过12周的试验后，当触摸自己时，她却能像是有使用治疗药物的实验者那样，依然产生了性愉悦和生动的性幻想。实验者认为，她的性欲恢复可能是试验中与性有关的谈话和想法刺激的结果[1]。

（二）性欲可塑性的男女差异和社会文化的影响

1.性欲表达的男女两性差异

在性别方面，性欲的可塑性是指一般女性的性欲水平比男性低，

---

[1] 马丁·波特纳.关闭脑区，达到性高潮[J].环球科学,大脑之谜——意识、智力与性爱,2018:142.

性欲表达方式比男性复杂，个体差异很大。男性的性欲表达比女性更直接、更主动；男性群体的性行为与性态度的一致性高于女性群体。总之，在性欲和性行为上女性比男性有更大的变化范围，也就是比男性有更大的性欲可塑性。美国社会心理学家鲍迈斯特认为进化的、生物学的性动力可能是女性有较大性欲可塑性的重要因素，如抚养后代，这要求女性付出更多的精力和时间。

2. 文化教育和信仰习俗的影响

由于人类（现代智人）的大脑高度发达，因此人脑的思想意识功能对性欲的影响比性激素更大。通过学习获得的认知和情感深深影响着个体性欲表达的程度，使得性欲的表达在更大程度上成为心理活动和社会活动的结果。其也是一个可以随时变化的过程。当面对不同的社会环境和文化习俗的影响时，人们表现出不同程度的性欲和以不同的方式表达他们的性欲。这也属于性欲可塑性。

文化信仰和教育程度影响着女性的性欲。女性的性欲和性行为更容易受文化因素的影响，许多特定的文化习俗的宽容或限制（如性禁忌、性开放等传统社会文化观念），女性似乎比男性有更为多样化的不同反应，而这种现象在男性中不常见。在美国，经常去教堂做礼拜的女性对性的态度一般不会太放得开，而男性却不会受这一因素影响。但是，文化教育会缩小男女之间性欲和性态度的差别。受过高等教育的女性像男性一样更愿意尝试多样化的性行为，例如口交、肛交等。

3. 环境情景因素的影响

女性的性欲极易受到环境因素和情景因素的影响，往往更有延展性，更能随时间而改变。有些女性在年轻时会有一段时间性欲较低（或对性不感兴趣），过了一定年龄后才有较高的性欲，甚至十分强烈，犹如俗语所述"三十如狼，四十如虎"。

情感对女性性欲的影响相当重要。大量研究表明，女性在性和性欲表达上更看重俩人关系的人际互动，而不是身体方面，会以爱情和亲密关系作为目标。性对女性的吸引力主要是其所带来的期望和能否实现期望，正是这种期望的心态使女性获得性欲。所以，激发女性的性欲需要一个情景。由此，女性的性欲与男性相比较，更容易受到所处情景的影响，更加主观，更容易受到情绪左右。很多女性的性欲来自异性朋友的甜言蜜语，甚至对肉体的刺激也不如话语的刺激来得更有效和更强烈。而且女性在做出关于性的决定时还经常会受到同伴的影响，会因非生理的因素，如为情感而参加性活动，而并非单纯的生理欲望。

三、性欲的两性年龄差异

1. 幼年期

随着发育成长，一生中人的性欲（性驱动力）和性注意焦点都在不断变化。许多性心理学家认为口部是婴儿期"性欲"快感中心，因为婴儿吸乳时，嘴唇与母亲乳头接触使婴儿感到极度的愉快。在儿童期，孩子开始有意识地关注到外生殖器，可以观察到 3~4 岁的幼儿玩弄、触摸或暴露性器官，这是无意识的、生物学本性的自发行为。6~7 岁后的儿童已经能明确地区分男女两性，会有意识地通过触及外生殖器获得愉悦感；但是男童比女童更愿意体验外生殖器的变化，其中重要的因素之一应该是男性的外生殖器更容易被触摸。

2. 青壮年期

男性在 20 岁左右达到性欲的巅峰，对性欲的要求高涨，注意力更加集中在生殖器上。女性则到 35 岁后性欲变得更加强烈和迅速，比以前更加主动发起性行为，性兴奋也比之前更加稳定。女性这种变化的生物学因素是到 35 岁后性心理、性生理更为成熟，尤其是到了 40 岁左右，由于卵巢功能下降，雄激素水平比例相对提高，激发女性的性欲高涨。另外，在这个年龄段孩子已长大，抚养后代的任务大大减轻，女性有更多的精力和时间关注自身性的需求。

3. 老年期

更年期是成年人从中年过渡到老年的时期。女性更年期以停经为标志，在 45~55 岁。男性更年期没有明显的生理标志，在 55~60 岁，或延迟到 70 岁左右。更年期性欲表现有两种相反的趋势：性压抑，在性生活中对配偶的性爱信号无积极反应，对性生活回避甚至厌恶；性欲增强，性交频率增加，甚至可因配偶未能满足其性欲而产生婚外性行为。

一般来说，性欲会随着年龄的增长而自然减退，但是没有证据表明它会完全消失。男性若不受疾病的影响，终生具有性欲和性功能。女性一过更年期，由于雌激素分泌显著下降、阴道干涩，而容易出现性交痛，性欲可能急剧下降。但是，如果适度地给予刺激有助于女性保持较好的性欲和性功能，从而保持着生命活力。老年人（一般指 65 岁以上的成人）持续的性欲表达更主要的是来自心理因素的维持。

四、性欲表达的男女差异

虽然动物的性行为模式多种多样，但是雌雄个体的性欲表达有着明显差异。一般雄性表达主动，雌性表达被动。人类基本也是这样。

男性的大脑中常常想着有关性方面的事，更频繁地想发生性行为。在描述性欲时，男性更强调性交和性快感。大部分60岁以下的成年男性每天至少有一次会想到性行为，女性达到这个频率的只有总人数的1/4左右。上了年纪后男女对性行为的兴趣都有所下降，但是男性考虑性的次数还是女性的两倍。美国佛罗里达州立大学的社会心理学家鲍迈斯特开展过一次调查，对比了男性和女性的性欲，他发现男性更容易临时产生性欲，他们琢磨性的时间更多，对性的幻想也更加多样化。鲍迈斯特说："在一段恋情开始时、进行中，乃至结束的多年后，男性都更想发生性行为。"不仅是异性恋群体如此，男同性恋者在恋情的各个阶段发生性行为的次数都比女同性恋者多。

性学专家 J·迈克尔·贝利（J·Michael Bailey）认为："男性比较刻板，能让他们激起性欲的性对象比较确定，他们清楚地知道想和哪种人做爱、想和哪种人恋爱。"但是，能让女性产生性欲的性对象不确定，她们更容易接受同性之间的恋情。进化心理学家认为，女人一生只能生产为数不多的后代，因此理论上她们的择偶会更具有选择性，通过与最优男子交媾，而不是碰到男性就性交，这样能增加女人生育和抚养后代的成功率。

五、性欲减退和性厌恶障碍

性欲减退和性厌恶障碍都属于性功能障碍，两者处于同一纬度，只是后者性功能障碍的程度更大、更严重。

1. 性欲减退

性欲减退（lack of sexual desire）表现为个体对任何形式的性活动几乎都失去欲望和兴趣，或几乎没有任何性幻想。患有性欲减退的个体不会主动发生性行为，也不会对与他人有关的性欲望和期待有所回应。只有在对个体造成极大的痛苦或对其亲密关系构成负面影响时，这一状态才会被认识到。这是一种非正常的性功能障碍。在被认定为性欲减退之前，应当排除疾病或药物的影响。

2. 性厌恶障碍

性厌恶障碍（sexual aversion disorder）表现为个体只要想到性，或偶然短暂的性接触都可引发恐惧或反感。

性欲减退和性厌恶障碍的病因常为早期有过不愉快的性经历，在心理上留下阴影。

第三节 性唤起的机制和形式

性唤起是指因性刺激而产生性反应的过程，人类的性唤起常与性欲相联系。性欲通常是性心理的一种反应，性唤起伴有相应的性生理反应和过程。

一、性唤起的机制

性唤起（俗称"前戏"）是指男女两性在性活动之前，通过生理或心理的互相取悦和刺激的活动状态，也就是通过非条件反射性和条件反射性的性欲刺激，产生一种紧张而激动的状态。"前戏"在动物中也存在（如狗、马、黑猩猩等），它们在交配之前会拥抱、咬舔，或用鼻子摩擦对方的生殖器等几分钟，甚至长达数小时。在性唤起过程中，性伴侣之间需要通过目光、语言、接吻、爱抚等一连串"前戏"动作，交流表达爱慕情感，才能获得性交带来的兴奋和愉悦快感。

（一）生理性刺激的性唤起

生理性刺激的性唤起即非条件反射性的性刺激包括触觉、视觉、听觉、嗅觉和味觉等自然激发性唤起，自然地引起性欲。也就是躯体包括性器官接受性刺激，本能地出现生理反应，而无需通过生活实践的学习和经验积累。其中的生理反应，包括了全身和局部反应。全身性反应有肌紧张，呼吸、心率、血压、体温逐渐升高；局部反应有男性阴茎因充血而勃起，女性阴道润滑，外生殖器充血肿胀等。

（二）心理性刺激的性唤起

心理性刺激即条件反射性性刺激的性唤起，是指通过文字、语言、影像的学习和长期生活实践经验的积累，以及复杂的心理认知活动，获得并建立于性幻想、性意识、性文化和性经验等大脑思想活动基础上，产生的条件反射性冲动。这种认知和情感等心理成分比生理因素更加微妙，也更加重要。认知成分是将注意力集中或局限于动情刺激

（他或她的性伙伴）、性幻想和性暗示等。情感成分是个体对性活动的浪漫情调、性乐趣等的主观感觉。另外，如果心理上的自我认知即自我价值感较低，导致信心不足（如"我配不上""我吸引力不够"等）都可能抑制性唤起。

（三）性唤起的意义

性唤起既可以是对性交的准备，也可以是为了得到性快感而进行的动作。女性对性唤起相伴随的认知和情感等心理变化的意识比男性更明确、更清楚。但是性唤起有时会受到抑制，以致暂停。有男性因为过度关注自己的性表现或忧虑不良后果而使性唤起受到抑制；有的男性对这些抑制刺激更敏感[1]。

伴侣之间的感情和相互关系对性唤起的作用比掌握性技巧要重要得多。女性比男性更喜欢长时间的"前戏"，延长"前戏"时间能提高女性阴道的性反应。男女两性对性欲要达到的目的略有不同，男性更倾向于"性交化"的性欲目标，即将性反应作为最终的目标；女性更倾向于"爱情化"的性欲目标，认为性反应是爱情和情感的交流。在确定性对象时，男性选择性对象更多是因为生理或性属性的吸引；女性更倾向于选择所爱的人或浪漫的伴侣。

二、听觉（包括语言）的性唤起

性伴侣之间的语言交流是很重要的，也就是听觉的性唤起，属于

---

[1] Spiering M, Everaerd W, Elzinga B. Conscious Processing of Sexual Information: Interference Caused by Sexual Primes [J]. Archives of Sexual Behavior, 2002, 31: 159-164.

心理性刺激的性唤起。性交前和性交期间的言语和声音都可以引起性兴奋。言语的情话可有很多种形式。有些人听到"脏话"会感到兴奋，有些人可能很讨厌这些"脏话"。同样，有些人觉得交媾时的呻吟声使人兴奋，有些人则全无这样的体会。有些人说性高潮后说或听到"我爱你"是最为浪漫和令人兴奋的事情。

三、非语言的性唤起

非语言的性唤起包括了非阴道插入的行为，如拥抱、接吻和口交等。

（一）抚摸性敏感带

1. 特定的性敏感带

触觉是最主要的性欲感觉，也是最经常激发、唤起性的感觉。手或身体触摸或轻抚特定的躯体部位，引发性欲可达到高度性唤起。这些特定的部位就是性敏感带，其中一部分如生殖器的刺激属于生理性。性敏感带由强到弱依次是外生殖器、乳头、外生殖器周围的皮肤、口唇和大腿内侧等。虽然大多数男性伴侣在性活动时都喜欢抚摸刺激女性的乳头和乳房，但是只有约一半的女性接受这样的动作。因为许多女性觉得乳房被刺激时会感到不舒服甚至疼痛，特别是在月经期前和月经期间。此时，由于雌激素的水潴留作用乳房可轻度肿胀，所以在性活动时，对于是否刺激乳房男女伴侣应当进行恰当的沟通。

男性偏好在"前戏"时直接抚摸生殖器，女性偏好经过一段时间拥抱和非生殖器的爱抚等身体接触后，再直接刺激生殖器；但要注意不要对睾丸施加过大的压力，否则可能引起男性强烈的痛感。女性喜欢性伴侣抚摸她们身体的其他部位（如先从大腿内侧开始），再逐渐移向外阴和阴蒂周围组织，轻抚阴蒂周围组织而不是直接刺激阴蒂。

此外，在性唤起阶段，男性伴侣将手指伸入阴道模仿阴茎抽插动作，并不会受到女性伴侣的喜爱，甚至恰恰相反，很多男性对此有所误解（一如在前言中提到的那样，多数男性对于性知识的了解来自影视或者其他娱乐作品，这种认知往往是错误的）。通常女性不喜欢将阴道内刺激作为性唤起（前戏），实际上女性只有已经处于高度性唤起的状态下，才会在这样的阴道刺激下感觉到愉悦感。

2. 条件反射建立性敏感带

人类外貌特征不像其他哺乳动物全身覆盖浓密而厚的体毛，人类的体毛明显减少，并且较稀疏而细小；仅在头部、下腹部、会阴部、眉宇、腋窝等处保留着相对较浓密、较粗硬和较长的体毛，称之为硬毛；其他部位稀疏被覆短、细且柔软的体毛，称之为毳毛。恰恰是这种称为毳毛的体毛形态和分布特征，使得人类躯体皮肤的触觉敏感度得到极大的提高。在长期生活实践中，通过学习，或通过指导、开发和治疗，反复抚摸肌肤使心理上产生舒适感，这样几乎裸露的躯体皮肤可以与性欲建立起条件反射，形成性敏感带，从而扩大了性敏感带的范围。

对于相互爱慕的对象，即使是简单的握手、触摸，甚至触碰任意部位都可能具有性刺激、激发性欲的意义。因为经过皮肤的触觉传导路，性刺激在大脑引起的最终反应还受到以往体验和即时情绪的影响，也就是不能仅仅凭借性敏感带的刺激引发性欲，而是与以往的经验，以及视、听、嗅觉的参与所产生的综合效应相关。

3. 抚摸的生理学特点

性敏感部位基本上都是神经末梢丰富而集中的区域。由于性敏感带和痛觉、温度觉的分布具有一致性,所以在性敏感带抚摸时,切忌手太粗糙、手法过重和冰凉,这样不仅不能引起快感,反而会增加性伴侣的不适感或造成痛苦。一般来说男性的性感受阈较低,性敏感带较少,被抚摸时很容易被激发起性欲和性兴奋。女性的性敏感带比男性更广泛、更分散,并且受到文化信仰和传统观念的影响在个体中差异较大。

(二)接吻和体味的作用

1. 接吻的社会学和生理学意义

在欧美国家礼仪规范中,亲吻不同的部位有不同的含义:①吻在面颊或额部是礼仪性的朋友之吻,且时间短暂,不带性爱色彩。②吻在唇上是情人之吻,且持续较长时间的唇吻是性爱的表现,当然也包括深度的舌吻。英语俗语 "kiss on the lips",就有强烈的性爱含义,中文译成"烈焰红唇"是相当贴切的。

接吻在爱恋或性兴奋时表达欲望和渴求中是很重要的。在解剖生理学上:口唇是人体触觉最敏感的部位之一,口唇黏膜上面布满了同大脑愉悦中心有关的神经末梢。研究表明,接吻可以降低应激激素皮质醇的水平,提高产生愉悦感的催产素水平。许多动物也有这种现象。但是在性文化中接吻没有手、嘴刺激生殖器官的行为发生率高。

2. 体味（气味）的作用

接吻时，性伴侣几乎以零距离相接触，可以很容易地闻嗅对方的体味。瑞典一个研究团队的开创性"T 恤衫"实验（Wedekind C, et al. 1995），让 4 位男大学生穿同样的新棉 T 恤两天（为了确保 T 恤上收集的是自然体味，男生被要求在那两天里不用香水、不吃刺激性食物、不吸烟、不喝酒、不发生性关系），然后让 49 位女大学生去闻嗅这些 T 恤，并评价这些 T 恤上的气味是否"性感"和是否"令人愉悦"（所有女生都是在排卵期参与这项实验，因为女性在这个期间嗅觉更加敏感）。并检测他们的主要组织相容性复合体（major histocompatibility complex，MHC）基因类型，分析他们 MHC 相似性和体味反应之间的关系。其中，MHC 又称人类白细胞抗原（human leukocyte antigen，HLA），其基因位于 6 号染色体的短臂上。结果有以下两点有趣的发现：第一点，对于 MHC 基因和自己相似的男生的体味，女生容易表示"不性感"和"不令人愉悦"；而对 MHC 基因和自己相差较大的男生的体味，女生容易表示"性感"和"令人愉悦"。第二点，对于 MHC 基因和自己相似的男生的体味，女生容易联想起自己的兄弟和父亲；而对 MHC 基因和自己相差较大的男生的体味，女生则容易联想起自己的男友。此后，设计更为严谨的研究（Havlicek J, et al. 2009）也证实女性倾向于喜欢与自己 MHC 基因不同的男性的体味，女性在选择男友时，潜意识地通过接吻等近距离地闻嗅体味选择与自己 MHC 基因不同的男性，从而避免近亲繁殖。有研究表明，女性比男性更可能因为体味而拒绝男性（Herz R S, et al. 2002）。

异性气味对于大多数动物种属是作为性唤起的信使，绝大多数哺乳动物就是通过犁鼻器激发性唤起（参阅第二章第二节，三、性信息接收器：犁鼻器）。因此，笔者赞同接吻应该是一种生物学本性的观点。男女两性通过接吻面部紧密接触，使得嗅觉器官（鼻）近距离地让双方闻到对方躯体的体味，从而评估对方（潜在伴侣）的"生物兼容性"，即与自身免疫系统最不相似的人的体味（主要为汗液气味），与这样的伴侣发生性行为有可能生出最健康的孩子。在嗅觉方面似乎女性比男性更为敏感。这也符合演化生物学的要求，因为女性是生产和抚养后代的第一责任人，所以必须严格选择男性性伴侣，有利于生养健康的后代。

但是，在演化过程中，人类的嗅觉略有退化，存在着显著的个体差异。例如，由于人类气味受体 OR7D4 基因的多态性，对于雄烯酮，有的人觉得它具有如香草般的芳香，有的人一闻就觉得恶心，有的人几乎闻不到[①]。

（三）口交和疾病

口交是指用口的舌、唇与异性的生殖器接触，以口刺激女性的外生殖器称为舔阴（cunnilingus），将男性阴茎放入口中称为吮阴（fellatio）。美国健康和社会生活调查显示口交的发生率：大约 3/4 的男性和 2/3 的女性报告在口交性行为中扮演主动的角色。在美国，口交发生率与受教育程度成正比。马晓年等人（2004 年）的中国性调查

---

① （美）骆利群. 神经生物学原理 [M]. 李沉简等译. 北京：高等教育出版社，2018：214-215.

报告显示，14%的男性从不用口刺激对方的生殖器，17.9%的女性从不用口刺激对方的生殖器。2023年，关于"如果有性行为（交媾），愿意口交吗？"的问题，笔者对选修本课程的福建医科大学大一和大二学生进行问卷调查，收回的有效问卷结果显示，在401名大学生中，仅有43%的男生愿意用口刺激对方的生殖器，24%的女生愿意用口刺激对方的生殖器（见表5-3-1）。有的人拒绝口交是由于清洁的原因，认为生殖器很"脏"，因为这里与尿道外口和肛门毗邻。

表5-3-1 如果有性行为（交媾），愿意口交吗

性别	总数（人）	愿意（人）	百分比（%）
男	192	83	43
女	209	51	24

1. 口交性唤起的可能机制

（1）口腔和生殖器的皮肤、黏膜细嫩滑润，属于性敏感区；对于施行者和接受者，吮吸也是一种抚摸过程，容易引发性唤起。

（2）刺激舌的味蕾，生殖器的特殊味道通过味觉神经传导路到达岛叶，引发对性愉悦的感知［参阅第二章第二节，二、大脑皮质的性行为调控中枢：边缘系统，（三）岛叶］。

（3）施行者紧密接触异性的躯体，会阴部是有特殊气味的大汗腺分布的区域。吮吸时口腔后部的腭垂下降至会厌，形成一个鼻腔、咽、喉气道（图5-3-1），随着吮吸和

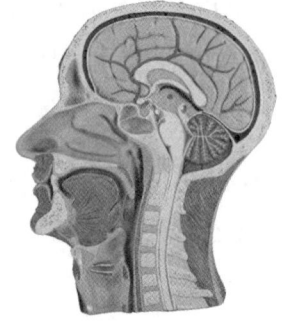

图5-3-1 头面部矢状面

呼吸动作，气流涌入，异性气体刺激嗅觉感受器（或犁鼻器），经神经传导达覆盖在杏仁核上的梨状皮质，投射到杏仁核的内侧核，引发性唤起［参阅第二章第二节，二、大脑皮质的性行为调控中枢：边缘系统，（六）杏仁核］。

2. 口交与疾病

当今，在以欧美为主导的"性革命"的性价值观影响下，甚至国内众多性学者也认为口交属于正常的、普遍的性行为，将不愿意口交的人打上"观念保守"的标签。首先，最主要的核心问题是在人体解剖生理学上，口腔属于消化系统和发音器官，口腔不是生殖器官。因此口腔的形态结构和生理作用是为了消化食物和发音说话的，而不是为了交媾生殖。所以，口交不属于生理学意义上的交媾行为。在性行为上，口交仅仅是起发动性唤起的作用，或进一步激发人们的性快感和性愉悦，达到性宣泄的作用，或如欧美学者宣扬的"性娱乐"。故学者不应随意给在性行为中不愿意口交的人贴上"保守"的标签，误导世人，特别是年轻人，以致产生不良的后果。

其次，口交也会感染性传播疾病。近年口腔科、耳鼻咽喉科常有口腔、咽喉染上性传播疾病的患者，如淋病、喉癌（有部分患者与HPV感染有关），甚至艾滋病。同时，口腔的病原体也可以造成尿道或阴道的感染。此外，在口交时，不应当向生殖器官（如阴道）吹气。临床已有报道，向孕期妇女的阴道吹气，诱发血管空气栓塞，造成生命危险的案例。

口交也应注意性安全，采取预防措施，如男性戴避孕套，女性戴牙科用橡皮布，以尽量避免染上性传播疾病或其他疾病。

（四）肛交与疾病

肛交（舔肛）是将阴茎插入肛管－直肠，肛交是男同性恋常采用的性活动方式。舔肛（或称"肛吻"）是用舌头舔吮对方肛门或用手指抚摸对方肛门。在欧美主导的性观念中认为"肛交"也许不是常规的性生活方式，但是它是有趣的、变化的性行为。

1. 肛交性唤起的可能机制

（1）控制肛门开关闭合的外括约肌和内括约肌都是收缩能力强大的肌群，当阴茎或异物抽插时，反射性地引起肛门内外括约肌强烈的收缩，对阴茎有类似于阴道收缩"握紧"的强烈压迫感，从而产生欣快感。另一方面，肛门的皮肤和直肠末端的黏膜分布着较为密集的神经末梢，阴茎抽插刺激这些神经末梢，使得肛交接收者产生愉悦感或痛感。

（2）男性的肛管－直肠前面（腹侧面）毗邻前列腺，在肛交过程中间接刺激前列腺，亦可以激发肛交接受者的性兴奋，甚至射精达到性高潮。

在女性中，肛交除了刺激肛管－直肠的神经末梢之外，还可能使阴蒂脚受到间接刺激，或可能刺激与肛管－直肠相邻的Skene腺，使女性获得愉悦，产生欣快感。

（3）肛交所产生的刺激感还受到网络文化的影响，如色情作品的影响，通过大脑强化肛交的愉悦感。

2. 肛交与疾病

在肛交后，阴茎等不应未经清洗就直接插入阴道。因为直肠内的细菌可能被带进阴道，造成严重的阴道炎。肠道传染病如大肠埃希杆菌、甲型肝炎等可以通过肛交（或舔肛）传染。即使肛门经过仔细清洗，仍然存在着这样的风险。

阴道的内表面是一层复层扁平上皮，当在阴茎抽动激发性兴奋后，阴道壁还有水分渗出，减小摩擦系数；通俗地说阴道壁的结构适合于抽动摩擦。而肛管-直肠是消化管道的末端，功能是吸收水分、分泌消化液和储存食物残渣（粪便）。肛管的开口称为肛门，皮下有丰富的神经末梢，包绕着环形的肛门括约肌；肛管表面覆盖着一层复层扁平上皮，但是组织学的肛管宽度仅有一个横指长，往内延续就是直肠（图5-3-2）。直肠腔面衬着的是单层柱状上皮，它的功能是分泌消化液和吸收水分，而且在性兴奋时并不会分泌或渗出液体。当阴茎插入时，一方面，肛门括约肌收缩产生抵抗，这时阴茎强力抽动可造成肛管损伤，如肛门括约肌失禁、脱肛等；同时，也容易使乳胶避孕套破裂。另一方面，剧烈抽动的阴茎极易使薄薄的直肠单层柱状上皮受损开裂。因为男同性恋者在施行性行为过程中常常使用肛交，所以这是他们容易感染艾滋病的重要原因之一。

综上所述，从生物医学的角度来说，在性交时不应采用此种方式。

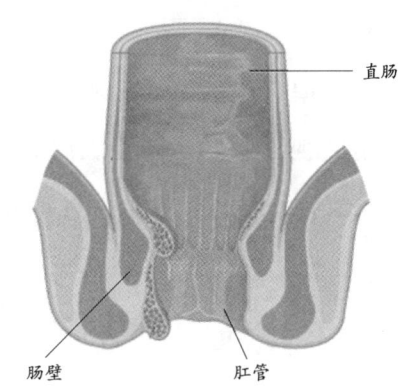

图 5-3-2 肛管-直肠

四、男女两性对性唤起偏好的差异

男性的性敏感带集中在外生殖器官,特别是阴茎头最为敏感。故男性偏好在性行为伊始性伴侣就直接抚摸他的生殖器。对于男性,激发性欲和性唤起的性刺激的形式包括女性的体态、表情和自我的性幻想。一旦受到有效的性刺激,唤起性欲迅速而强烈。

女性的性唤起较男性复杂,并且与其受到的性刺激方式和情绪环境呈正相关。女性的性欲性唤起过程缓慢而柔弱,常要求有较长的"前戏"活动。女性的性敏感部位分布广泛,且因人而异,但以阴蒂最敏感。

女性对触觉和听觉较敏感,性欲性唤起的刺激形式有躯体的直接碰触,如拥抱、爱抚、接吻等。因此,女性更期待男性伴侣先经过一段时间拥抱爱抚等非生殖器的躯体接触后,再直接刺激她们的性生殖器官。而且,更倾向将性活动放在爱情、情感等心理应答范畴内进行。所以语言(情话)更容易促进女性的亲密感,从而顺理成章地发起性唤起。

根据近年的研究表明,虽然女性不像男性一般更直接钟情于性和色情的视觉刺激,但是她们对此的反应不比男性弱,尤其是色情场景专为女性设计时,她们的性唤起反应明显地被激发。

第四节 性反应的生理学

当人体受到性刺激后,出现可以感觉和观察并且还可以测量到的、与性相关的一系列机体形态和功能状态的变化,称为"性反应"。

一、性反应周期

性反应周期，是指男女两性在性唤起后机体经历的一系列解剖生理和心理上的反应变化阶段。20世纪60年代，美国学者马斯特斯和约翰逊对500名女性和339名男性等1万多例性刺激和性高潮整个过程的研究，第一次提出"人类性反应周期"的理论，揭示了男女两性反应的生理学基本模式。他们的工作被誉为人类现代性科学史上一座里程碑。他们的研究结果把人类性反应划分为4个阶段，依次是兴奋期、平台期、高潮期和消退期。在整个过程中，男女两性都经历血管充血和肌紧张。血管充血是指生殖器官由于血液充盈而膨胀，男性阴茎勃起，女性阴道口皱纹膨胀平滑、阴蒂勃起。肌紧张是指生殖器和全身肌肉收缩，引起面部怪相、手脚痉挛等。他们的研究归纳总结了4个重要的结论：男女两性有相似的性反应形式；尽管性反应周期两性有相似的时相，但是女性保持性唤起的时间更长，变化更多，反应更慢；在一段性反应过程中，女性可有多次的性高潮，而男性很难做到；阴茎大小一般与性能力无关（除非男性想拥有大的阴茎）。

20世纪70年代，美国精神病学家卡普兰（Kaplan H S）根据自己作为性治疗师的经历，提出"性周期的三阶段"理论，依次为性欲、性兴奋、性高潮。由于性欲主要是心理上的，因此在性和性行为中，卡普兰强调了精神的重要性，以及焦虑、防御和交流不畅对性生理反应过程的损害作用。20世纪80年代末，英属哥伦比亚大学妇产科医生巴森（Rosemary Basson）认为，性欲可能既会引发生殖器的刺激，也会被生殖器的刺激所激发。她反对将性高潮看作是性体验的巅峰，而是把它仅仅当作性周期中的一个点，并认为一个人在达到性高潮之前的任何阶段都能感受到性满足[①]。

（一）兴奋期

兴奋期的兴奋状态是从性刺激开始，激发性欲，下丘脑释放催产素，瞳孔扩大，进入性紧张阶段，引发机体产生一系列变化，心率、血压、肌张力都增加；盆腔和下腹部区域血管扩张、血流增加，引起阴茎或阴蒂勃起。唤起性兴奋所需的时间长短不等，是受到心理、情绪、体力和刺激的有效程度等多种因素综合的影响，兴奋期越长则消退期也越长。男女两性发生在兴奋期的基本生理过程是血管充血。无论来自肉体或心理的性刺激都能引起性兴奋。

1. 男女两性进入兴奋期的主要差别

（1）男性能迅速地达到性兴奋，从一开始就渴望立即性交；女性性唤起受社会心理因素的极大影响，更倾向渴望得到爱抚、拥抱和情话绵绵。

（2）兴奋期的标志：男性是阴茎勃起；女性是阴道壁液体渗出。女性的这点反应不如男性迅速，一般在性刺激后 10~30s 阴道开始润滑。

2. 躯体的生理变化

女性：阴蒂膨胀；乳头勃起，乳头内平滑肌纤维收缩导致乳头勃起，但很快就不容易看到，因为乳晕充血膨胀更明显反而掩盖了乳头的竖起，在兴奋后期乳房也因充血而稍肿胀；大、小阴唇膨胀、分开；

---

① 马丁·波特纳. 关闭脑区，达到性高潮[J]. 环球科学, 大脑之谜——意识、智力与性爱, 2018: 142.

阴道扩张，阴道上 2/3，也就是内 2/3 膨胀，有助于适应阴茎的进入；较多见到性晕红，从腹部扩散到胸部。

男性：阴囊壁缩紧变厚，睾丸更贴近躯体；有的人有性晕红；有的人有乳头勃起。

（二）平台期

平台期（又称为高原期）是兴奋期后和高潮期之间的一段短促的性紧张平稳发展的阶段，持续半分钟到若干分钟。平台期实际上是性交抽动时期，血管充血达到顶点。女性若平台期很短则意味着性高潮很强烈。与兴奋期相比，平台期没有突出的生理变化作为标志，而是生理反应（也就是充血和肌紧张），在性兴奋基础上持续和进一步加剧。双方呼吸频率可进一步增加，出现喘急；心率每分钟可达 100~175 次，血压升高，收缩压增高 20~80mmHg（1mmHg=133.322pa），舒张压增高 10~40mmHg。

一旦进入平台期，男性的阴茎勃起几乎就是必然的了。然而依据马斯特斯和约翰逊的观察，在到达平台期时，女性就已得到足够的满足。

1. 充血效应

（1）男性阴茎完全勃起，阴茎头（龟头）变大呈紫红色，睾丸膨胀比未唤起时增大 50%；阴囊和睾丸进一步升高贴近躯体。阴茎不再发生进一步的明显变化。

（2）女性阴道壁的外 1/3 因充血肿胀而明显增厚，管腔变小，对阴茎的紧握力明显增强；阴蒂升高，实际上是阴蒂向耻骨处退缩；乳房进一步肿胀和子宫体积增大；小阴唇颜色改变，经产妇的小阴唇颜色由深红色变为深酒红色，未产妇的由粉红色变为鲜红色。这些改变表示已经接近性高潮，女性在阴唇颜色改变后很快将有性高潮到来。

2. 肌紧张

有意识和无意识的肌紧张（肌强直）是性反应增强到一定程度后出现的又一重要的性生理反应形式。肌紧张首先表现为骨骼肌过度敏感和伸展，紧接着是有规律的收缩，而后发生痉挛性收缩。这些反应主要是不随意的，也可以有随意动作包含在内。在平台后期，手部常出现抓握动作。此外，可能由于会阴肌收缩，在男性中会促使尿道球腺分泌液体自阴茎头的尿道外口排出，量虽少但可能包含有活力的精子。

（三）高潮期

高潮期即性反应的顶峰，也是性紧张过程中最短暂的瞬间，一般只持续数秒钟。在生理上，性高潮是性反应周期中积累形成的神经的兴奋和肌肉的紧张，通过由无意识的、自主神经系统控制的、不随意的肌痉挛突然释放，以及由此带来主观上波浪式的最强烈、最满意的欣快感。在达到性高潮时，男女两性的脉搏、血压和呼吸都会急剧增加；全身肌肉收缩，脸部可能出现扭曲的痛苦表情；上肢和下肢的肌肉可能因收缩而"痉挛"（上述表现可能都出现也可能只出现其中一种或没有上述的表现）。通常情况下，一个人往往不能意识到瞬间激情发生时自己身体的表现，但事后出现的腰背酸痛就是很好的提示。

1. 男性性高潮期生理反应

男性性高潮期是由盆腔性生殖器官节律性收缩，最终排出足够量的精子，即为射精，而产生的生理心理上的满足感。男性高潮期可分为挤推和喷射两阶段。

1）挤推阶段

附睾、输精管、精囊、前列腺内的平滑肌纤维收缩，挤推精子和液体经射精管进入尿道，在阴茎的尿道前列腺部内形成精液。另外，尿道内括约肌（即膀胱括约肌）紧缩，防止精液进入膀胱和阻止尿液排出进入尿道；同时，尿道外括约肌紧缩，使精液不会经尿道外口流出。一旦达到这一步，就有"射精不可避免"的主观感觉，性反应不可能被中断，射精已无法抑制而必然发生。

2）喷射阶段

在高潮期的男性，阴茎抽动速度越来越快，动作越来越激烈，然后有一种力图使阴茎向阴道深处顶进的感觉；尿道内括约肌继续紧缩，而尿道外括约肌松弛，这时会阴肌节律性收缩，尤其是尿道球周围的海绵体肌强力收缩，在强大的压力推动下，所积累的精液由尿道外口有力地射出，即射精。如无阻挡，精液可射出 30~60cm。随后便是躯体和精神的突然松弛。男性性高潮的快感可能与肌肉收缩的力量和精液射出的量有关。

2. 女性高潮期生理心理反应

女性高潮期的生理反应是一系列节律性、强有力、不随意的肌肉收缩和性红晕，从而产生主观的心理感受。

1）肌收缩

（1）会阴肌（包括外 1/3 段的阴道肌）节律性收缩，开始是强有力的收缩 3~6 次，间隔为 0.8s，与男性阴茎射精前的肌收缩是相对应的；紧接着强度减弱、间隔延长的收缩。同时，肛门外括约肌收缩，使直肠内压增高，并显著高于阴道内压，起到挤压阴道、提高对阴茎紧握感的作用。但是有许多女性没有肛门外括约肌的收缩。尿道外括约肌也可有次数不多的收缩，但通常只限于绝经期前的未经产女性。尿道外口有时出现不自主的扩张。

（2）子宫节律性收缩的模式类似女性分娩收缩的第 1 阶段，自子宫底部向子宫颈方向呈波浪式扩布。但在同一人而不同次的性高潮中，子宫收缩的强度和持续时间差异较大。子宫节律性收缩的生理作用被认为可能是"吸吮"，将精子拉入子宫，进入输卵管以便受精。

（3）瞳孔开大，面肌收缩导致面部表情扭曲古怪呈痛苦状，喉肌痉挛性收缩以致不随意呻吟或喊叫；颈肌和四肢长肌持续收缩，在女性仰卧位性交时，引发女性四肢有意识地搂抱性伴侣；还可出现角弓反张等肌肉强直性阵挛。

2）性红晕

性红晕是皮下毛细血管充血反应的体征，可有斑丘疹样的红斑皮疹，是女性的性紧张高潮释放中特有征象。只有个别男性可出现红晕。在马斯特斯和约翰逊的研究中，75% 的女性有性红晕，但强度和分布类型有个体的差异。性红晕始于兴奋期晚期或平台期早期，在高潮期达到顶点。性红晕出现的部位顺序依次为：上腹部、乳房、前胸壁、下腹部、面部、肩部、大腿前和侧面、臀部、背部。

3）女性在性高潮期中的心理生理变化

（1）以阴蒂为中心向外周呈波浪式扩散的感觉，有下坠或张开的感觉或电击般的强烈感觉。

（2）伴着阴茎抽动，感受到阴道肌收缩的"深，而沉重感"。

（3）在性交过程中，女性能准确地感知到男性伴侣是否射精和达到高潮，而男性只有45%认识到女方达到高潮。所以，有些女性会以男性伴侣完成阴道内射精而获得生理、心理的满足。

（4）一些女性在性高潮时会像男性射精一样，从尿道外口喷射液体。一项实验室研究发现被试的27位女性有10人出现这种"射精"样的喷射现象。有学者认为这可能是压力性尿失禁。但也有学者认为这些液体不同于尿液，可能是Skene腺释放的液体[①]（参阅第四章第一节，一、内生殖器-Skene腺）。

（四）消退期

性高潮之后，随之而来的是消退期，也就是身体从生理上恢复到未性唤起的状态。这时，性能量充分释放，全身肌肉逐步松弛，血管充血逐渐消退。

男性性高潮的性兴奋消退过程较快。男性消退期的最大特点是不应期，即对再给予的任何性刺激均不起反应。不应期的生理意义就是为了恢复体能，以及重新积蓄性能量、补充精子和精液的量。在一次性高潮后，就进入一个持续时间从几分钟到几小时的绝对不应期。不

---

① （美）Spencer A. Rathus, Jeffrey S. Nevid, Lois Fichner-Rathus. 性与生活——走进人类性科学 [M]. 甄宏丽等译. 北京：中国轻工业出版社，2007：114.

应期的长短因个体和年龄而不同，有的年轻人只需要几分钟就能重新勃起，有的人则在数小时后仍不能恢复正常的性反应。男性的不应期可能与射精后分泌的催乳素有关（参阅第二章第二节，四、皮质下性功能调控中枢，2.促性腺激素释放激素和下丘脑-垂体-性腺轴）。

女性消退期的第一个生理变化是乳房肿胀的减轻，由于乳晕很快恢复到未受刺激时的常规状态，乳头重新"出现"挺起，这也可以作为女性发生过性高潮的一个体征。阴蒂在高潮后 10s 左右恢复原来的位置，阴道、子宫陆续恢复到原来的大小或位置。性红晕很快变浅消失。但是，女性没有不应期，即紧接着又给予新的性刺激，能继续激发一次新的性反应周期。

为了研究和治疗，学者人为地将性生理反应周期分为若干阶段。在实际生活中，性唤起是一气呵成直到完成性交媾的。在不同的环境、不同的年龄、不同的个体，性反应周期持续时间的长短和强度存在着极大的差异。性反应的强烈程度常常与性刺激的有效性、个体对性刺激的敏感程度和性反应能力紧密相关。在性反应周期（过程）中，有利于产生正性诱导的性技巧和感情交流方法，都可以促进性反应更加强烈、协调和愉悦。

二、男女两性性反应的特点和差异

（一）男性

1. 目的

男性更倾向将性反应看成是性行为的最终目标，更强调性快感和性交的生理过程。故男生初次性行为主要动机常常是生理的好奇和探秘。

2. 时长

迄今，学者虽然还难以量化性反应过程中的各种数据，但是已经测出男女两性常规性交达到性高潮所需的时间。男性从阴茎进入阴道到射精平均用时 4min。在漫长的远古历史长河中，人类的生存环境极不安全，生存本能要求男性尽快结束性交，随时提防周边猛兽的伤害。所以男性的性交时间的长短有一定的遗传因素的影响。

3. 能量代谢

加拿大魁北克大学研究人员对 21 对年龄为 18~35 岁的已婚夫妇的性爱情况进行了调查。这些夫妇手臂上佩戴运动传感器，该传感器可以测出参试者性爱的时长、消耗能量、皮肤温度变化等数据。结果发现，在性爱过程中，男性每人每次平均消耗能量 104cal（1cal=4.1868J）。与体能运动相比，一次性爱消耗的能量相当于男性跑步 11min，散步 45min；或者相当于 1min 内爬两层楼的楼梯。故男性的性反应周期需要有不应期，以重新蓄积能量，恢复体能。

4. 生理过程

对于男性，性刺激的形式包括女性的体态和表情，以及自我的性幻想。一旦受到有效的性刺激，唤起性欲迅速而强烈，并且尽快进入性活动（如交媾）。男性的性敏感部位集中在外生殖器官，尤其以阴茎头最敏感。性兴奋被唤起的特征是阴茎勃起，性高潮的标志是射精。

在青春期，男性青少年手淫（自慰）常常是最主要的性行为方式。

（二）女性

1. 目的

女性更倾向于将性反应过程看成是爱情、情感交流的愉悦方式，故女生初次性行为主要动机是对伴侣的爱。由此，女性的性欲、性唤起和性反应更易受到情境的影响。

2. 时长

女性如果能够在性反应过程中达到高潮或者得到充分满足和愉悦的话，性行为通常需要 10~11min 的时间。此外，如果要更好地受孕，性行为后女性还需要半小时以上的安静平卧，以利于进入阴道的精子游向子宫输卵管，与卵子结合，而后在子宫着床发育。

3. 能量代谢

理论上，女性每人每次性爱过程平均消耗能量 69cal，比男性少约 1/3。这是女性的性反应周期没有不应期的重要原因之一。

4. 生理过程

女性对触觉和听觉尤为敏感，性刺激的形式有躯体的直接碰触，如拥抱、爱抚、接吻等。唤起性欲过程缓慢，常要求有较长的"前戏"活动。女性的性敏感部位分布广泛，且因人而异，但尤以阴蒂最敏感。性兴奋被唤起的特征是阴道渗出液体。女性对性高潮的主观体验因人而异，不尽相同，但几乎都可觉察到男性伴侣是否射精。女性没有不应期，因此具有不间断地、多次发生性反应的可能性。

在青春期，女性青少年多表现为迷恋、憧憬浪漫的爱情，因此更愿意接受非性交的性表现方式，如亲吻、拥抱、抚摸、手和口的刺激等。对于女性而言，性愉悦满足更少依赖躯体本身的感受，而更依赖与性伴侣的关系和性行为的环境。

总而言之，男女两性的性反应差异源自雌雄异体的有性生殖和人类的生物演化的过程，进而在民族、社会和文化的因素作用下逐渐固定下来。因此，男女两性在性反应上确实有一定程度的不匹配。

第五节　性高潮的生物学机制和意义

性高潮英文为 orgasm。在英语中，orgasm 另一个释义是"极度兴奋"。《牛津英语词典》对性高潮的释义为"兴奋和渴望"。性高潮是由性兴奋激起的反应而引发的一种生理和情绪的紧张体验。生理上为聚集的神经肌肉兴奋性紧张的释放；主观情绪上为大脑的意识感受功能，即在性行为极为高涨时，体验到最强烈、最满意的欣快感。男性达到性高潮的生理体验和标志相当一致，即射精，而女性的性高潮生理体验众说纷纭，个体差异相当大，难有统一的标准。

一、男性的性高潮

（一）性高潮的神经调控

性高潮的过程主要受到神经系统的调控，神经系统的传出通路和传入通路是性高潮产生的生理解剖学基础。下丘脑室旁核的催产素能神经元经过中间神经元，最终投射至脊髓骶段的第 2~4 骶髓节段的副交感神经的外侧核,即"勃起中枢";其传出神经纤维经盆内脏神经到阴茎的海绵体,激发海绵体充血,阴茎勃起。有学者报道,电击雄鼠的室旁核可引起阴茎勃起(Antonio Argiolas, et al. 2005)。随后,一些学者分别向雄鼠的中脑腹侧被盖区、海马下脚腹侧、杏仁核的皮质内侧核和脊髓胸腰段注入催产素,均可引起阴茎勃起[1]。依据这些实验结果,我们可以推测当性兴奋进入高潮期时,下丘脑室旁核的催产素能神经元以催产素作为神经递质投射到腹侧被盖区、海马下脚、杏仁核的皮质内侧核,最终到脊髓的胸腰段的"射精中枢"和骶段的"勃起中枢",经过交感神经胸段的内脏大、小神经和副交感神经骶段的盆内脏神经,经过位于盆腔的下腹下丛,到达盆腔的性生殖器官,引起阴茎勃起和射精,达到性高潮。

(二)性高潮的生理变化

1. 阴茎勃起

下腹下丛的副交感神经纤维与阴部神经的分支组合形成海绵体神经,到达阴茎,激发阴茎的海绵体腔面的内皮细胞产生松弛因子,松弛海绵体平滑肌,促进血流迅速增加和快速充满海绵体的血窦,海绵体随即膨胀充盈,阴茎变硬勃起。同时,坐骨海绵体肌(骨骼肌,由阴部神经的运动神经纤维支配)收缩,助力阴茎变硬勃起。由于阴茎勃起的基础是血流量的增加,因此,阴茎勃起功能障碍不仅仅是性功

---

[1] Melis M R, Argiolas A. Central control of penile erection: a revisitation of the role of oxytocin and its interaction with dopamine and glutamic acid in male rats[J]. Neurosci Biobehav Rev, 2011, 35(3): 939-955.

能的问题，也可以是心血管疾病的并发症，甚至可以作为严重心血管疾病的早期标志。

2. 射精

射精包含两个过程：精液收集和射出。

（1）收集：脊髓胸腰段"射精中枢"的交感神经节前神经元发出信息，触发睾丸和前列腺间质中的平滑肌纤维、输精管道（睾丸的输出小管、附睾、输精管、精囊和射精管）的平滑肌收缩，收集和蓄积精子和精液于尿道前列腺部和输精管壶腹部。同时，尿道内括约肌和尿道外括约肌都处于收缩状态。

（2）射出：阴茎在阴道内抽动频率持续增加和肌收缩强度不断增强，输精管道内压力持续升高，触发脑中枢释放信号，引发尿道外括约肌舒张，尿道内括约肌继续紧紧收缩，精液冲入扩张的尿道球部和尿道海绵体部，球海绵体肌节律性地收缩助力精液经尿道外口喷射。如果阴茎不受阴道阻碍，精液可从尿道外口射出 30~60cm。

3. 肌紧张

在性高潮期，男性出现强烈地、全身肌肉不自主地收缩，手脚痉挛性收缩，全身弓起；面部出现扭曲的表情，有时会有不自主地下腹部抽动。在这一阶段，许多男性会呻吟或大叫。

4. 性高潮和愉悦感中枢神经机制

射精是将男性的基因传递给下一代的最重要一步，产生愉悦感（快感）就能鼓励男性主动付出，挤推射出更多精液，有利于生物物种的演化和繁衍。因此，性高潮的愉悦感被精准地与射精紧密地联系在一起。在男性中，性高潮的愉悦感是由射精所激发的大脑对躯体感觉的一种主观意识，依赖于完整的感觉传导路，包括感受器、脊髓丘脑束、薄束和楔束、内侧丘系和丘脑皮质束等；而射精是脊髓中枢直接控制的反射活动。由于与大脑的联系已被切断，脊髓高位截瘫的患者虽然可以射精，但无性高潮的愉悦感。

射精过程有以下几个阶段：强烈的、节律性的肌紧张刺激肌的深感觉器，其产生的信号经薄束和楔束、内侧丘系到达丘脑，有学者提出，在性兴奋时球海绵体肌不自主地收缩可产生愉悦，而在其他情景中的收缩不产生这种愉悦感[1]，这与大脑的整合功能有关；输精管道平滑肌收缩和精液精子不断增多，使得输精管道内压力不断增高，刺激输精管道黏膜下压力感受器，以及阴茎抽动刺激机械感受器，它们产生的信号经脊髓丘脑束、脊丘系到达丘脑；精液中的各种酶等物质刺激化学感受器，其产生的信号经脊髓丘脑束、脊丘系到达丘脑。以上感觉信息经丘脑处理后，由丘脑皮质束送到大脑皮质中央后回等处整合处理，发出射精指令并同时产生愉悦感。

在使用正电子发射计算机体层扫描（PET）检测男性大脑时，学者发现，在射精时，男性奖赏系统的中脑腹侧被盖区异常活跃，反应强度可以与海洛因引起的成瘾反应相提并论（Holstege G, et al. 2003）。在性高潮期，小脑前叶也高度活跃，参与男性性高潮，一是与姿势位置的平衡有关，二是可能参与情感的协调。相反，皮质下负责警觉的

---

[1] Barry R. Komisaruk, Carlos Beyer-Flores, Beverly Whipple. 性高潮的科学[M]. 胡佩诚等译. 北京：人民卫生出版社, 2008: 14.

杏仁核在射精过程中活跃度下降[①]。

二、女性性高潮的生理学机制

（一）性高潮的神经调控

1. 大脑皮质的高级中枢

在性高潮时，大脑重要的奖赏中枢伏隔核活动增强。同时，健康女性在性高潮后的 1min 内通常会有明显下丘脑室旁核释放的催产素进入血液，这时催产素水平比平时增加 4 倍。催产素作用于乳房乳头、子宫颈，最终汇聚至阴道传入刺激的神经元中，使女性产生性兴奋达到顶峰的感觉。

然而，男女两性在性刺激时脑的反应存在差异。Holstege 观察到在女性阴蒂被抚摸的时候，大脑中负责处理恐惧、焦虑和行为控制的脑区活动减少，如左眶额叶皮质活动明显趋缓，可能与紧张和抑制解除有关；在道德推理和社会判断中发挥显著作用的背内侧前额叶皮质的兴奋度也下降，这一变化可能导致判断和反思暂停。当达到高潮顶峰时，这种情况会极为显著，女性大脑的情绪中心被关闭，从而产生近似昏睡的状态。强化性高潮的自我认知感受及对性伴侣的认同和爱意。

2. 周围神经和刺激的感知

1）感觉传导通路

下腹下丛的神经传导来自阴茎抽动刺激阴道和子宫颈的机械感

[①] 马丁·波特纳. 关闭脑区，达到性高潮[J]. 环球科学，大脑之谜——意识、智力与性爱，2018: 144.

觉，到达脊髓胸段外侧角的交感神经中枢。另一个上行传导通路由迷走神经传递传入信号至孤束核（参阅第四章第二节，四、女性生殖器的感觉通路），经脑干网状结构到下丘脑，继而激活下丘脑的室旁核（Komisaruk B R, et al. 2004）释放催产素，达到性高潮并产生愉悦感；也可经脑干网状结构到岛叶和大脑皮质，获得感知（图5-5-1）。

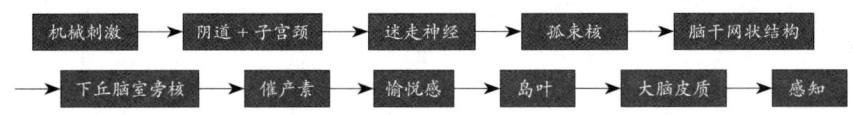

图 5-5-1　阴道和子宫颈刺激的感觉传导通路

2）刺激生殖器的感知

刺激阴蒂、阴道、子宫颈等生殖器官均可产生性高潮，但自我认知感觉不一样。产生不同的感觉，与这些生殖器官存在不同的浅感受器和不同的传导神经有关。

阴道被阴茎抽动的刺激，导致的性兴奋或性高潮被描述为一种笼罩整个身体的"深，很重"的感觉。阴道的机械刺激由盆内脏神经和迷走神经传递。

阴蒂的刺激引起的性兴奋或性高潮更多地被描述为限制在阴蒂周围。阴蒂机械刺激由阴部神经传递，经由躯体浅感觉（痛觉、温度觉和触觉）传导通路进入大脑中央后回（躯体第一感觉中枢），具体见图5-5-2。刺激阴蒂得到的认知感觉具有躯体感觉的特征，尖锐、定位清晰。所以，刺激阴蒂激发的性兴奋或性高潮比交媾时的性高潮更猛烈，但是交媾时的性高潮更容易传遍全身。由于阴蒂引发的认知感

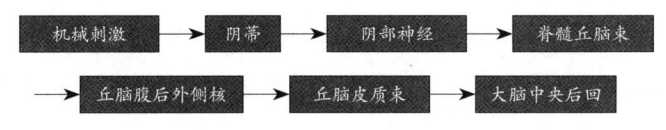

图 5-5-2　阴蒂刺激的感觉传导通路

觉属于躯体感觉性质，所以刺激阴蒂的手法应当柔和，切勿粗暴，以免引起女性疼痛。

有女性描述产生于子宫颈刺激引起的性兴奋或性高潮，感觉仿佛是"一群撒落的繁星"。子宫颈的机械刺激由下腹下丛和迷走神经往上传递到大脑。刺激子宫颈和阴道内上段引发的感觉信息，由内脏感觉传导通路输入大脑皮质。因此，这类认知感觉具有内脏感觉的特点：钝性、厚重和定位模糊。

联合刺激这 3 个部位则会产生包含所有类型在内的性高潮，这也就是一种"综合的"性高潮。由于阴道和子宫颈的机械刺激经迷走神经到孤束核，继而再传入大脑，所以脊髓损伤的女性患者刺激阴道仍能引发性兴奋。

3）催产素的作用

催产素在脊髓中起着神经递质的作用，激活脊髓胸段外侧核的交感神经中枢的催产素受体，信息经胸交感干到达眼球壁的瞳孔开大肌，使瞳孔开大。女性阴道自身刺激产生性兴奋或性高潮时，这种瞳孔开大是非常明显的反应（Beverly Whipple, et al. 1992）。因此，瞳孔开大可以作为人类很强的性唤起和性兴趣的指征。此外，在性兴奋或性高潮阶段，肛门和骨盆肌肉收缩减弱；而在催产素的作用下，增强子宫蠕动收缩，子宫腔形成负压，可以"吸吮"精子。同时，阴道肌强力收缩，也协助将精液精子挤入子宫，进而促使精液精子最终经过子宫腔向输卵管传送，以达到受精目的。

（二）生殖器官和躯体的生理反应

有学者认为，生殖器官的收缩是女性性高潮开始的标志。在平台期末、性高潮释放时，会阴的耻骨尾骨肌和阴道外1/3肌层出现强有力、节律性的收缩，频率达3~15次。前3~6次间隔约0.8s。收缩越来越激烈，使得男女双方强烈地感受到阴道犹如手掌，紧紧握着抽动的阴茎。同时，从子宫底向子宫颈兴起节律性的收缩，常常可伴有2~5次的肛门外括约肌的不自主收缩，增强了女性性兴奋或性高潮的强烈感。在这一时间里，全身可发生无意识的抽搐性肌肉运动，许多女性会产生腹部、背部和大腿肌肉强劲的收缩，并伴有骨盆不自主的颤动。

性高潮时，女性的血压和心率几乎达到她们日常休息时的两倍。此时身体的血流速度增加，提供给肌肉和其他器官更多的氧和营养，并提高代谢活力。性高潮时还有明显的痛阈降低，可降到休息时的一半。但此时对感觉的感受性并未下降，反而有所提高。例如，虽然剧烈的肌肉运动可能导致轻微磕碰伤和抓伤而不被感觉，但舌尖上的一根头发丝也会让人明显地感到不适。事实表明性高潮或性兴奋高涨时不同的刺激（痛觉和触觉）可引发极为不同的感知。对疼痛的不敏感可以使女性更容易接受男性伴侣激烈的躯体运动和阴茎插入，进而反射性地增强子宫收缩，推动精子被吸纳进子宫。

三、性高潮的生物学意义

（一）生殖生物学的意义

毫无疑问，在生殖生物学中男性性高潮的生物学目的就是为了收集精子。然而，女性在演化生物学中，性高潮这种反应最早可追溯到1.5亿年前，当时哺乳动物的目的是为了排出卵子，让其在性行为结束后受精[1]，古老的哺乳动物祖先依赖与雄性交配来激发排卵。这种生物演化过程的安排，对于在自然环境中处于独居、很少遇见雄性的雌性哺乳动物来说是必需的。它帮助雌性哺乳动物最大限度地利用每次交配的机会完成繁衍后代的任务。迄今仍然有部分雌性哺乳动物需要依靠性交的刺激，大量分泌性激素来完成排卵，例如兔子和骆驼。

然而，在生物演化过程中，有一部分哺乳动物包括灵长类动物，选择以群居的形式生活。这样，雌性有了与雄性频繁接触和性交的机会，性高潮作为排卵的作用就不那么重要了。于是，演化出一种新机制：无需依靠性交来刺激排卵，而是按照周期性的规律排卵。人类（智人）也具备这种周期性自发排卵的功能，女性每个月排一次卵。这样，虽然在男女交媾过程中，女性仍出现性高潮——表现为子宫和阴道收缩，但其意义只是促使精子向输卵管移动与卵子结合，促进受精怀孕。这时性高潮已经不具有生物学上的必要性意义，仅作为演化过程中保留下来的功能。但是，女性具备准确地感知男性伴侣射精和高潮的发生。

---

[1] Pavličev M, Wagner G. The Evolutionary Origin of Female Orgasm [J]. J Exp Zool B Mol Dev Evol, 2016, 326(6): 326-337.

（二）完成生殖任务

女性和男性都能从性高潮中得到快乐。性高潮所产生的愉悦感帮助男女两性增强性交的欲望，最终完成生殖任务：男性完成向女性输送精子，女性完成接受精子，从而可能发生受精而生育后代。

（三）选择心仪的伴侣

女性在性高潮时的肌肉收缩、舒张、躯体移动、发出声音等明显的行为刺激（男性也有类似动作）和性交过程往往伴有性吸引的强烈渴望、对爱侣依恋的感受，这些在男性选择女性作为伴侣时是较为重要的因素。同样，也是女性选择男性作为配偶的因素。

四、女性性高潮

（一）可能的生理标志

性高潮是性兴奋过程爆发式的反应顶点。文献资料显示，女性性高潮在生理表达上个体差异相当大，心理表达上不同个体对性高潮有不同的体验，甚至有的女性单纯依靠性幻想就可达到性高潮或性满足。生殖器的性刺激反射性地引起肌紧张（包括骨骼肌如骨盆会阴肌、四肢躯干肌和平滑肌如阴道上部的肌层和子宫肌层等），强化了性兴奋的感觉，促进性愉悦感逐步增强。肌紧张或肌收缩的感觉经神经传导路进入大脑，经过大脑的整合处理后，才被个体感受，于是意识到性高潮发生了。有学者认为，女性的性高潮生理指标主要是强烈的肌紧张：全身肌强直、手足肌痉挛、臀部和腹部肌收缩，以及面部表情扭曲等；女性的性高潮主观感受是迅速的、强烈的快感和释放快感。

（二）女性心理的性满足感与男性射精的同步性

男性肌紧张的结果是射精，随后肌松弛，所以男性的性高潮有明显的、单一的临界标志——射精；而女性的"性高潮"无论是生理还是心理都没有这样一个临界的标志。根据马斯特斯和约翰逊的研究结果可知，女性对性高潮表达的主观判定及其同时发生的性高潮初始痉挛与男性射精过程具有平行性，即男性在肌紧张达到巅峰、急促地在阴道里抽动阴茎及精液在射出前，产生射精是不可避免的心理感觉，而这可能与女性对自己性高潮发动的主观判断是相对应的。

从生殖生物学角度来看，在男性的性高潮期间，女性自动地激发与男性同步的一系列肌紧张动作，就是为了从生理心理上促进双方更多地进行交媾，由此达到获得精子的目的。因而，女性具有精确地感知男性伴侣是否已经射精的功能。大多数成年女性表述，在性交过程中由此得到心理生理的满足。

（三）认识女性性高潮

对于女性的性高潮认识，可以归纳为以下几点。

（1）女性在性活动过程中不必刻意地追求所谓的"性高潮"模式，只要在性活动过程身心得到满足和愉悦即可。从生殖生物学角度出发，一次性交活动能够得到男性伴侣的射精，即可获得身心愉悦和性满足。有时男性伴侣可能会揣测女方还未到达高潮，而有意在即将射精时放慢阴茎抽动速度和减小幅度。其实，在交媾过程的平台期末，性高潮释放，男女双方相关的肌群收缩越来越激烈，这时若减弱性刺激将使女性伴侣的性反应迅速降低，难以达到性满足和性愉悦。故唯有不断加速、持续增强刺激，才能使女性达到极点愉悦的境界（性高潮）。

（2）女性的性高潮感受个体差异很大。它是一种说不清道不明的感觉。实际上，女性并没有那么在乎性高潮，但她们需要愉悦感。美国《男性健康》杂志对 3289 名女性进行了调查，75% 的女性说只要性生活中有快感，没有高潮也可以。绝大多数性满足的女性将获得快感当成目标，这既包括躯体上的也包含心理上的。所以，在性交过程中，应当使女性伴侣放松，心理上愉快，身体上也随之就会获得愉悦感。

（3）除了阴茎-阴道的抽动外，在平台期或高潮期初始给阴蒂以额外的刺激，可提高性交媾过程的愉悦感。依据专家学者的研究发现，客观记录和主观报告中最大限度的性高潮生理反应强度，都是通过自我调节的手淫（或机械方法）及来自性伴侣的刺激达到。

五、性高潮的愉悦和疼痛

从性兴奋到性高潮的过程中，学者们观察到一种有趣的现象，性高潮或性兴奋极度时的面部表情（尤其是女性）与忍受痛苦时的面部表情非常相似，而不是表现出高兴欢愉的面容。

1. 性快感不是简单的高兴和快乐

首先，快乐、高兴等正性情绪与痛苦、恐惧等负性情绪相比要复杂得多。科学家已经成功地建立疼痛和恐惧的动物实验模型，但是迄今仍然没有一个稳定而持续快乐的动物模型。其次，正性情绪的产生和评定依然非常复杂，一般事件引起的高兴、愉快（例如，听到一个幽默产生的快乐）与性活动中获得的愉悦感，在人们的主观体验中是完全不一样的。

2. 相关的神经中枢脑区

1）前扣带回

前扣带回是指扣带回的腹侧半，属于额叶的部分（图 2-2-1）。前扣带回为大脑皮质调控内脏运动和情绪的高级中枢，整合产生情感反应，是大脑皮质产生痛苦感觉的核心脑区。当受到痛觉刺激时，前扣带回会产生痛觉情绪，但不对痛觉定位。同时，前扣带回也对性兴奋和性高潮的产生起着中心作用，在大脑皮质水平产生性高潮的愉悦感。因此，前扣带回的调度作用是疼痛和愉悦的基础。尤其女性在性高潮时，前扣带回会兴奋。总之，无论是痛觉刺激还是性高潮激发的情绪表现，都是由同一大脑脑区产生的情绪反应。

2）岛叶

岛叶位于大脑外侧裂颞叶的深面（图 2-1-2），是大脑边缘系统的重要结构。在性高潮中，岛叶皮质的兴奋帮助和介导愉悦的认知感觉。同时，岛叶参与痛与痛相关情绪的信息传递与调控。

3）中脑腹侧被盖区

中脑腹侧被盖区是脑内多巴胺能神经元聚集的主要核团，接受来自前额皮质和边缘系统的神经投射，并深度参与奖赏和成瘾机制。在交媾过程中多巴胺传递增强。有研究表明中脑腹侧被盖区也参与调控负性情绪：在急性疼痛刺激后，引起中脑腹侧被盖区多巴胺能神经元活性降低；但是，在疼痛缓解时，会提高大脑多巴胺水平[1]。

---

[1] Lammel S, Yang H, Jong J W, et al. Pain modulates neurons via a spinal-parabrachial-mesencephalic circuit [J]. Nature Neuroscience, 2021, 24(10): 1402-1413.

3. 相关的神经传导路

1）躯体浅感觉传导路

疼痛和引发性高潮的信息可由脊髓丘脑束经脊髓、脑干、丘脑投射到大脑皮质。疼痛和性高潮强烈的感觉冲动应当通过这些躯体浅感觉的传导路，经大脑整合调控，再兴奋刺激脑干与头面部运动相关的脑神经核，尤其是面神经核。面神经核运动面肌（表情肌），产生表情。

2）内脏感觉传导路

在女性的性高潮或性兴奋时，抽插刺激阴道和子宫颈引发的感觉信息与腹盆部内脏痛觉传导路有部分重叠，都经过迷走神经到孤束核上传至岛叶皮质。这条传导路表达的认知感觉呈现内脏感觉的特点，故女性在性高潮或极度性兴奋时面部表情的变化比男性来得猛烈。虽然，男性盆腔输精管道的收缩也可激发一定的感知，但毕竟较女性的子宫颈阴道的机械刺激弱了许多。

4. 未解的疑问

纵然在性高潮或性兴奋极度时与忍受痛苦时的面部表情非常相似，且有以上神经生理解剖学的基础，却仍然存在着这样一个尖锐的问题：在性高潮时，尤其是女性还有明显的痛阈降低，可是为什么面部还是呈现痛苦的而不是愉悦的表情？这种面部表情与心理感受呈现矛盾对立的现象，对于人类的生物演化有何种意义？这是有待揭示的未解疑问和生物学之谜。

第六章

交互性行为和单独性行为

生物学上的性行为是指以生育繁殖为目的的一系列男女（雌雄）两性的性活动。当今，人类的性行为除了最基本的生殖目的之外，还扩展到以获得性满足和性快感为目标的性活动。

第一节　性行为的表现形式

当今，由于人类的生存环境得到前所未有的改善，以生殖为目标的性行为，在高频率的性行为中占比较低。因此，从广义上，性行为包括男女两性之间和类似于两性的所有性爱活动，或通过性行为的表达满足各种情感、精神和社会的需要。

一、性行为的分类

我国学者将性行为依不同观点和方法进行分类，具体如下。

（1）依据有无性伴侣对象分为：自身性行为，如自我手淫、意淫、性幻想、代用性器械等；社会性行为，以人为对象的性行为。

（2）依据价值观对性行为的判断分为：正常的性行为，指社会文化和传统习俗认可的性行为,也就是性对象要求是成年异性、自愿和无伤害的性行为;异常的性行为,如变异的及有害健康和违反社会道德的性行为。

(3)依据满足性欲的程度分为:边缘性性行为,指在日常生活中介于性行为和非性行为之间的异性情感交流,如用文字表达的爱慕和思念、赠送礼物借以表达牵挂和爱慕、眉目传情和暗送秋波等表现;过程性性行为,指有明确导向、目的性性行为,或围绕实现目的性行为的动作,如拥抱、接吻、抚摸等;目的性性行为,指能够达到性满足的性交,或相当于完成性交的行为(如手淫、代用性器械等),也可称为实质性性行为[①]。

二、性行为的频率

2004年,中国性学会性医学专业委员会和中华医学会男科学分会在新浪网上做"中国男性性调查"问卷,答卷者的平均性生活频数为每月6.48次。2020年北京大学社会学系于嘉和复旦大学人口研究所等学者的"中国人私生活质量调查"报告,1980年前出生的男性教育程度与性生活频率呈正相关。学历与性生活频率的关系却在"80后"与"90后"男性中发生逆转。"80后"男性每周有3~6次性生活的比例在初中或以下学历的群体中是31.4%,远高于研究生学历群体的10.4%。在1990~2002年出生的男性中,43.8%的初中或以下学历的男性每周至少有1~2次性生活,而超过一半有研究生学历的人每月性生活少于

---

① 安崇辰. 中国女性医学[M]. 北京:中国中医药出版社,2006:63.

1次。相比之下，在女性中，他们并未观察到教育与性频率间明显的关系。然而，具有研究生学历的女性似乎性生活频率更低；1980年以前出生的有23.9%在过去一年中没有性生活，"80后"中有约1/3女性每个月的性生活少于1次。[1]

在临床上，常用"性爱频率公式"评估一个人的性活动（俗称性生活，包括交媾行为）频次。性爱频率为年龄的十位数和9的乘积，乘积的个位数即是30天内性活动的次数；例如40余岁的男性，4与9的乘积为36，那么30天内可有6次性活动，大约每5天1次。这数值体现的是个体心理生理和身体健康的最理想状况。但是，这是依据欧美人的生理和习惯研究确定的，所以国人应依据自己的生理健康和生活作息情况，以此作为参考确定适当的性交频次。

三、交互性行为的体位和生物学意义

性交媾或称性交是指阴茎插入阴道，双方臀部移动促使阴茎在阴道内抽插的性行为。根据美国资料，阴道性交仍然是各年龄组男女两性最喜欢的交互性行为方式。研究者惊讶地发现，位居第二位的男女两性喜欢的交互性行为方式竟是观看伴侣脱衣，且这对男性的吸引力大于女性[2]。当今，由于性交活动的目的较少是为了生殖，更多是为了联络情感或愉悦，由此产生多种多样的性交体位和方式，以便增加性交过程中的新鲜感、兴奋性和愉悦性。

---

[1] Jia Yu. Sexuality in China: A review and new finding [J]. Chinse Journal of Sociology, 2022, 8(3): 293-329.
[2] （美）格雷·F·凯利. 性心理学[M]. 8版. 耿文秀等译. 上海：上海人民出版社，2011：368.

除了人类以外的哺乳动物的交配行为，主要表现为雄性主动爬背，雌性以曲背、撅臀和扭尾的姿势接受雄性的交配动作。人类身体直立，故交媾的体位基本上与其他哺乳动物不一样。再者，由于男女身体构造不同，他们在体位偏好上也各不相同。不论使用哪一种性交体位，都必须调整好生殖器位置，使阴茎正好被阴道接纳。总的来说，常见的体位有：男上位、女上位、侧卧位、后进位这4类。

1. 男上位

男上位是指女性仰卧，男性在上面的性交体位。男上位也称为男性优势体位，我国古称龙翻。在这种体位下，勃起的阴茎与阴道间的角度最符合解剖学的要求。在生理上，男上位有利于射精后，精子游走在女性生殖管道与卵子结合，更易于使女性受孕。此外，男上位是罗马天主教教会推崇的性交体位，所以也被称为"传教士体位"。

从生理上来说，在男上位时，女性伸直双腿，并拢双脚，肌肉收缩夹紧大腿，可以更好地刺激身体的敏感部位；女性可以在腰背部垫个枕头，既可以改变骨盆的角度，又可以预防腰背部的疲劳；或抬起下肢，缠绕在男性的腰部或搭在肩上，改变女性骨盆的倾斜度，增强女性快感。

总之，男上位对男性有强烈的刺激性，可以缩短交媾时间，不足之处是容易让男性感到疲劳。此外，这个体位交媾时双方面对面便于接吻、抚摸，能有更多的情感交流，不足之处是女性对于整个交媾过程完全处于被动状态。

2. 女上位

女上位（男下位）是指男性仰卧而女性在上面的性交体位。多数女性喜欢女上位，因为她们更容易控制性交运动，有驾驭男性的征服感，也称女性优势体位。具体方法：女性伴侣可以向后倾斜躯干，将手放在床面上作为支撑，使阴茎最大碰触阴道前壁，同时，尽量地朝前、后、左、右运动躯干。此外，女性伴侣也可以向前倾斜躯干，下肢伸直或分开（类似于男上位），俯卧在男性伴侣躯体上。采用这种姿势，女性伴侣可以自主控制骨盆和臀部的活动。

从生理上来说，与男上位相比较，女上位可以使性伴侣双方获得更多的刺激，男性双手也可以给予女性更多爱抚，因此女性可能更容易从中获得快感，而且性行为可以持续更长的时间。不足之处有：男性仰卧，阴茎头朝上，精液可能会从避孕套中流出；需要女性伴侣更主动、做更多的动作；由于女性重量的关系，可能引起阴茎白膜破裂，临床上并不少见，多数由于方向和用力不当，导致女性的体重挫断坚挺的阴茎，或阴茎从阴道滑出顶到耻骨所致。

3. 侧卧位

侧卧位又称为侧入式，男方侧卧贴着女方的正面或背面的性交体位。两种基本的侧卧位为面对面和面对背，它们均有利身体的完全接触，而且可让手自由地抚摸彼此身体的大部分。侧入式能很好地延长性交时间，也经常被用于治疗一些性功能障碍疾病。面对面侧卧位优点是没有躯体负重感，双方可以相互注视和亲吻，更容易抚摸彼此。不足之处有：两人并排躺着，阴茎插入阴道比较困难；两人肢体互相压在对方的躯体下面，时间长会因为血流受阻而麻木，需要不时改变或调整姿势；有时阴茎较难保持在阴道内，交媾时女性感受不到阴蒂带来的足够刺激。

4. 后进位

后进位（背交式）是指男性正面向着女性的背部的性交体位。除了人类以外，所有的哺乳动物的交媾都是这一姿势。具体方法：女性伴侣跪姿或卧姿背对男性，可以用双手或双肘部支撑自己，或上半身趴在床面处于膝胸位。部分男性和女性喜欢后进位，据推测这可能和这个姿势更能激起潜在的动物本能有关。后进位的不足之处是：双方无法面对面交流；可能会使阴茎插入不完全或是使阴茎不时从阴道中脱出；阴茎不能对阴蒂形成足够的刺激。男性伴侣可以通过用手抚摸弥补一部分不足。

后进位还具有临床应用的意义，其有助于子宫后倾的女性怀孕。妇科医生建议这些女性性行为结束后，再保持膝胸位 20min，以促进精液与子宫口充分接触。

5. 小结

在当今，人类的性行为不再是仅限于繁衍后代的生理需要，更多的是身心需求和各类精神满足等社会人文学意义上的需要。从生理角度来说，在性交时无论采取哪种体位，男性伴侣的阴茎抽动都不应是直来直往的直线运动，而应当是弧形的或圆形的。除了体位姿势变化外，阴茎插入的深度和抽插（即阴茎的一进一出的动作）节奏的变化，以及附加的性刺激，都会影响和提高性交媾的愉悦感。

需要指出的是，每个人的身体构造不同，性器官形态也有差异，被唤起性欲的方式也不同，上述不同体位并不能概括全部的情况，其优缺点也因人而异，并不存在绝对正确的观点。总而言之，在性行为中，双方充分沟通和信任才是提升性行为满意程度最好的方法。

第二节　单独性行为

单独性行为是指性活动方式不需要性伴侣，或者说一般不用在有性伴侣的情况下独自完成，包括手淫（自慰）、性幻想、性梦、色情材料等。

一、手淫

手淫（自慰）就是用手抚弄或用其他用具（假体）有节奏地刺激自己的生殖器官，达到性高潮，满足性欲的行为，男女两性都有。女性手淫大多通过刺激阴蒂和小阴唇，或向阴道插入物体（手指、假阴茎，或类似的形状物）来实现。

手淫是一种广泛的性行为：在调查中，95%男性和71%女性承认有过手淫。25~35岁被调查者的手淫比例最高，离异和单身群体的手淫比例也较高。男性手淫开始的年龄要比女性早，大多始于12岁左右，女性大约在25岁后，但近年来，女性首次手淫的年龄提前了。男女两性教育程度越高，手淫频率越高。最后研究显示，对男性而言，手淫是一种对阴道性交的替代；而对女性来说，手淫只是她们总体性满足的一部分[①]。虽然很多男性在手淫中经历了第一次射精及性快感和性高潮，但是手淫的频率具有高度的个性化，有的成年人每天都手淫，有的一年一次，有的从不手淫。

1. 手淫的形式

男性手淫基本上是用手或其他物体摩擦刺激阴茎。也有人尝试把异物插入尿道，但尿道腔面的黏膜滑嫩，插入异物容易造成尿道损伤引起感染。女性手淫的方式较男性多些，包括刺激整个阴阜部位、摩擦阴蒂、刺激阴蒂头和小阴唇、用手指或适当的棒状物插入阴道内摩擦、刺激胸部和乳头等。

多数男女两性在手淫时都伴有性幻想。女性手淫频率远低于男性，可能有以下原因：解剖学方面，阴茎位置明显容易触及，阴蒂等外阴位置较隐蔽，相对不容易触到；生理学方面，阴茎勃起迅速，易于获得性快感，女性外阴生殖器的刺激引起性兴奋、获得性快感的过程较慢；心理学方面，男性更希望集中于性唤起等，女性更希望在性活动过程中有情感的表达。

2. 对手淫的不同认识

在基督教传统里，手淫被严格地宣告为有罪。1976年罗马教廷在《性道德宣言》中宣称，手淫是根本上的、严重的错乱行为。1993年教皇约翰·保罗二世重申，手淫是不道德的行为。18~19世纪西方医学认为手淫有害健康，可能造成脊髓痨、贫血病、神经衰弱等。在我

[①] （美）凯莉·威尔奇. 性[M]. 富晓星等译. 北京：中国人民大学出版社，2014：132-233.

国,民间一直认为精液是"天地之精气",有"一滴精,十滴血"之说,认为手淫和遗精可以使人精力耗竭。当今,在以欧美为主导的性价值观认为,手淫是人类的一种正常的生理活动,是为了缓解因性紧张的积累而引起的不安和躁动的一种自慰方式;进而认为手淫是对性器官的有益刺激,是一种自身、合理的性宣泄手段;甚至指出从医学角度来看,根本就没有过度手淫的说法[1]。

3. 手淫对生理心理的影响

虽然通过手淫可以像交媾一样达到生理学意义上的性高潮,但是手淫是释放内心积聚的性冲动能量,获得缓解性冲动的感受,实际上缺乏对性伴侣依恋的甜蜜的心理体验。过度的手淫对人的身心健康确实有不良的影响和作用。只是"过度"的阈值难以界定,因人而异。

1)对心理的影响

虽然手淫和交媾的反应过程和后果是相似的,都是以性驱动力得到释放而满足,但是两者所引起的心理影响并不相同。手淫常在性幻想后发生,交媾则是在与异性相互爱抚后产生,所以交媾后多会有惬意感;手淫使自己沉浸在美好的梦幻之中,而后会有孤独感。

2)对生理的影响

对男性而言,手淫是对性交的替代;对女性而言,手淫只是她们总体性满足的一部分。适当的手淫是一种正常的生理现象,是不可避

---

[1] (美)格雷·F·凯利. 性心理学[M]. 8版. 耿文秀等译. 上海:上海人民出版社,2011:17,365.

免的。但是像暴饮暴食会造成消化不良和运动过度使肌肉劳损一样，过度手淫也有害于身心健康。手淫过度包括3个方面：频率，一般而言，对于年轻人（包括男女两性）手淫超过一周一次就属于过于频繁或过度；强度，力度过强或刺激的手淫方式也不可取；假体，同样不适当地或过多地使用性工具（假体）也不可取。

过度手淫应属于一种心理障碍，会严重影响身体健康；对生殖器官伤害更为严重，可能导致阴茎勃起和射精障碍、阴道渗出减少等；过度手淫还可能大幅度地提高性兴奋阈值，造成性冷淡或使正常性交无法得到性满足等。

3) 避免极端的手淫行为

在性和性行为去医学化、去生物学化的价值观的驱动下，对手淫的认识从一个极端走到另一个极端，即从手淫有害论到今日的手淫无害论也是种误导。由于受到网络自媒体等不健康的视频节目影响，众多不利于健康的手淫方式在青少年和成年人中传播。例如，有些男性会用笔杆、发夹、塑料丝或铁丝等异物插入尿道，以获得快感。这种行为往往会造成泌尿系统异物损伤尿道黏膜，引发尿路感染，出现尿频、尿急、尿痛、血尿等，而异物在体内未能取出或停留时间较长的可成为结石的核心，最后形成泌尿系统结石。此外，女性有用水果、蔬菜等异物塞入阴道的行为，当体内异物较大无法自行取出时，时间久了会因为损伤出现炎症导致化脓，还可能会伴有阴道出血或疼痛。

二、性幻想

1. 形式

性幻想是一种在清醒或似睡非睡状态下，通过思维活动想象自己与异性发生性行为，从而导致情绪上的相应反应、生理上的性兴奋。性幻想普遍存在，从青少年一直到老年都存在。但是随着年龄的增长，发生性幻想的频率不断下降。性幻想是达到性刺激最有力的途径之一。性幻想可以单独存在，也可以伴随手淫或性交时发生。男性比女性的性幻想频率更高。

2. 内容

性幻想的内容可以是现实生活中存在的真人真事，也可以是离奇古怪的情节。几乎所有人总会存在着不同程度、内容广泛的有关性场面和性活动的幻想。不同的人有不同的想象力水平，用很个性化的方式来提高性刺激和达到性满足。在人的意识中普遍存在动情的想象、美好的性经历回忆和期望。

男女两性性幻想的内容既有相似，又有不同。男性的性幻想内容主要是身体接触，倾向于将他人视作自己的性欲对象，也就是性的接受者，倾向于行动和结果。女性的性幻想内容主要是情感联系，倾向将自己视为幻想中的性行为的接受者，或幻想与先前的性伴侣做爱。但是，有趣的是不论男女，当独自一个人的时候，都倾向于将自己的伴侣作为性幻想的对象；而当他们和自己通常的伴侣做爱时，却幻想着与其他人做爱。绝大多数性幻想仅仅是想想而已，根本不会付诸实践。

3. 机制及认识

性幻想的基础是性吸引，通过联想性爱对象的性特征而进行。性幻想发生的频率和内容的多样性可以是评价性欲的指标之一。越容易产生性幻想的人一般性活动频率越高，对自己的性生活也相对比较满意。从生理学和心理学上评估性幻想都是健康的，并不是思想不健康或道德品格低下，而是个体性能量活跃不可避免的结果，它是一种性感觉宣泄的途径，没有明显的副作用和对身心的伤害。性幻想只要不过度发生，就不用担心。

三、性梦

性梦是指与性活动、性爱刺激、性信号或性关系有关联的梦境。梦者醒后可以回忆起梦的内容。在性梦中，尤其是年轻的男性可出现遗精，女性可出现性兴奋等。性梦多见于年轻男性，随着年龄的增长，频率不断下降。

心理学家认为，性梦代表一个人最原始的性欲望的"本我"。平时，主宰是非判断的"自我"和主宰道德判断的"超我"，会压抑着本能的性欲。性梦是人类一种无意识或潜意识的性心理活动，是本能性自慰的一种形式，是人体自身调整紧张力的一种心理防御功能，属于人们健康、普遍、常见的自身性行为之一。性梦多、含糊，说明性欲不能通过其他途径宣泄，表明性被抑制得过于强烈；反之，性梦清晰、明确，说明压抑少，性欲能得到充分释放（可以通过生理心理等途径）。

第三节　异常性行为

　　异常是指与正常相对而言。异常的性行为是指社会多数成员不可接受的，对健康有害的，伤害他人的性行为。异常的性行为在心理学和精神病学上（默沙东诊疗手册）称为性变态（paraphilia）。异常的性行为是指周期性发生强烈的性欲望，性行为明显地偏离正常，以非生命物体、儿童或未同意的成人为对象，或由自己、伴侣的受虐或施虐而引发的频繁、强烈的性幻想或性行为；远远超过对正常男女两性性生活的追求，并以此作为性兴奋和性满足的主要或唯一的性活动方式。异常性行为（性偏好障碍）给异常性行为者造成了痛苦，或妨碍了其社会功能，或伤及他人或可能伤及他人；可引起行为者的社会适应、职业和其他重要功能领域在临床意义上的痛苦。除了受虐癖、恋兽癖外，大多数异常的性行为都会使指向的性对象受到侮辱、侵犯或伤害。恋物癖等为了得到他们的"恋物"，常犯有违法违规的盗窃行为。这些异常的行为常常都会触犯法律。性偏好障碍者常常伴有心理障碍、焦虑、物质滥用等。

　　异常性行为有以下特点：排斥正常的男女性生活，对偏好的追求远远超过正常的性生活，如恋物癖的恋物行为；性偏好异常强烈，性偏好者将过多的时间和精力投入在对特定刺激体的追求和性满足上，甚至不择手段、不顾后果，以致违反道德和法律，如恋童癖；追求性满足的行为频繁且持久。

　　迄今为止，还没有一种理论假说能够解释所有异常性行为的发生机制。但是，在界定性行为的"正常"和"异常"的涵义时，每个人都会受到社会学的文化习俗、宗教信仰等深刻的影响，"正常"和"异常"往往只反映了特定的历史时期和文化背景下习惯性的性行为。当行为者出现这方面行为，又在精神上深为之困扰时，应当及时向精神心理医生求医诊治，以得到纠正。

异常的性行为（性偏好障碍）多见于男性。依据文献资料分析（Okami P, et al. 2001），就男性整体而言更有可能实施非典型的性行为，更会偏离既有的社会性行为规则和标准。然而就个体而言，随着时间的推移，男性更可能习惯性地保持相对固定的一套性行为，而女性会有更大的性欲和性行为可塑性，会尝试更多样的性行为。

虽然异常性行为是一种病态行为，但是异常性行为并非精神病，而是一种人格的异常。异常性行为表现在性行为上与众不同，背离社会的风俗习惯，违反法律法规的相关条文规定。具有异常性行为的人能认识到他们非正常性行为的危害性，承认他们的行为被人们厌恶，是社会不能容忍的。异常性行为者不是控制不了自己的行为，而是难以控制自己的行为；仅仅是控制自己行为的能力减弱，但并没有丧失。

异常性行为者大脑功能基本正常，可以做到一定程度的调控。异常性行为者的性活动想法驱动着行为实施，努力地去达到目标，直到能满足欲望为止。在异常性行为中，异常性行为者的思路自始至终是清晰的。同时，异常性行为者除了在取得性满足的方式上偏离正常之外，在情感、理智、智能等方面都没有异常的表现。所以，异常性行为不完全属于精神病。

根据《中华人民共和国刑法》规定："精神病人在不能辨认或者不能控制自己行为的时候造成危害结果，经法定程序鉴定确定的，不负刑事责任……尚未完全丧失辨认或者控制自己行为能力的精神病人犯罪的，应当负刑事责任，但是可以从轻或者减轻处罚。"我国大多数从事精神鉴定的精神病学家都认为异常性行为者具有完全的责任能力[1]。

一、性虐待癖

1. 定义和表现

性虐待癖是指性行为者通过虐待性伴侣或让性伴侣虐待自己造成痛苦，从而获得性愉悦的行为。在健康的性关系中，性活动时常可见到一定程度的性虐待，如用条带捆绑，对性伴侣轻度打击。但是，性伴侣双方都能良好地适应这种性行为，通常不视为性虐待。性虐待癖多见于男性，主要有两种：性受虐癖（sexual masochism）是一种通过他人（性伴侣）使自己受到屈辱、鞭打、捆绑或其他虐待方式而获得性兴奋和性快感的现象。性施虐障碍（sexual sadism disorder）又称性施虐癖，是一种通过对性伴侣施以躯体或心理上的痛苦或折磨以获得性兴奋和性快感的现象。

性虐待癖的特点是具有持久的、强烈的性欲望和性幻想，通过对自己或他人施加肉体或精神上的痛苦，获得性兴奋和性满足。他们期待实现这种欲望，同时又深受其困扰。性虐待的方式随着社会的发展而不断地改变，从游戏式的捆绑、抓咬、鞭挞，到伤害性的拷打、导

---

[1] 马晓年. 性医学 [M]. 北京：现代人民军医出版社，2004：726.

致窒息的行为，乃至于杀人等，性虐待行为的伤害性和危害程度跨度相当大。大多数性虐待癖者是与知情同意的伴侣互动，参与者都知道这仅是一种游戏，所以会控制自己的行为而避免受伤。如果向未同意的伴侣实施这些行为，性施虐可被认为是一种犯罪，且可能一直持续至施虐者被逮捕为止。异性恋者和同性恋者都可有性虐待癖。在性虐待中，两性都较少有施虐癖者，尤其是缺乏女性施虐者。

性虐待癖者并不把性虐待行为当作残酷的暴力，恰恰相反，他们认为这些举止满富情感，会给性伴侣带来喜悦和欢乐。性虐待给人带来的性快感不完全等同于常规性行为，性高潮在性虐待中处于比较边缘化的位置；而表现出的权利（支配力）和懦弱无能，是等级暴力给出相应可恋物（如异性的内衣、唾液等）所激起的兴奋度。在性虐待过程中，对歧视和被歧视、压倒他人和被他人压倒、施加暴力和遭受暴力等的性幻想，能让性虐待癖者进入生理心理特有的陶醉感和恍惚状态，这种状态也被称为"脑中的性高潮"。

2. 机制及认识

施虐可能是一种强迫障碍，而受虐可能是一种人格障碍。有学者认为，性虐待癖是精神不成熟和退化的表现。除人类外的低等动物，当雌雄交配时常表现出各种施虐或受虐行为，如公鸡在交配时咬住母鸡头顶上的羽毛等。性虐待癖的根源可明显地追溯到他们在儿童时期的施虐或受虐。施虐者在童年大多遭受过较严重的躯体虐待或性虐待，受虐者在童年大多遭受过躯体虐待引起的精神创伤。有心理学家认为受虐癖是由逃避自我意识愿望的驱使，也就是从自我意识中走出来。

因为男性面临着自主、独立和个人成就的重重压力，所以男性角色特别沉重，而受虐待的行为帮助他们从角色责任中逃脱出来。这就解释了男性受虐癖比女性多得多的原因[①]。

性虐待的生理机制可能是在应对疼痛时，大脑分泌内啡肽（类似于鸦片作用的一种物质），内啡肽可以让人产生欣快感和全身良好的感觉。因为疼痛和快乐有着直接的生物学联系，这说明快乐和疼痛可能具有潜在的因果关系，例如疼痛引发了内啡肽的释放和增加，从而产生了快感。

受"新性革命"的影响及性和性行为的去医学化，20世纪90年代，性虐待爱好者设立联络与协调中心，创办杂志，从而形成一种有政治影响的力量，直接导致世界卫生组织（World Health Organnization, WHO）将性虐待从《国际疾病分类》中删除[②]。

二、恋物癖

1. 定义和表现

恋物癖（fetishism）是指将非生命物体（迷恋物）或非生殖部位（如足部）作为唤起性兴奋的首选方式。在狭义的恋物癖中，非生命物体是异性所使用的无生命物件，如鞋、袜、内衣等，或异性身体非生殖器官的部位，如足、毛发等。恋物癖者通过接触这些物品或部位获得

---

① （美）珍妮·S·海德，（美）约翰·D·德拉马特. 人类的性存在[M]. 贺岭峰等译. 上海：上海社会科学院出版社，2005年：469.
② （德）福尔克马·西古希. 性欲和性行为——一种批判理论的99条断想[M].（德）王旭译. 北京：社会科学文献出版社，2018：436.

性兴奋和性快感。但是，却对异性本人缺乏性欲。有时他们用这些物品配合手淫能得到更大的性兴奋。广义的恋物癖包括了从人体以外的、本质上与性没有联系的无生命物体（如小提琴、电脑等）获得性兴奋和性快感。恋物癖者的性幻想、性欲望和性需求常常都集中在这些物体上。但是，喜爱所爱的人身体某部分，或珍爱他（她）用过的物件，这不一定是恋物癖。只有当这些"恋物"和人脱离，"物"的本体成为迷恋对象，可唤起强烈的性兴奋和释放性紧张的状态，才能称为恋物癖。

  对异性物体的恋物癖主要见于男性。恋物癖的程度不一，从大部分性关系中所伴随的轻度偏好到强烈，以致完全用迷恋物来替代正常的性行为，以完成获得性满足的过程。恋物癖者的婚姻和性生活会有适应不良。较轻者仍能与异性交媾并获得性高潮，但是在交媾中，必须事先看、嗅或抚摸恋物才能获得性兴奋，或对着物体手淫或一边想象物体一边手淫。有的恋物癖者强迫女方拿着或穿上恋物交媾，从而满足自己的性欲望，以达到性高潮。严重恋物癖者完全缺乏对异性本身的性欲，全部的性兴趣集中在无生命的恋物上；到了适婚年龄也无结婚的念头，即使结婚也无法完成真正的性交活动。

  2. 特点

  恋物癖一般具有以下特点：恋物癖者为得到所恋物品，可做出偷窃或其他违法行为；但是恋物癖者的偷窃举动不同于一般偷盗行为，他们在早期并无品行不良表现，而且学习和工作成绩较好；恋物癖者很难控制自己的恋物行为，发作时常伴有紧张、焦虑，会不顾一切地去"窃取"恋物，但是事后均有后悔和自责；恋物癖者所得到的恋物品多数毫无经济实用价值，却为此付出沉重代价（被谴责、拘留，甚至家庭破裂等）；恋物癖者性格内向，大部分人平时表现多为拘谨畏缩，害怕与女性接触，且在恋物行为发作时，均无伤害女性的动机和行为；恋物癖者很少会强迫其他人参与这种性欲倒错的行为。

依据多数恋物癖者回忆，他们在幼年时对"恋物"的好感是自然而然产生的，很难证明是受环境影响或受人唆使所致。

三、异装癖

1. 定义和表现

异装癖（transvestism）是指在穿着异性服装的过程中获得反复的、强烈的性冲动现象。异装癖是广义的恋物癖的一种表现形式（迷恋物为衣服），是指男性喜欢穿女性服装，或女性喜欢穿男性服装，后者远比前者少见。变装者通常用于指代异装癖者。

异装癖者的性取向正常（参阅第七章）、无性别认同不安（参阅第八章第二节），可以是异性恋者，多数人有正常的异性恋关系。如果伴侣配合的话，变装行为可能不会伤害配偶双方的性关系。在这种情况下，变装男性可部分或全部穿戴女性服装参与性活动。如果伴侣不配合，变装者可能会对自己的变装欲望感到焦虑、抑郁、自责和羞耻。部分已婚的男性异装癖者对异性服饰的渴求常常超过对妻子的性渴望，还会通过穿着女装以获得额外的性满足，因此很可能对婚姻产生严重冲击。

男性异装癖的最初迹象可能出现于童年时代，强烈迷恋女性服饰。随着他们进入青春期，穿着女性服装可引起阴茎勃起，有的直接触发初次射精。由于社会对女性穿衣时尚方面的宽容度远远大于男性，故不会认为女性着装男性化是不适合的。

2. 特点

异装癖有以下特点：异装癖和前述的狭义恋物癖不同，前者通过穿着自己所拥有的异性服饰来缓解紧张和焦虑的性心理状态，以达到性兴奋和性满足，后者则是通过非常规方法单纯地拥有他人的异性服饰（但并不是用于穿着），由此达到性兴奋和性满足；虽然有的同性恋者也穿戴异性服装，但其目的是为了吸引同性别的性恋对象，穿着异性服饰并不引起性兴奋，而异装癖者通过穿着异性服饰达到性兴奋和性满足；异装癖者并不要求改变自己的生物性别。

四、露阴症

1. 定义和表现

露阴症（exhibitionism）或称裸露癖，是一种通过对陌生人暴露生殖器产生性兴奋或在性活动过程中强烈渴望生殖器被对方观赏的现象。露阴症者主要是男性，少有女性，40岁以后露阴发作得比较少。

露阴症通常始于青春期。多数露阴症者会结婚，但婚姻通常不稳定。露阴症具体表现：在对方毫不知情的情况下，在她们面前暴露阴茎，有的露阴症者当着女性的面手淫。受害的女性常常是女孩或年轻的妇女。当女性无论表现恐惧、害羞或愤怒，露阴症者都可以得到性满足和性快感。大多数露阴症者的行动到此为止，不会再有进一步的骚扰。如果这时给予露阴症者一个温和的中性反应，告诉他在公共场合应当遮掩生殖器，露阴症者就会适当地结束露阴行为。女性露阴症者则是通过暴露自己的乳房来获得性快感。

2. 特点

露阴症往往有如下特点：第一，露阴症者个性特点有惊人的相似之处，他们大多不善于与人交往，尤其不善于同女性交往，很多露阴症者是单身人士。第二，露阴症者在其他方面并无异常，仍是异性恋，在妻子和熟人面前从无越轨举动。第三，在露阴前，露阴症者有急速产生的、难以遏制的欲望和强烈的紧张感，故冒险所带来的刺激也是一个重要因素。面对露阴的女性越是惊慌失措，露阴症者越能获得性兴奋。如果面对露阴的女性没有表现出任何吃惊或恐惧，露阴症者获得性快感的原动力就会被摧毁。因此，对付露阴症者最好的反应就是忽视和冷落他。第四，国外报道（Petri H. 1969）在强奸、纵火犯或抢劫谋杀犯中，有12%的人在犯罪前曾有过露阴行为，但是在露阴的当时并没有上述犯罪行为。第五，典型的露阴症者并没有企图与被害者保持长期的性接触。

3. 机制及认识

在其他灵长类动物中，展示生殖器（露阴）是一种向异性请求交尾的方式。人类露阴症者在露阴时，他们内心深处认为女性愿意看他们的阴茎，愿意接受他们的行为。因此，从心理学上来讲，露阴症本质上是儿童式的性行为，是儿童幼稚行为的延续，或遇到挫折时的再现。在临床上，不论是自幼年延续下来的露阴症，还是成年后遭遇精神创伤或性欲挫折才发作的，在儿童幼年时期往往都曾有过主动参与可获得快感的性经历。有学者对露阴症者的调查发现，他们在露阴瞬间自觉大脑一片空白，只有强烈的性感观欲望，事后感到恐惧（怕被抓住），并伴有悔恨感。

五、窥阴症

1. 定义和表现

窥阴症（voyeurism）是指通过观看不知情的人脱衣服、裸体或进行性行为而产生性兴奋。窥阴症者总是有强烈的、重复的欲望，费尽心机寻找机会；在被窥看对象（异性）毫不知情的情况下，偷看异性脱衣、裸体、隐私处、入浴、如厕等，或正在进行的性活动，或在公共场合偷拍异性隐私部，作为满足自己性欲的方式。

窥阴症者没有与异性身体接触的企图，更没有将性行为强加于异性。窥阴症者男性多于女性，多为男性青壮年，通常未婚或单身，虽然有些人或许已婚，或有性对象，仍然对窥视有强烈的想法和冲动，并且从中获得性快感，或伴有手淫。窥阴症者也许会对偷窥对象产生性幻想，但却没有真正与之发生性关系的企图，此外，窥阴症者对公开暴露的异性无明显性兴趣。窥阴症者与露阴症者一样都不善于社交，男性窥阴症者很难与女性建立恋爱关系。

2.机制及认识

窥阴症者常冒着风险，将自己置于危险的处境，如自己面临受伤或被发现等状态。窥阴症产生的性兴奋部分原因，可能是由此冒险激起的欣快感。人类对神秘事物的好奇心理也是窥阴行为的重要因素之一。

色情信息的传播从另一个侧面反映了大众（无论男女）都有一定的窥阴症的欲望。然而，社会态度和价值观会对男女两性窥阴行为的是非标准产生一定的影响。如果一位男性在窗外观看女性脱衣服，他可能会因为窥阴而被捕。反之，如果一位女性在窗外观看男性脱衣服，男性仍可能因为裸露行为而被捕[①]。窥阴症者对自己的行为均有不同程度的内疚感。

六、恋足癖

1.定义和表现

恋足癖（foot fetishism）指对异性和同性的足部有特殊的迷恋，而这种迷恋往往超过对身体其他部位的兴趣，甚至能从中得到性兴奋和性满足。恋足癖属于恋物癖的范畴。恋足癖者绝大部分是男性，既有异性恋者也有同性恋者。"恋足"即对性伴侣的脚感兴趣，伴有强烈的性冲动。他们依恋的对象不仅仅局限于"足"，往往扩大到"腿""鞋""袜"。对262位鞋恋物癖的同性恋者和双性恋者的问卷调查中（Weinberg M S, et al. 1995），他们第一次由足/鞋激起性欲的平均年龄是12岁。一般恋足者最喜爱的部位是足底和脚趾。

---

① （美）格雷·F·凯利.性心理学[M].8版.耿文秀等译.上海：上海人民出版社，2011：439.

依据各人对刺激的敏感性、情欲投入的不同，恋足癖可分为以下4型。

（1）关注欣赏型：他们偏好喜欢凝视和欣赏异性的足部，往往连带包括对方的鞋和袜，由此充满发挥特殊性想象，但未必是为了发泄性欲。唐朝诗人李白的《越女词》中颂扬："长干吴儿女，眉目艳星月。屐上足如霜，不着鸦头袜。"这段诗句赞美一个女孩，眉目清亮，如皎月星辰，脚上未穿袜子，露出雪霜般白嫩的脚趾。李白似乎也有关注欣赏型的恋足情愫。

（2）接触抚摸型：此类恋足癖者通过触碰抚摸来满足性欲。在性活动时，他们偏好喜欢与对方进行互动，尤其是脚趾或脚底的动作。

（3）嗅舔品味型：此类恋足癖者通过对性伴侣足部的嗅闻、吻舔或吸吮，大多是以脚趾和足底为对象来满足性欲。

（4）足交刺激型：此类恋足癖者要求性伴侣用足对自己的生殖器进行踩压、蹂践和踹踢等动作，以此获得性快感。

上述（2）和（3）型恋足癖者无需摩擦生殖器就能达到高潮射精；但有些恋足癖者仅将足作为性唤起的手段，还需要生殖器的摩擦或手淫来达到性高潮。

2. 机制及认识

形成恋足癖的生理心理学原因和机制至今仍无定论。综合笔者阅读的文献报道应该与环境影响和性经历关联不大。近来，有学者认为或许可以用来阐明恋足癖者在足部与性欲之间的关联机制如下。

（1）神经重合理论：认为足部的感觉神经与性器官的感觉神经都来自位于盆腔壁上的脊神经盆丛，在感觉冲动上传高级中枢过程中存在交会重叠的联系。

（2）信息素（即费洛蒙，能刺激性欲的挥发性物质）理论：认为人释放信息素的部位中，以足部最重要，因为足部有能分泌特殊气味的大汗腺；这种感知对信息素敏锐的人有促进性唤起的作用，可能形成人对足部的偏爱喜好。

（3）暴露理论：在传统文化氛围下，当足裸露时，被认为是对异性示好或信任的信号。

（4）先天遗传理论：依据我国学者行佳丽和萧翔鸿（2014 年）对 97 例自述有恋足倾向的男性受访者问卷调查和访谈的结果，恋足的兴趣不像是后天特殊经历的条件反射，更像是与生俱来的本能。某些影响性的事件只是释放这个本能的触发按钮罢了。他们发现接近一半的恋足者其恋足启蒙时间均在青春发育期之前，恋足启蒙对象主要是女性老师、生活中的女性亲属、异性邻居或同学。但是，父辈行为的直接影响不大。在这项调查研究中，还有一个有趣的现象就是恋足者所从事的职业与专业比较集中在理工科。这也提示恋足癖可能与个体的先天特质有关[1]。根据自己的了解和认识，笔者认同行佳丽和萧翔鸿两位学者的推测，恋足应该是有基因遗传的基础。

---

[1] 行佳丽，萧翔鸿. "性少数"中的"低调者"——大陆恋足群体恋足影响因素调查[J]. 中国性科学，2014，23(1): 86-91.

七、恋童症

1. 定义和表现

恋童症（pedophilia）是指对儿童（通常为 13 周岁或以下）表现出反复、强烈的性兴趣，包括性幻想、性冲动或性行为的现象。恋童症者主要是男性。两人之间的性兴趣或性关系是否属于恋童症，取决于当事人的年龄。按临床标准界定，当事人至少年满 16 岁，且比其认为拥有性吸引力的儿童大 5 岁。有同性恋倾向的恋童症者大多是已婚的，更喜欢年龄较大、12~14 岁的少年儿童；而有异性恋倾向的恋童症者更喜欢 7~10 岁的儿童。

恋童症的对象可能是男童、女童，或两者都可以，一般都是原已认识的儿童，以完全陌生的儿童为对象的情况极为少见。恋童症的视觉骚扰或普通接触似乎比接触生殖器或发生性交更为常见。当他们产生对儿童的性幻想、性渴望、性冲动时，却不一定发生性行为，更多的是满足心理需求。但是，攻击型恋童症者可能会强迫或胁迫儿童与其发生性行为，并威胁儿童不可告知他人，否则会伤害他们。

2. 机制及认识

恋童症的生理机制迄今仍不清楚。影像学资料提示，恋童症者的脑生理结构有异常改变。一项核磁共振成像（MRI）调查显示，男性恋童症者的脑白质容量低于常人[1]。德国学者采用磁共振技术进行实

---

[1] Cantor J M, Kabani N, Blak T, et al. Cerebral white matter deficiencies in pedophilic men [J]. J Psychiatric Research, 2008, 42(3): 167-183.

验，结果发现恋童症者的大脑对儿童面部照片的反应比对成年人面部照片的反应更为强烈。另一项功能性磁共振成像（fMRI）研究显示，恋童症者在观看成人主演的色情照片时，其下丘脑活跃程度较非恋童者低[1]。恋童症发生机制可能与脑结构和生理功能的异常有关。

3. 法律责任

成年人的性行为原则是参与双方的互惠关系。但是由于儿童在生理解剖结构和心理功能上还不具备成年人的性意识和性欲，不理解性行为的生物学和社会学的内涵和后果，所以恋童症的举动是成年人单方面的性欲和性行为。一些恋童症成瘾的成年人还会使用让一般儿童无法拒绝的方法诱惑，甚至使用暴力来实施性行为，造成受侵儿童生理和心理的伤害。童年的特殊经历增加了受侵儿童成年后成为性虐待者的可能性。很大一部分对儿童进行性骚扰，以致实施暴力性行为者并不是恋童症，所以恋童症是为数不多的其症状构成犯罪行为的精神疾病之一。

八、其他类型

（一）摩擦症

摩擦症（frotteurism）指在拥挤的场所、在未征得被侵犯方同意的情况下，故意摩擦他人，甚至用性器官碰撞异性躯体，并可伴有手淫

---

[1] Walter M, Witzel J, Gubka V, et al. Pedophilia is linked to reduced activation in hypothalamus and lateral prefrontal cortex during visual erotic stimulation [J]. Biol Psychiatry, 2007, 62(6): 698-701.

等性刺激来达到性兴奋和性快感的现象。摩擦症者无一例外都是男性，且性格常常孤僻内向；被摩擦者通常是陌生女性。有的摩擦症者乘拥挤之机，用上肢触碰或抚摸女性的性敏感部位；有的用勃起的阴茎摩擦或顶撞女性的臀部或腿部。他们大多数是隔着衣裤摩擦。通常，摩擦症者把摩擦的部位选择在异性的臀部，也有的在异性身体的任何部位摩擦均可产生性兴奋。但是，他们没有与摩擦对象发生性交的要求，也没有暴露自己生殖器官的愿望。

有摩擦症的成年男性通常在青少年晚期或成年早期，就意识到自己对隐秘接触毫不知情者具有性兴趣。但是，应当注意到有些青少年由于缺乏性知识，在刚刚性成熟时难以抑制生理的性本能，一时冲动做出莽撞之举。因此，对他们应该及时地给予正面引导和解释，避免形成难以抑制的性冲动。

（二）性成瘾

性成瘾（sexual addiction）又称性欲亢进、性强迫或强迫性性行为，是一种过度性行为的强迫性精神障碍。性成瘾表现为性欲高涨，有强烈性唤起的性幻想、性冲动，对性压倒一切、不顾负面影响的异常需求，频率增加和强度增强到干扰正常情感表达的程度；性兴奋出现过多、过快、过强，甚至不避亲疏、不分场合、不考虑环境的约束和规范，使得性伴侣精疲力竭。当要求得不到满足时，性成瘾者浑身难受，哭骂吵闹，以致头晕失眠、四肢无力等。性成瘾者对性活动倾注过多的关注，而忽视日常生活中其他重要方面，如工作、社交、休闲活动等，产生严重的具有临床意义的心理创伤和痛苦。性成瘾形成的原因有以下几个方面。

（1）性成瘾最主要的原因可能是与内分泌失调有关。人类的性行为和性功能与下丘脑－垂体－性腺轴的正常运行密切相关，如垂体黄体生成素（LH）分泌瘤、睾丸间质细胞瘤或增生，都可导致性成瘾。

（2）家庭因素在性成瘾者形成的心理机制中起着一定程度的作用。在童年时期，因家长的不当教育方式包括严厉、忽视和混乱等多种表现，形成不健康和负面的信念，不能保持稳定的人际关系并有孤立感，可导致性成瘾者无法感受到自己作为一个有价值的人存在。他们则用过度的性活动应对人际关系中的隔离感。

（3）社会环境对性成瘾者有相当重要的影响。如色情小说、淫秽录像、黄色网站等的反复刺激，导致沉溺色相肉艳，纵欲过度，形成性成瘾。

（三）恋兽癖

恋兽癖（zoophilia）又称恋兽障碍，是指人类与人类以外的动物发生的跨物种性行为。恋兽癖多发生在农村或牧区，所恋动物大多数是家养动物。性行为方式：与动物交媾，或肛交、手淫；让动物舔舐自己的外生殖器。男性恋兽癖者与动物交媾，女性恋兽癖者最多只是与动物身体摩擦接触。恋兽癖者常有社交障碍，很难与人建立亲密的人际关系。

兽交行为应当与幼年的性欲表现有关。幼小儿童不能清楚地区分动物和人，以致对待动物和对待人有同样的感情。如果儿童时期对动物产生过较深厚的感情，形成无意识的情结，成年后当性欲遭受挫折而无法宣泄时，便会不自觉地用幼年时的体验来满足性欲，不愿与人建立亲密的性关系。神话传说作品中有很多人与动物性交的例子，如希腊神话中半牛半人的弥诺陶洛斯，就是克里特岛王后帕西法厄和她引诱的牛交媾后产生的后代。这可能和人类在史前曾与许多驯养的动物亲密相处有关。

在 2006 年兽交还是合法的丹麦，在 2015 年通过法律禁止兽交。但是在芬兰、匈牙利、罗马尼亚，兽交仍然是合法的。

（四）恋尸癖

恋尸癖（necrophilia）又称恋尸障碍，是个人对尸体表现爱恋或性吸引的现象。恋尸癖俗称奸尸，较少见。恋尸癖者可能是为了期盼得到一个完全不反抗、不拒绝的性对象。恋尸癖的行为方式多样。有的恋尸癖者在抚摸尸体时会觉得兴奋，或喜欢边看着尸体边手淫，或以阅览相关文章、影片、图片，或是通过幻想、角色扮演等其他方式来满足自身的性需求。2012 年 11 月曾报道，瑞典西南部一名女子被控与人体骨骼发生"性"关系，警方在搜查其公寓时发现了多个人的颅骨，还发现一张名为"我的恋尸癖"的 CD[①]。美国学者（Rosman J P, et al. 1989）在分析访谈恋尸癖者的结果后发现，他们中多数人（68%）描述自己有欲望占有一个全然不抗拒的对象，或（21%）希望与已死的爱人结合，有些人（15%）对尸体感觉到性吸引，或（15%）希望通过与尸体结合来克服孤独感，或（12%）通过控制死者来寻求个人的自尊。

[①] 中国新闻网，https://www.chinanews.com.cn/gj/2012/11-21/4346035.shtml。

依据《中华人民共和国刑法》（2023年版）第三百零二条，盗窃、侮辱、故意毁坏尸体、尸骨、骨灰的，处三年以下有期徒刑、拘役或者管制。

第七章

性取向

　　性取向（sexual orientation）是指个体对特定性别（男性或女性）持续表达情感、浪漫和性吸引力的模式。性偏好（sexual preference）是以往用来描述性取向的术语；因为性取向不再被认为是个人有意识的偏好或选择，而是有一系列生物学和社会学（先天和后天）因素多方面的作用形成，所以目前已经不再使用了。在性取向中，除了常规的异性性取向（异性恋）外，其余大部分为同性性取向，也就是同性恋。男性确认自己的性取向较早，经常是儿童期或青春期；女性则稍晚一些。

　　鉴于欧美近些年性价值观的传播和网络媒体强大的影响力，社会学因素在性取向尤其是同性性取向（同性恋）的问题上起着相当重要的作用。所以本书将同性恋分为生物学的同性恋或称为原发性同性恋、绝对同性恋（即先天性同性恋）和社会学的同性恋或称为后天性同性恋两种。本章以生物学的同性恋（即原发性同性恋）为基础叙述和阐明同性恋的机制和行为学。

第一节　同性恋的生物学机制

同性恋（原发性同性恋）就是对同性产生强烈的、自发性的性欲，尽管愿意与他或她发生性行为的异性个体可以很容易得到，甚至是现成的，但只愿意与另一个同性个体形成同性别的性活动模式。这里指的同性恋应排除那些特殊的无异性的环境，如军队、监狱等，由于没有异性，人们为了释放性欲，只能与同性伙伴施行性行为。性活动模式是指相当持久或频繁的性活动方式。同性恋者并不否认自己的生物学性别。英语单词"homosexuality"（同性恋）一词最早出现在17世纪，以替代当时广泛使用的带有贬义色彩的"pederasty"。homosexuality 和 gay 都可以指男女同性恋者，lesbian 只用于指女同性恋者。

一、流行病学

认可或支持同性恋的学者（他们认定同性恋是一种生活方式）认为同性恋者占人口的 10%。但是以人口为基础的性行为调查发现，同性恋的比例要远低于 10%。1993 年，美国一项研究抽样调查 3321 名有性行为、年龄为 20~39 岁的男性（J O Billy. 1993），在最近 10 年仅有 2% 的人有过同性性行为，1% 的人具有专一的同性恋性行为。2012~2013 年，澳大利亚的一项调查（样本数 20055 人）显示，有超过 96% 的人认为自己是异性恋（男性 96.8%，女性 96.3%）；男同性恋比例 1.9%，女同性恋比例 1.2%；男性中有 1.3% 是双性恋，女性中有 2.2% 是双性恋。①。2014 年样本数为 10000 人的调查显示，90%的法国人是异性恋，3% 是双性恋，4% 是同性恋②。2004 年我国原卫生部首次公布，处于性活跃期的我国男同性恋者占性活跃男性人群的 2%~4%。马晓年等人（2004 年）的中国性调查报告显示，参加调查的男性有 6.9% 为同性恋者，女性有 2.5% 为同性恋者。由于马晓年等人的问卷调查是在网络上进行的，且大多数参与者学历高（本科及以上学历：男性为 87.2%，女性为 79%），因此数据与原卫生部不完全相同。此外，这数据也证明了文化教育对性取向的相关性。

认同或支持同性恋的学者应该是有意或无意地忽略以上较为科学严谨的调查数据，而一直采用美国著名性学研究学者金赛（Alfred Kinsey）在 1953 年的调查结果：金赛认为同性性行为在普通人群中占 10%。依据近 30 余年的调查数据可以得出可靠的结论，即人口中同性恋者（生物学性的、原发性同性恋）尤其是男同性恋者绝对数量比预期的低很多，结合原卫生部的调查结果，笔者认可同性恋约占人口 2% 的说法。

二、行为学

根据学者的观察和研究，同性恋者在行为学上与普通的异性恋者存在着明显差异。

---

① Richters J, Altman D, Badcock P B, et al. Sexual identity, sexual attraction and sexual experience: the Second Australian Study of Health and Relationships [J]. Sex Health, 2014, 11(5): 451-460.
② Observatoire de la vie sexuelle des Parisiens: le sexe à Paris. Sondage 2017. 4. 1.

（一）性行为

1. 性行为的方式

同性恋的性行为大多数在本质上是模仿异性恋的性行为。在生物学上，异性恋性行为的原始目的是为了生殖，以便种群的繁衍；而同性恋模仿异性恋的性行为大多数仅仅是为获取生理上的自我愉悦和性满足。同性恋的表现方式为与成年同性者的性行为一致，包括接吻、拥抱、抚摸、相互用手玩弄生殖器。在交媾行为上，有一方用非生殖器官替代阴茎或阴道，从而产生了口腔生殖器刺激（口交）、肛门生殖器刺激（肛交）、人工阴茎刺激阴道等行为方式。

2. 男女同性恋行为方式的差异

男同性恋者与男异性恋者相比较，前者普遍更喜欢接吻、拥抱，在刺激生殖器之前会长时间爱抚彼此的身体；他们常实施手淫或口交，进行口交的频率高于肛交。女同性恋者最普遍的性刺激方式是用手指抽插阴道，使用人工阴茎插入阴道的做法很少见。女同性恋者也喜欢拥抱、爱抚、刺激乳房，对她们来讲情感表达是性行为很重要的组成部分。

3. 男女同性恋性取向的差异

女同性恋者的性取向大多数比男同性恋者灵活得多，可塑性也大得多。女性中双性恋者的数量也比男性多。与男性相比，更多的女性可被男人和女人外表的性感吸引。美国佛罗里达州立大学的鲍迈斯特在研究中发现，很多女同性恋者也与男性做爱，而男同性恋者基本上不与女性做爱。有些女性会在同性恋和异性恋的性取向之间多次转换，而男同性恋者这种转换是很少的。[1]美国的戴尔孟德用5年的时间调查同性恋和双性恋的女性，对受访者进行3次追踪访谈。她发现，随着时间推移，超过25%的女性放弃同性或双性的性取向；其中一半人将自己重新定义为异性恋者，而另一半人不愿意定义自己的性取向。由此提示，女同性恋者更易受社会环境诸因素的影响，而男同性恋者的生物学倾向更强。

（二）常规行为

在空间位置认知上，男性对距离和方向更明确，女性更喜欢描述地标；而男同性恋者倾向于用地标，他们在使用和记忆地标上多于男异性恋者[2]。在另一项研究项目中，研究者（Rahman Q. 2003）通过重复出现一个噪声，测量被试者阈下反应。在大噪声出现前，先出现一个微弱的噪声，结果减小了大噪声的惊跳反应，这种现象被称为"前脉冲抑制"。男性的"前脉冲抑制"比女性强。男同性恋者与男异性恋者没有区别；而女同性恋者与女异性恋者相比，前者稍偏向男性的表现。

三、解剖学

（一）四肢

Martin 和 Nguyen（Martin J T, Nguyen D H. 2004）在人体体质测量中发现，男异性恋者的手臂、大腿的骨骼比男同性恋者的长；而女

---

[1] （美）詹姆斯·卡拉特.生物心理学[M].苏彦捷等译.北京：人民邮电出版社，2011：358.
[2] Hassan B, Rahman Q. Selective sexual orientation-related differences in object location memory [J]. Behavioral neuroscience, 121(3), 2007: 625-633.

同性恋者的则比女异性恋者长。

英国学者（Manning J T. 1998）测量800名2~50岁男性和女性的示指和无名指的长度，发现男性双手的无名指（第4指）都比示指（第2指）长，而女性倾向于两者等长。他的调查研究（Manning J T. 2007）又发现，同性恋和双性恋的男性示指（第2指）和无名指（第4指）的长度趋于一致，且出生前都有较低的睾酮水平。美国学者也证实女同性恋者与男性近似，无名指长于示指；男同性恋者与女性近似，示指比无名指更长或两指长度差不多[1]。依据胚胎学的研究结果，无名指和示指长度比例的性别特征取决于调控睾丸或卵巢形成的基因，该基因在胚胎第13周形成。

（二）脑

1. 大脑

女异性恋者的左右大脑半球大小几乎相同，而男异性恋者右大脑半球占的比例较小；男同性恋者与女异性恋者相似，女同性恋者则介于异性恋的男性和女性之间。女异性恋者的左侧杏仁核具有比右侧更广泛的联系，而男异性恋者的右侧杏仁核具有更广泛的联系；男同性恋者与女异性恋者相似，女同性恋者介于中间[2]。

女异性恋者的大脑前连合大于男异性恋者；而男同性恋者的大脑

---

[1] Hall P A, Schaeff C M. Sexual Orientation and Fluctuating Asymmetry in Men and Women [J]. Archives of Sexual Behavior, 2008, 37(1): 158-165.
[2] Savic I, Lindström P. PET and MRI show differences in cerebral asymmetry and functional connectivity between homo- and heterosexual subjects [J]. PNAS, 2008, 105(27): 9403-9408.

前连合大小与女异性恋者一样，或者稍微大些（Allen L S, Gorski R A. Sexual，1992）。前连合主要由联系两侧大脑额叶的神经纤维组成。

2. 下丘脑

男同性恋者的视交叉上核（SCN）大于男异性恋者，且有较多的加压素能神经元。动物实验表明，在围产期给予雌激素合成酶抑制剂雄烯二酮，成年后的雄性鼠视交叉上核的加压素能神经元增多且行为显示同性偏好[①]。视交叉上核是调控生理时间节律的。有研究者发现（Swaab D F. 1995），在早期发育中缺乏睾酮的雄性鼠出现视交叉上核发育不正常，它们对雌雄两性鼠的偏好会随着时间发生变化：早期对两性都有性取向，随着时间推移越来越偏向雌性。但是，尚未见到关于人的性取向也依赖于时间的资料。

下丘脑前部间质核（INAH）也就是性二态核，主要功能是调控特定的性行为。1991年，神经生物学家LeVay S（1991年）对35名死于艾滋病的男性患者（其中19名同性恋者，16名异性恋者）实施尸检。他发现INAH-3的体积，男同性恋者比异性恋者小一半。同时，异性恋中男性的INAH-3也比对照组中的异性恋女性要大。由于有学者质疑同性恋者的INAH-3体积显小，有可能是艾滋病影响的结果，故随后，在1993年，LeVay S又解剖一位死于肺癌的男同性恋的脑，

---

① Sandra Olvera-Hernández S, Tapia-Rodríguez M, Swaab D F, et al. Prenatal administration of letrozole reduces SDN and SCN volume and cell number independent of partner preference in the male rat [J]. Physiol Behav, 2017, 171:61-68.

其 INAH-3 与死于艾滋病的男同性恋者一样小[①]。LeVay S 的两次解剖结果提示，下丘脑 INAH-3 核团的体积缩小可能是原发性男同性恋的脑解剖学基础之一。

四、生物学机制

（一）遗传学

1. 双胞胎现象

同性恋的遗传学因素即基因学说，最常被引用的是卡尔曼（Kallmann F J. 1952）的报告：在同一家庭成长的双胞胎，85 例原发性同性恋男性，其中 45 人为双卵孪生子（双卵孪生的遗传基因不完全相同），40 人为单卵孪生子（由一个受精卵来的单卵孪生，有着相同的遗传基因）；单卵孪生子同为同性恋的为 100%，双卵孪生子同为同性恋的只有 15%。有学者（Greenberg J S. 2010）研究双胞胎同性恋，每对都有一人表示自己是同性恋者，而另外一位成为同性恋的概率：单卵双胞胎为 52%（29/56 人）；双卵双胞胎为 22%（12/54 人）；被收养的兄弟（没有共同遗传物质）只有 11%（6/57 人）[②]。

2. 家族史

男同性恋者在母亲家族中有另一男同性恋者的概率高于父亲家族。对于男同性恋者，母亲那边的舅舅或外甥要比父亲那边的叔伯或侄子

[①] （美）詹姆斯·卡拉特. 生物心理学 [M]. 苏彦捷等译. 北京：人民邮电出版社，2011：361.
[②] Bailey J M, Pillard R C. Agenetic study of male sexual orientation [J]. Arch Gen Psychiatry, 1991, 48(12): 1089-1096.

更可能是同性恋者。这些结果提示,同性恋基因可能在 X 染色体上。有报告母体 X 染色体上可能存在着同性恋基因,是隐性遗传,出现概率是 1%。在女性中,因为父亲 X 显性染色体被覆盖而不能表达[①]。该同性恋基因母体隐性遗传出现的概率为 1% 与流行病学调查的数据——同性恋者约为人口的 2% 相吻合,这可能就是同性恋不产生后代而有遗传学倾向的基因机制。同时,这也是男同性恋者的数量多于女同性恋者的可能原因之一。

3. 相关基因

迄今,许多研究都支持遗传(基因)因素与同性恋具有相关性的论点。估计原发性同性恋(生物学的同性恋)的决定因素中,30%~70% 是基因的作用。女同性恋的遗传因素要比男同性恋来得更弱些。然而,至今仍然无法确认与同性恋相关的特定基因是哪个。2019年,一项涉及近 50 万人样本的基因组项目研究的结果认为,性取向具有遗传倾向,但是没有证据确定存在一个基因对性行为的影响会很大[②]。这项研究的主要参与者哈佛大学遗传学家 Andrea Ganna 直言:"没有'同性恋基因'。"

[①] Russock H I. An evolutionary interpretation of the effect of gender and sexual orientation on human mate selection preferences, as indicated by an analysis of personal advertisements [J]. Behaviour, 2011, 148(3): 307-323.
[②] Ganna A, Verweij K J H, Nivard M G, et al. Large-scale GWAS reveals insights into the genetic architecture of same-sex sexual behavior [J]. Science, 2019, 365(6456): 7693.

（二）男同性恋的"兄弟出生顺序效应"

1997 年，美国性学家 Blanchard R M 提出一个论点，并称之为"兄弟出生顺序效应"。他的研究结果显示，男性一母同胞的兄长越多，该男性是同性恋的可能性就越高，但是与姐妹无关。据统计，15% 的男同性恋者与出生顺序有关[1]。家庭里每增加一位兄长，最小弟弟成为同性恋的可能性就增加 33%。根据资料汇总分析（2015 年），"兄弟出生顺序效应"与男同性恋的相关性还是比较可靠的。相比而言，哥哥姐姐的存在对女性的性取向没有影响。2021 年有报道，学者对 24 个同性恋和异性恋男性样本的数据进行了元分析，这些样本最初在 18 项研究中报告，总共有 18213 名受试者。研究调查哥哥、姐姐数量与晚出生的男性同性恋概率之间的关系，包括最受青春期前或青春期早期儿童性吸引的男性（恋童癖者）和最受性吸引的男性成人（远程爱好者）。结果证实，在恋童癖者中，哥哥数量会增加同性偏好的概率；其次，姐姐数量对弟弟、妹妹发生同性恋的概率要小许多。这个发现支持了学术界的一个假设，即男性胎儿会刺激母体产生抗体，从而增加晚出生男性同性恋的概率[2]。

（三）性激素

同性恋与性成熟的成年期性激素水平无关联。也就是说，成年后

---

[1] Valenzuela C Y. Sexual orientation, handedness, sex ratio, and fetomaternal tolerance-rejection [J]. Biological Research, 2010, 43(3): 347-356.
[2] Blanchard R, Beier K M, Krupp J, et al. Meta-Analyses of Fraternal and Sororal Birth Order Effects in Homosexual Pedophiles, Hebephiles, and Teleiophiles [J]. Archives of Sexual Behavior, 2021, 50(3): 779-796.

同性恋者体内的性激素水平与异性恋者是相同的。但是，在胚胎和婴幼儿发育期间，性激素的不平衡对中枢神经系统的影响是相当大的，可导致同性恋的发生。出生前，男性胎儿睾丸分泌的雄激素——睾酮不仅影响内外生殖器的发育，还会对脑的发育产生组织化作用，使得成年后个体在适当的性激素作用下发生对应的性倾向和性行为。

1. 性激素改变胎儿和新生儿的脑结构和塑造性行为

1）胎脑和新生儿脑结构组化

睾酮使得男性胎儿下丘脑细胞对雌激素不敏感。如果男性胎脑没有睾酮，或者若为女性胎儿，下丘脑对雌激素十分敏感（Rathus S A. 2007）。Gorski（1978年）在研究后得出结论：雄性大鼠下丘脑内侧视前核比雌性大鼠大8倍，差异是由于雄性大鼠该核存在着较大的神经元。如果在出生时去除雄性大鼠的性腺，下丘脑内侧视前核的体积将大大减少；如果给新生雌大鼠注射睾酮，该核体积将明显增加。但是，如果在较晚时候处理，无论是去除性腺还是注射睾酮均不再起作用。1991年有研究者发现，男同性恋这个核团与异性恋相比范围减小了，呈女性化形态。

2）塑造性行为

一项调查研究（Money J. 1984）显示，30名患肾上腺生殖器综合征（先天性肾上腺增生，体内雄激素增多，导致新生女婴出生时就有明显的男性化特征）的年轻女性，她们从小就有较大的阴蒂和部分融合的阴唇。在被调查询问性取向时，37%的女性自称是双性恋者，或是同性恋者；40%的女性自称是单纯的异性恋者；23%的女性拒绝调查询问涉及其性生活。有实验显示，在出生时阉割雄鼠，然后再注射雌激素，结果引起这些雄鼠的雌性曲背反应。另一个实验观察出生前被注射雄激素的雌猴行为，发现它们更喜欢参加疯狂和有刺激的活动。在胚胎期，女性胎儿接触异常高水平的雄激素，确实可以影响其性取向。

Gladue等人发现给予男同性恋者雌激素后，他们黄体生成素的分泌形式变得与异性恋女性相似；而且在一段较长的时间内，睾酮水平比异性恋的男性要低。这也证实了性激素对人体的性行为影响是相当大的。

2. 孕妇产前因素对胎儿的影响

1）孕妇接受额外的性激素

有学者（Ehrhardt A A. 1985）的研究初步确认，孕妇接触合成雌激素——己烯雌酚（早期该药曾广泛用于预防流产、改善妊娠、治疗乳腺癌和前列腺癌，但在发现会提高女性后代阴道癌发生率和男性后代精子异常等，已被禁用），可导致该女性后代成为同性恋。有学者（Greenberg J S. 2010）在妊娠的关键时期给怀孕的母羊注射睾酮，出生的雌性羊都是同性恋。虽然它们拥有能够分泌雌激素的卵巢，但是交配和排尿的行为更像雄性公羊。因此，孕妇应避免摄入过多的雄激素或雌激素，以消除可能引起后代性取向偏离生物学本性的危险因素。

2）孕妇承受高强度的压力

产前压力会影响实验动物的性行为。一项研究表明，在实验雌鼠怀孕的晚期，研究者将它们束缚在玻璃管内，给予每天超过两小时亮光的照射，同时还给予酒精，它们的雌性后代正常。虽然雄性后代生殖器的形态正常，但是成年后经常会采取像雌性小鼠一样的曲背姿势，以对其他雄性个体做出反应。其次，这些雄性后代嬉戏时的行为更像雌鼠而非雄鼠，也就是该鼠较少有争斗行为的表现。同时，研究者还观察到这些小鼠雄性后代的下丘脑性二态核变小[1]。美国学者调查7500名孩子的母亲，结合她们提供的在怀孕期间所受的压力和饮酒吸烟的情况，他们发现母亲受到压力后，男性后代有女性化倾向；而伴有吸烟的母亲其女性后代有男性化的倾向[2]。

笔者认为在怀孕期间，女性应避免处于高度压力的生活状态，应保持情绪稳定并避免嗜烟嗜酒，特别是在有情绪压抑时，更应避免饮酒吸烟，否则可能导致儿女性取向异常。

（四）多巴胺

多巴胺是大脑里一种重要的神经递质，参与许多简单和复杂行为的调控。在哺乳动物中，关于多巴胺对性行为的调控已有较多的研究（参阅第二章第二节）。多巴胺水平过高或过低都会导致求偶行为异常——雄性同性求偶行为。中国科学院神经所郭爱克等人发现，升高多巴胺能神经元中多巴胺水平，可以诱发雄性果蝇间很强的同性求偶

---

[1] Ward O B, Ward I L, Denning J H, et al. Hormonal mechanisms underlying aberrant sexual differentiation in male rats prenatally exposed to alcohol, stress, or both [J]. Arch Sex Behav, 2002, 31(1):9-16.
[2] Ellis L, Cole-Harding S. The effects of prenatal stress, and of prenatal alcohol and nicotine exposure, on human sexual orientation [J]. Physiol Behav, 2001, 74(1-2): 213-226.

行为[1]。若给小鼠的脑注射多巴胺可引起同性性行为。研究者通过向动物不同脑区注射多巴胺受体激动剂或抑制剂观察对性行为的影响，发现下丘脑的内侧视前区是多巴胺调控雄性行为的位点[2]。

五、同性迷恋

在未成年人中，女性13岁以下、男性15岁以下可能存在与同性伙伴的边缘性行为。他们因同性刺激引起的性兴奋可多于异性刺激。这主要是因为少年儿童在感情上的亲密依恋（也称为同性迷恋）关系，是一种与性行为无关的、同伴间深情感的朋友关系，主要是为满足彼此之间精神和情绪上相互依赖的需要。在猕猴中，未成熟的雄性猴通常有一个时期表现出对同性的性兴趣，但性发育成熟后，就转为对异性的性兴趣。然而，在另一项对狒狒和黑猩猩的观察中发现，雌性的一方此种行为比雄性的更显著。所以，在青少年时期，因与异性交往发生障碍，或因俩人在相互性爱喜好上发展过快，甚至发生性接触（口交、生殖器交或相互刺激），如果他们停留在此阶段，不再发育发展到异性恋，那就是同性恋。有支持同性恋的学者提出，同性的性取向是一个正常的、成熟的发展阶段，而不是需要治疗的疾病。实质上，他们有意或无意地混淆未成年人的同性迷恋和成年人的同性性取向（同性恋）。

有学者调查（1994年）发现，在他们采样的样本里有约4%的女

---

[1] Guo A, Liu T, Yuan C, et al. Increased dopamine level enhances male-male courtship in Drosophila [J]. The Journal of Neuroscience, 2008, 28(21): 5539-5546.
[2] 金国章. 脑内多巴胺 [M]. 上海：上海科学技术出版社, 2010: 559-561.

性被同性吸引,但是只有2%的女性在过去一年与女性有过性关系;6%的男性被同性吸引,但是只有2%的男性在过去一年与男性有过性关系[①]。这些未与同性发生性关系者应当属于同性迷恋。成年同性迷恋较多的是女性。她们由于感情上遭受挫折(如婚姻或恋爱失败等)而厌恶男性,同性共同生活在一起,在情感上互相依存,一般没有性交行为。但是当今受欧美的性价值观诱导,她们在以情感为主导的状态下,不排除偶然发生同性性行为的可能性。

总而言之,出生前胎儿的基因遗传和先天发育是影响性和性行为的决定性因素。但是,这些影响在出生后的社会环境中实现。因此,性(异性恋、同性恋和双性恋)是所有因素——基因、激素、文化预期、后天习得行为和心理上的相互作用的结果。

第二节 同性恋与生物演化

一、遗传选择

(一)遗传选择的方向有利于物种的繁衍

尽管迄今为止仍未找到同性恋的特定基因,但是也无法否定与同性恋相关基因的存在。如果有特定的基因产生同性恋,尽管同性恋没有自己的后代,但是可能因为隐性遗传,通过亲缘选择得以保留遗传[参阅第七章第一节,四、生物学机制,(一)遗传学]。有学者(Hamer

---

① (美)理查德·格里格,菲利普·津巴多.心理学与生活[M].19版.王垒等译.北京:人民邮电出版社,2016:371.

D H. 1993）认为可能是环境因素造成表观遗传改变，使同性恋基因链上甲基（CH3）失活，从而父母可以把这种失活的基因传给下一代。由此，以欧美性价值观为主导的同性恋论点认为，这种遗传学可能性表明同性恋是生物进化的选择。另外，他们还指出同性恋在动物中也存在，存在就是合理。

从生物学上讲，生物演化的选择应当更有利于人类的生存和繁衍。如果演化选择了同性恋，而同性恋不产生后代，那么人类种群的繁衍和生存将遭到极大的挑战。同时，在生物界基因异常或突变广泛存在，但这些都是生物为了适应环境变化的需要而发生的变化。适应环境之后，基因的异常和突变会通过各种途径得以纠偏，并不会影响到生物种群的繁衍。事实上，雌雄异体的哺乳动物正是通过求偶竞争"喜欢、讨厌"，或"异性相吸，同性相斥"的生物学规律，不扩大或减少不利的突变或畸变的基因。

遗传突变（或畸变）是指在染色体上一位点基因，或者染色体自身发生改变。突变是遗传变异的最初来源，为生物演化提供原始的材料。突变广泛存在于生物界，是生物能适应自然界环境变化的需要，也是一种普遍的生物学现象。同样的，遗传突变不能适应环境时就会有害，即为畸变。所以，不能教条僵化地理解"存在"就一定"合理"。

（二）动物的同性性行为

许多性学者提到关于跨物种（其他动物）的同性性行为的现象，用以支持人类的同性性行为。雄性哺乳动物将臀部翘起来让另一雄性跨骑的动作，就一定是同性动物间的类性交配行为吗？有动物行为学学者认为此类动物的同性性行为，并不一定是受性驱动力作用发起的性行为，可能是地位较低的动物雌伏（即屈居下位）和寻求保护的表现，或是某种游戏。虽然成年雄性恒河猴的同性性行为（如口交射精）与性相关，但是有学者研究发现，在猴群中如果猴子有条件与异性交配，它们就不会与同性保持长期稳定的性关系。

有动物行为学专家认为，一些动物通过能产生愉悦的同性性行为，来促进与同性伙伴合作，从而获得好处。德国的动物学学者跟踪观察一个倭黑猩猩族群，发现当处于危险紧急状态时，需要通过合作才可以确保安全和获得好处，雌性倭黑猩猩更喜欢与其他雌性发生性行为[①]。

因此，从生物学本质和动物行为学的研究中或许能够得出一个结论，绝大部分动物的同性性行为并不是一种生活方式，而是为了有利于生存做出的一种常理选择。

二、基于繁衍需要的演化选择

（一）人类的性行为特点

近些年，"性是为了享乐"和"同性恋是一种生活方式"等来自欧美的性观念在国内很有"市场"。支持这一观念的论据中，有一个似是而非的说法流传甚广：人的一生有数千次的性行为，只有为数不多的性行为的目的是为了生殖。所以人类性行为的主要目的是为了娱乐，而不是生殖。我们要承认，在性行为方面，已知的哺乳动物多数

---

① Moscovice L R, Surbeck M, Fruth B, et al. The cooperative sex: Sexual interactions among female bonobos are linked to increases in oxytocin, proximity and coalitions [J]. Hormones and Behavior, 2019, 116: 104581.

只在一年中一段不长的发情期里，才表现出吸引和接纳异性，然后发生交配、受精和怀孕行为；唯独人类（现代智人）无发情期，随时随地都可以产生性欲，施行交媾、受精、怀孕、产子。然而，笔者认为，这种人类特有的高频率性行为的问题，应当放到漫长的生物学演化过程中来分析讨论。

（二）人类拥有无发情期、高频率性行为的本质和原因

在漫长的远古时代，从直立人演化到早期智人至少经历了400万年，从早期智人进化到晚期智人（现代智人）又经历30万年。在这百万年的演化过程中，曾有不同人科和人属的数十人种出现。但是，"优胜劣汰，适者生存"的法则让自然界最终选择无发情期、高频率性行为的现代智人生存下来。可以想象，在十余万年漫长的时间里，人类所处的自然环境极其恶劣，这造成了族群极低的存活率。虽然一个智人一生中可有上百数千次的交媾生殖行为，但是根据人类学家推测在10万年前，即便是保持如此高频率的交媾行为，全球的智人（即现代人）总共也仅仅500万余人，占现在全球人口的万分之六（联合国宣布2022年底世界人口为80亿）。所以，生物学演化选择的结果是只有这样高频率的性行为，才能够保证足够的人种数量，才使得人类（现代智人）得以生存繁衍。这应该就是人类（现代智人）拥有无发情期、高频率性行为的演化生物学本质和原因。

在数百万年前进化的古人类有数十个人种，包括与人类（现代智人）最接近的早期智人尼安德特人和晚期智人边界洞人等，都消失得无影无踪。至今，他们灭绝的原因仍然是人类学的一个谜。由此，我

们大胆地推测，除了现代智人以外的人种可能仍有发情期，以致交媾的频率不够高，产生的个体数量不够多，无法抵消高死亡率造成个体数量的减少，最终被自然界淘汰。目前人类学研究仍然无法从古人类的遗址和化石中揭示古人类的生殖周期，所以对其他人种消失的这一假设或许有待考古的进一步发现。

（三）性行为与繁衍后代的目的逐渐分离

近一万余年，即人类从狩猎为生的原始社会进入农耕社会以来，随着人类文明和科学技术的发展和进步，人类对环境的适应性越来越强，也逐渐摆脱了对自然环境的依赖。即便有战争和传染病的影响，整体而言，人类的数量在最近数千年有了爆发性的增长。第七次全国人口普查结果显示，仅仅笔者居住的福州市一地，常住人口已达到800万余人[①]，这个数字超过10万年前全球智人的数量。当人类进入文明时代，个体为了能更好地适应社会的发展，对于后代的繁衍逐渐有所节制。在文明的发展过程中，人类发明了各种避孕方法，以便有效地将性行为与生殖分开。

20世纪60年代，避孕药的发明，使得更多人得以安全地实现性行为与生殖的分离。在这一时期，由于欧美社会反主流文化和享乐主义思潮的盛行，欧美一些性学者也提出"性是为了享乐"和"同性恋是一种生活方式"的论点。实际上，这段时间正处于第二次世界大战后全球经济迎来了新的复苏和繁荣的阶段，对于性的放纵在某种程度

---

① 福州市统计局：福州市第七次全国人口普查公报（第二号）. http://tjj.fuzhou.gov.cn.

上也符合中国古人所说的"饱暖思淫欲"。每一种思想和观念的传播与流行，必然有其背后的生产力变化、社会发展基础及相应的文化背景。然而，并非新的、发达国家传播的思想和观念就是对的，就适合我国国情。在当今的中国，笔者认为我们应该谨慎地看待来自欧美国家的性学观点和思想，不能全盘接受，否则当错误的行为和做法被社会认可，就很可能对人类的生物学特性产生不利的影响（参阅第一章第二节和第三章第一节）。

第三节　同性恋的社会学因素

从婴儿降生的这一刻起，性的形成就不仅以生物的遗传因素为主导，还深深地受社会环境的影响和塑造，即后天习得性的作用。

一、家庭因素

依据美国金赛的调查，同性恋与家庭背景之间没有任何确定的相关性。然而，Irving Bieber 等人（1962年）比较106个男同性恋者和100个男异性恋者的家庭背景后发现，与男异性恋者相比较，男同性恋者的母亲多有过度保护孩子，而且在家庭中占支配地位，父亲则处于软弱和被动的状态。因此，男同性恋者从小与母亲关系过于密切，使得男孩从小因认同母亲而看不起男性。但是 Bieber 的同性恋者样本是从精神病院（病患人群）、监狱和军队中获得，因此值得怀疑的是能否将其研究结果推广到一般的同性恋者。另外，部分同性恋者的父母亲根本不具有上述特点，另一方面完全具有上述典型特征的父母，其儿子并没有任何同性的性行为。然而，这种情况并不少见。我国学者燕虹等人（2008年）对4769名女大学生进行匿名问卷调查，其中有同性恋行为者64人，占1.3%；父亲是干部的学生同性恋行为（占2.1%）、母亲是医教研职业的学生同性恋行为（占2.3%）高于父母是其他职业的学生；父母离异的学生同性恋行为（占3.8%）高于父母未离异的学生（占0.7%）[①]。

2005~2006年，在瑞典对近4千名孪生子（包括单卵和双卵）的研究表明，在同性的性行为上，遗传和家庭的影响是一致性的；环境是较大的独立影响因素[②]。有一项报道（2020年）显示，美国亚利桑那州的Floyd Godfrey——一位有20年工作经历的"修复性"治疗师，曾经也是一名同性恋者。他的服务对象很多都是想努力克服同性恋倾向的男性。其中有些是曾经被父亲虐待或忽视的年轻男性，或他们的母亲控制欲太强，对他们过度保护。他们与父亲之间本应正常发展的纽带在童年中断了，导致产生同性之间的吸引力[③]。

家庭的因素也是社会环境因素之一。综合近年的文献报道，家庭因素可以影响同性恋的形成。但是，家庭因素所起的作用又决定于内因，即受到每个个体的心理生理特质的生物学因素，当然也受到所接

[①] 燕虹, 左丹, 李十月, 等. 女大学生同性恋行为及影响因素分析 [J]. 中国公共卫生, 2008, 24(11): 1283-1284.
[②] Långström N, Rahman Q, Lichtenstein P, et al. Genetic and environmental effects on same-sex sexual behavior: A population study of twins in Sweden [J]. Archives of Sexual Behavior, 2010, 39(1): 75-80.
[③] 罗伯特·爱普斯坦. 性取向是一个连续谱 [J]. 环球科学, 大脑之谜——意识、智力与性爱, 2018: 157.

受的文化教育、人际交往等诸多社会学因素的影响。这些诸多因素共同作用形成个体的同性恋性取向。

二、成长环境因素

美国社会心理学家 Daryl J. Bem（1996年）提出性取向发育的"性爱来自差别"（Exotic becomes erotic）理论模式。新鲜感和差异感的刺激可以产生同性之间的吸引力。因此，更多参加男性化游戏和活动的小男孩认识到自己与女孩间的差异比与男孩间的差别更大。在今后成长过程中，他们会将性的吸引力指向与自己有较大差别的异性，性取向为异性恋。更多参与女性化游戏和活动的小男孩认识到自己与男孩之间的差异比与女孩间的差别更大。在今后成长过程中，他们会将性的吸引力指向与自己有较大差别的同性，性取向为同性恋。成长的经验和环境强烈地影响儿童性取向的发育和发展方向。所以，在童年时期，应当鼓励孩子积极地参加与自己性别相匹配的游戏和活动，促进健康的性取向形成。

对于男性，儿童期和青春期的女性化行为与成年时的同性恋倾向密切相关。然而，与男性不同的是女性早期的男性化行为对女性的性取向影响不是太大。Marie E. Tomeo 等人（2001年）报道，46%的男同性恋者报称遭受同性猥亵，相比之下男异性恋者只有7%；22%的女同性恋者报称遭受同性猥亵，相比之下女异性恋者只有1%。因此，女性同性性取向的形成可能与其早期的性经历有关。当前虽然在女同性恋成因问题上取得了一定的成果，但尚未形成定论。各学者在研究过程中很少进行调查研究，主要从经验理论来推导。对女同性恋成因研究很少，有待于进一步深入的研究。[1]

曾有一案例，一位男同性恋者参与双生子的基因研究后，告诉他的同卵双生兄弟自己是同性恋者，他的兄弟十分惊讶。他的兄弟一直以绝对的异性恋方式生活着，虽然他有感觉到其他男性对自己有一定的吸引力，但是他从未将这种感觉定义为同性恋。美国的国家健康及社会生活调查（NHSLS）发现，城市人口中认为自己是同性恋者的比率明显高于郊区或农村地区；另外，认同自己为同性恋身份的人倾向拥有更好的教育背景[2]。由此可以认定，在两性发育成长过程中，社会环境因素对性取向的形成起到很重要的影响作用。

三、文化环境因素

（一）欧美性价值观下的同性恋论点

1. 欧美"新性革命"带来性观念和性道德的转变

自20世纪70年代以来，欧美的"新性革命"者提出性行为目的四阶段论（参阅第一章第二节），认为人类性行为的目的与人类（现代智人）文明发展的历史进程相匹配，依次是生殖—婚姻—爱情—娱乐。其核心是完全淡化，甚至去除性行为的生殖功能，并为同性恋行为提供理论基础。更进一步，该理论质疑"是否真的存在异性恋的

---

[1] 宗金莎，李雪平. 近10年来我国女同性恋研究述评［J］. 中国健康心理学杂志，2014，22（3）：470-472.
[2] （美）格雷·F·凯利. 性心理学［M］. 8版. 耿文秀等译. 上海：上海人民出版社，2011：386，387，399.

性欲、性行为",提出同性恋者异性恋化;在这个意义上,异性恋者也倡导"同性恋者"的自由和独特性——没有后代。因此,该理论认定同性恋行为是文化的产物,是对父权式一夫一妻制造的重男轻女的反叛和一种替代选择,是个人生活方式的选择[①]。

1)否定性行为的根源是生殖需求

同性恋的性行为是以异性恋的性行为为参照。在同性恋关系和性行为中,一方扮演男性角色,一方扮演女性角色。这表明同性恋是性意识与性生理的角色错乱,也可以理解为没有异性恋,也就没有同性恋。因为异性恋最原始、最核心的目的就是生殖,所以欧美相关学者提出和支持同性恋是一种生活方式的论点,就必须否定人类性行为的目的是为了生殖这样的生物学本质。

支持同性恋的欧美性学者首先抛出一个观点:人的一生有数千次的性行为,只有为数不多的性行为目的是为了生殖。由此,他们推断人类性行为的主要目的是为了娱乐,而不是生殖。其次,当今大量的异性恋性行为与同性恋性行为一样并没有新的生命诞生,纯粹就是为了满足性欲,获得性释放和性快感。因此,这些学者断定这是同性恋和异性恋的共同点。

虽然性行为的次数对于无法通过性行为生儿育女的同性恋人群或异性恋人群都毫无帮助,但极少有人会抱着与谴责同性恋非生殖性行为一样的态度,去斥责异性恋非生殖性行为是违背自然规律的。于是

---

① (德)福尔克马·西古希. 性欲和性行为——一种批判理论的99条断想[M].(德)王旭译. 北京:社会科学文献出版社,2018:418-419.

这些学者认为，宣扬一种让一部分人类无法企及的性道德标准——为了生殖目的进行的性行为，往好了看就是虚伪，往坏了看就是残酷。因此，他们必须否定性行为的目的是为了生殖这一观点，以此拉平异性恋和同性恋的差异，并硬生生地造出二者的共同点。在否定性行为的目的是生殖的生物学本质后，欧美的性学者就可以用各种研究论证坐实同性恋者的心理健康和社会适应与异性恋者没有显著差异，由此得出同性性取向（同性恋）是正常的结论。

正如在上一节笔者已讨论和阐述过的，人类高频率的性行为（交媾）应当放在百万年的演化过程来分析讨论，而不是隔断历史进程，仅从当下现象来论述这个问题。因此，上述欧美性学者立论的基础本身就是错误的。

2）否定一夫一妻制

同性恋人群由于没有怀孕和婚姻的束缚，很多人可以随心所欲地为了性欲而发生性行为。因此，欧美的同性恋价值观反对夫妻互相忠诚，也反对一夫一妻制。他们认为，在传统社会文化教育中曾建立起的对性行为的唯一道德判断标准——性行为应当仅仅发生在忠诚的、一夫一妻的关系（通常是婚姻）内，并没有价值。

同性恋文化一直在为思考性道德提供新的角度——这些角度并不掺杂生育、婚姻、爱，甚至不涉及忠诚或一夫一妻制关系。以 2005 年的一项调查为例，40% 的同性伴侣支持开放式的性关系，相比之下，仅有 5% 的异性恋伴侣表示支持开放式的性关系。如果这类性观念成为常态或者逐渐被社会所接纳，正如有些人所言，一定是同性恋人群开启开放式性关系这扇门。支持同性恋的欧美性学者否定世人广为认可的性道德，认为异性恋文化是探究性和性行为目的的绊脚石。他们认为异性恋人群可能对开放式性关系的观点感到不满，但是他们不认为异性恋文化就占据了性问题的道德高地。当前的流行文化中，很多婚姻关系恶劣，如各种有问题的异性恋关系、出轨……这一现象更让相关学者坚信，始于19世纪传统异性恋的性道德，已经缺失了或是面临淘汰。

此外，人们对一夫一妻制和忠诚也有了新的看法。人类预期寿命较低时，一生仅有一个性伴侣似乎更容易实现。然而，人类的预期寿命一直在上升，1960~2017年，人类的平均寿命增加了20年。到2040年，人类的预期寿命将再增加4年。全世界多数国家的离婚率和再婚率仍在持续攀升，2013年的皮尤（Pew）研究中心调查显示，2/5的美国婚姻夫妻中至少有一人是再婚的。也许，随着预期寿命变得更长，直到死亡让我们分开将不再是我们的目标。

3）性别概念的再定义

随着性观念的转变，在欧美文化中，对于性别也提出了新的定义。朱迪斯·巴特勒（Judith Butler）[1]是颇具代表性的人物，她指出性别是被社会演化出的观念，性别本身并不具有生理意义上的决定性（expressive），相反它要求人按照剧本演戏（performative）。这种定义的目的是出于保证繁殖效率及男性优势地位的持续维护。这就是朱

---

[1] 全新的性革命即将到来了吗？2019年7月25日. http://www.163.com/dy/article/EKTUOM5F05149MVQ.html.

迪斯·巴特勒著名的性别操演（gender performativity）理论。基于此，对于性观念她也提出了自己的观点——也许与性有关的真正奇怪的事情就是享受它[①]。这个性别概念的定义完全否认性别的生物学基础。

2. 同性恋问题的政治化和潮流化

从人类学角度来看，文化是人类行为和思想的体系，是作为社会成员的人群习得的复杂体系，包括知识、信仰、艺术、道德、法律、习俗和其他的能力和习性。文化的特征：习得、象征、共享。欧美的主流精英认为，至少在某种程度上，所有的人类行为与偏好，包括情欲表现在内，都是通过学习而来、具有可塑性，且是文化建构的[②]。欧美学者是用性欲和性行为的可塑性来否定性欲和性行为的生物学特性的本质，从而将性和性行为完全纳入人文社会学的文化范畴，并借此提出人们可以根据自己的性需求和寻求亲密的方式来自由选择自己的性行为。因此，作为个人生活方式的性行为选择是属于个人的隐私，更属于人权范畴。当今，在欧美国家讨论性取向、认同同性恋已是涉及文化期待和属于政治正确的问题。例如，20世纪90年代，美国一家公司高管曾因公开反对同性恋而遭到解聘。在欧美国家，将同性恋视为非正常的性行为或心理障碍的人会受到攻击，并被认为是践踏同性恋者人权的压迫者。由此，同性恋问题及在更高层面上的性和性行为问题完全被抹去生物学本质，去生物医学化，变得政治化、潮流化。

---

① 朱迪斯·巴特勒（Judith Butler），1956年出生于美国，耶鲁大学哲学博士，加州大学伯克利分校修辞与比较文学系教授。后结构主义哲学家、酷儿（queer）理论家、女性主义哲学家、修辞学与比较文学教授、社会活动家、女同性恋。
② Conrad Phillip Kottak. 文化人类学[M]. 2版. 徐雨村译. 台湾：巨流图书公司，2011：309.

笔者认为，这种文化思潮的传播，将可能误导众多并无同性恋生物学因素的年轻人有意识地将其作为一种值得效仿的生活方式，实施同性间的性行为，成为社会学的同性恋（后天性同性恋）。

（二）文化传播对青少年的影响

1. 网络和传统媒体导向的浸淫和影响

世界范围内，网络和自媒体上关于性取向的问题基本上被以欧美为主导的性和性行为价值观所把持，支持乃至于过度美化同性恋的文章受到流行文化的认可和青睐；鲜有不认同同性恋的文章，即使出现也马上遭到语言暴力的围攻。国内的各种媒体（包括各种纸质媒体）极少有阐述同性恋问题持中性立场的文章，不时地有些倾向认同同性恋的文章和声音出现。除了民间所谓艺术文化领域的网络意见领袖（Key Opinion Leader，KOL）外，一些社会学、性学的专家学者，包括高校的一些教师，他们发出的声音一边倒地认同欧美的性和性行为的论点，无条件支持同性恋。他们认为，在科学界逐渐认识到同性恋是正常现象的今天，我国大部分民众仍因深受传统观念的影响而对同性恋现象存在误解，同性恋一词也被严重污名化，同性恋者真实的生存状况并不为公众所了解[①]。他们普遍持类似的观点：认为同性恋是根据自己的实际需要选择满足情欲的方式，或认为情欲的根源不是生殖，而仅仅是舒缓压力、调节情绪，或拉近人际关系的一种辅助手段，是为了个人理性发展健全服务的，不能反过来因为它而损害了自己的健

---

① 郑佳然，文倩茹. 新媒体时代同性恋大学生身份认同建构过程研究[J]. 当代社会工作学刊，2020，11: 1-37.

全理性。这样的观点忽视了性和性行为的生物学特性，某种程度上还引导和催生社会性（后天性）同性恋的产生。

2. 导致部分青少年背离性和性行为的生物学本质

许多男同性恋者或女同性恋者都认为青春期是他们对自己性取向迷惑的时期。虽然多数男同性恋者会在孩童时期就感觉异样，但是大多数直到青春晚期才认识到自己是同性恋。男同性恋平均15岁时依靠自己的同性恋感觉行事，女同性恋平均20岁时有第一次生殖器性经历。实施同性恋行为的大部分人就是在15~25岁建立他们的同性恋观念。因此，青春期的年轻人如果在环境因素和文化媒体的影响下，一再地好奇、尝试、追求同性恋行为和经验，更可能在今后的生活经历中形成同性恋意识。

在受到网络媒体、部分社会学家和高校教师的影响，许多年轻人，特别是大学生对同性恋的普遍认识是人人都可以这么做，进而认同欧美有关同性恋的观点：这么做很酷，以致年轻的同性恋者中（特别是大学生），除部分是生物学的同性恋（即先天性同性恋或称为绝对同性恋）外，相当数量是属于社会学的同性恋（即后天性同性恋）。年轻人认同同性恋或宣称自己是同性恋的个体数量与文化程度成正比，这一趋势随着时间的推移而逐渐显著。1997年曾有一项基于珠三角高校的调查，其中涉及性取向的问题——你跟异性交往的愿望是否强烈，结果显示16.4%的大学生选择非常强烈，36.7%的大学生选择一般强烈，10.6%的大学生选择不是很强烈，28.6%的大学生选择不强烈，

7.6% 的大学生选择不清楚[①]。2016~2023 年，选修笔者性教育课程的约 5000 名大学生，在回答"你认为同性恋应是一种可以接受的不同生活方式"问题时，超过 2/3 的人选择了认同，而 2007~2015 年只有略多于 1/3 的大学生选择了认同。这些对同性恋认同的大学生既包括一些自身就是同性恋的人群，也包括一些并非同性恋的人群。在这短短的 5 年时间里，青年学子对同性恋认同的人数激增，无可置疑是网络媒体文化影响的结果，是环境因素促成的，而非生物学因素。

有记者观察和采访北京同性恋群体的情况，他们的个人背景基本上是家境不错、生活富裕，有比较高的学历和文化修养，儒雅且文质彬彬[②]。美国的调查数据也显示，认同自身为同性恋的人拥有更好的教育背景，属于中等或高等社会经济阶层。城市人口中认同自己是同性恋的比率明显高于农村地区，其中男同性恋者报告比率高于女同性恋者[③]。这些结果与笔者于 20 世纪 90 年代在上海见到的男同性恋圈子的情况相似。当时，这些男同性恋者西装革履，明显属于有一定经济基础和社会地位人士。这种现象也从另一方面证实文化教育及媒体对社会性（后天性）同性恋形成起着很重要的作用。

3. 其他不良的后果

在文化环境因素的浸染作用下，当代年轻人可能被误导。他们认为所有的同性恋于社会、他人无害，不必视之为异类或生理心理障碍，

---

① 谢爱华，张栋贤. 当代大学生性现状研究 [M]. 社会科学文献出版社，2011 年：79.
② 徐金梁，王彦芳，闫欣，等. 神经心理学原理 [M]. 北京：人民军医出版社，2015：274.
③ （美）格雷·F·凯利. 性心理学 [M]. 耿文秀等译. 上海：上海人民出版社，2011：386-387.

就是"正常"的一种生活方式。2013 年，香港某项研究对 2503 名高中生进行问卷调查，当在问到追求异性屡败时是否考虑转而追求同性，有近 11% 称一试无妨，5.7% 则指会双管齐下两性一并追求[①]。

目前，同性恋是一种生活方式、是个人的权利、是人权这种理论，与当今我国社会价值观和传统道德观念相冲突。国内有部分社会学专家和学者认同或支持同性恋，且认同上述观点，这给年轻人，尤其是大学生造成极大的冲击和认识上的错觉。这也是近年来国内高校同性恋者人数不断增加的重要原因。

当今大学生中，同性恋的人数（主要是男同性恋）有不断增加的趋势，虽然没有报告或深入的调查研究，但是不可否认其中有相当数量并不是原发性同性恋者，也就是并没有生物医学原因，而是受网络媒体和部分专家学者所宣扬的欧美性价值观的浸润，成为社会学（后天性）的同性恋。这种现象进而产生一个令人痛心的事实：我国男男性行为传播艾滋病病例占我国报告艾滋病病例的比例，从 2007 年的 11.0%，到 2017 年已上升至 25.5%[②]。

与此同时，大学生中的男同性恋艾滋病患者的数量也在增加。近年来，每年青年学生艾滋病病毒感染者中，超过 80% 的人是通过男性同性性行为感染，每 12 位男性同性性行为者中就有 1 位是艾滋病病毒

---

① 中新网，http://www.chinanews.com/ga/2013/09-08.
② 中国疾病预防控制中心性病艾滋病预防控制中心. 2017 年 12 月全国艾滋病性病疫情［J］. 中国艾滋病性病，2018，24（2）：111.

感染者[①]。其中有些人已经不幸逝世。笔者就曾目睹了由此发生的白发人送黑发人的人间悲剧。

四、社会对同性恋的认识

（一）古希腊

西方文明主要的发端是古希腊文明。古希腊在众多古文明中对同性恋持罕见的支持态度，并且认为不允许同性恋的城邦是落后而愚昧的，著名论点例如柏拉图《会饮篇》中的阴阳人论等。据记载，亚里士多德（柏拉图的学生）也有同性恋倾向，他会利用自己的学问诱惑美少年，常与弟子克里伊尼亚情语绵绵，并将先哲与弟子交流的猥亵谈话读给他听。虽然古希腊人仍然要求不浪费生育资源，为了生育后代，已婚女性甚至可以和别的男人交媾。在古希腊，两个男人之间的性亲昵行为还是比较普遍，但是主要性活动是男性将自己的阴茎插入另一男性的大腿根部之间（非肛门），通过接触引发射精，女同性恋在有关古希腊社会性生活的史料中不占重要地位。有学者认为社会文化对于同性恋的认可与古希腊贸易发达、对农耕并不十分依赖有关。传统农耕文明的社会形态需要大量的劳动力，同性恋行为的泛滥会阻碍人口的繁衍。因此，农耕文明中社会文化普遍对普通民众的同性恋的认知和行为进行苛刻的钳制，并采取严酷的措施。

---

① 中国疾病预防控制中心. 青年学生预防艾滋病核心信息［A/OL］.［2022-2-11］. https://www.chinacdc.cn/oafg/kpgjoa/202202/t20220211-256714.html.

（二）中世纪和当今的欧美

同性性行为无法繁衍后代，因此在中世纪的基督教教义中也被谴责为罪恶。19世纪末期到20世纪50年代前，在欧洲和美国，同性的性取向被认为是一种医学上的病理现象，同时在道德上也被认定为是罪恶的，甚至在一些地区或某个时期被认为是违法的行为。

在欧美国家，始于20世纪60年代的性解放思潮提出的核心观点有以下几点：人类相对于其他哺乳动物有更高频率的性行为的目的不单纯是为了生殖，更是为了愉悦；将作为繁衍生殖手段的性行为与纯粹作为抚慰和快感的性行为区分开来，由此将性行为作为舒缓工作和生活压力或密切人际关系的一种辅助手段；应当尊重个人的欲求表达和选择。在性解放思潮促进和支持下，社会认同同性恋的活动兴起，这些活动宣称个体的同性性取向不是病态的，而是一种生活方式的选择。1968年6月27日，美国警察突击检查纽约一家同性恋酒吧，随后引发骚乱。支持同性恋的群体在该地连续集会5天，抗议对同性恋的不认同，并宣扬同性恋者的权利。仅在4年后，1972年同性恋团体冲击美国心理学大会，迫使美国精神病学会命名委员会在1973年将"同性恋"从精神病诊断和统计手册（DSM）中删除。多年后，当时力主删除同性恋章节的美国已故精神病学家和权威Robert L. Spitzer（1932—2015）告诉有关学者，他和命名委员会的成员并非想提议同性恋是正常的或健康的，这样的结论是极其错误的。他解释，仅仅将某种状态不再看作是精神异常，并不意味着它就是健康的①。但是，这些美国专家学者 50 年前或是身不由己的行为，已经深刻地影响和改变世人对性取向及相关议题的认知。这一事件也让世人了解到欧美同性恋团体巨大的社会能量——人文科学的意识形态有可能改变自然科学中生物医学的研究结果。

然而时至今日，一个被力图掩盖的事实是美国仍然有不少男同性恋者感到情绪低落、焦虑和不快乐，想努力克服同性恋倾向，寻求"修复性"治疗师的帮助。美国亚利桑那州的 Floyd Godfrey 做了 15 年的"修复性"治疗师，他自己此前也是一名同性恋者。他的客户很多都是想努力克服同性恋倾向的男性。这些客户感到情绪低落、焦虑和不快乐，所以才来寻求治疗师的帮助。Godfrey 说："他们觉得自己格格不入，不像一个男人，这往往导致抑郁。"②

（三）我国社会对同性恋的认识

我国古代汉语没有"同性恋"这一名词。但是，在古代史书里可以阅读到与同性恋相关记载的痕迹，如称之为"男宠""男色"等。《战国策·魏策》中龙阳君为魏王拂枕而席；故有"龙阳之好"的成语，用以指代男同性恋者。《汉书·董贤传》记载，汉哀帝与美男子董贤感情甚笃，竟在与董贤共眠时担心惊醒董贤，而将压在董贤身下的衣袖剪断（故"断袖"亦指男同性恋的行为）。女同性恋行为称为"磨镜"。

---

① 罗伯特·爱普斯坦. 性取向是一个连续谱[J]. 环球科学, 大脑之谜——意识、智力与性爱, 2018: 156-158.
② 罗伯特·爱普斯坦. 性取向是一个连续谱[J]. 环球科学, 大脑之谜——意识、智力与性爱, 2018: 156-158.

然而，从宋朝开始实行严厉的性禁忌，一直到元、明、清、民国和近代都排斥、反对同性恋。1997年前，如果两位男性发生性行为，还属于刑法界定的流氓罪。近年来，同性恋的现状随着我国对外开放、快速发展而发生急剧变化。1997年新版《中华人民共和国刑法》删除惩处同性恋性行为的流氓罪，标志着同性恋在我国除罪化。到了2001年，我国政府公开取消了同性恋是"患者"的说法。

综上所述，现代文明正沿着宽容的方向发展，并逐步接纳生物学性的同性恋现象。但是，笔者认为不应当将同性恋的问题去医学化和去生物学化，转而社会化、意识性形态化，进而成为政治问题。在欧美的性价值观主导下，同性恋已经愈来愈成为一个社会政治问题，甚至成为人权概念范畴的标志性议题，从一个极端走向另一个极端。这使得在医学上，将同性恋诊断为非正常，医生会背上沉重的社会道德包袱，在欧美甚至上升到"政治正确"的问题。同性恋团体的极端行为使科学活动受到干扰，基本的科学研究方法被忽视或抛弃了。

与此同时，我们还应该重视国内当前社会年轻人和高知人群对于同性恋看法的现状。根据2020年的一个调查，异性恋大学生总体认为同性恋是正常现象的比例为54.4%，不确定其是否正常的比例为25.6%，认为其不正常的比例为20.0%，异性恋大学生在性别、学科、生源地及家庭经济状况上存在差异。总体而言，女性、本科以上、社会科学或人文艺术类专业、来自大城市、家庭经济状况好的异性恋大学生对同性恋现象的包容度较高。[1]

---

[1] 张宇迪,张迪.异性恋大学生认为同性恋正常吗?——多元文化接受度的分析[J].中国健康心理学杂志，2020,28(2):5.DOI:10.13342/j.cnki.cjhp.2020.02.016.

一个被误用的同性性行为的例子

南太平洋岛国巴布亚新几内亚的桑比亚（Sambia）人中，男童被强迫与年长的男性口交的例子，常常被支持同性恋的学者提起。事实是，这种同性口交行为源自该部落的传统文化习俗。他们相信精液是部落男童生长发育必需的营养物质，而且精液无法在体内自发产生。因此，男童必须从7岁开始作为精液接收者与十几岁的男孩口交。但是只能口交，不允许自我手淫。在十几岁前，他们禁止与异性产生性关系（包括与异性接触）。只有在青春期末，他们才可以结婚，开始与异性进行性生活，部落的所有人全都如此。①

第四节　双性恋

一、定义

双性恋（bisexual）又称为双性向，是指一个人的性取向同时指向男性和女性；也就是说，其性取向即指向同性又指向异性，两性同等指向。双性恋是三大主要性倾向分类之一，与异性恋、同性恋并列于性取向连续谱。双性恋者不是双性人。后者是生殖器官先天性畸形，或者同时存在男女两性的生殖器；双性恋者无生殖器官的畸形［参阅第一章第一节，三、性激素对性别形成的生理作用，（三）双性人］。Bailey J M 等人（2016 年）在一篇综述文章中指出，欧美学者的研究

---

① （美）戴维·巴洛，（美）马克，杜兰德. 异常心理学［M］. 4 版. 杨霞等译. 北京：中国轻工业出版社，2006：379.

表明 1% 的女性及 0.5% 的男性自认为是双性恋者[1]。

二、表现和行为

临床研究的学者认为，许多双性恋者既属于同性恋者又有着异性恋的性行为。部分双性恋者可能在某一阶段对同性感受到吸引力，在另一阶段对异性感受到吸引力。双性恋的性幻想多涉及同性，实际上更容易被同性激起性欲。真正的两性完全等价取向，对同性和异性同样喜欢、同样容易被激发性欲者较少见。一些男同性恋者认为，根本就不存在真正的双性恋[2]。

Rosario M 等人（2006 年）对 156 名男女同性恋者、双性恋者的纵贯研究证实，双性恋也可作为一种过渡性的性倾向认同。在一开始评价的时候自认为双性恋者的青年当中，有 6~7 名成人于随后评价中继续维持原本的身份认同，3~4 名成人改认定自己为同性恋者。事实是仅有一小部分同性恋者完全以同性别的人为目标，以至于对异性爱一无所知；绝大部分的同性恋者对异性有不同程度的兴趣，并有这方面的经历。因此，大部分有同性恋倾向的人实际上都是双性恋者[3]。因此，生物医学要客观、准确地判定双性恋还是存在着一定的难度。

---

[1] Bailey J M, Vasey P L, Vilain E, et al. Sexual Orientation, Controversy, and Science [J]. Psychol Sci Public Interest, 2016, 17(2): 45–101.
[2] （美）珍妮特·S·海德，（美）约翰·D·德拉马特. 人类的性存在 [M]. 贺岭峰等译. 上海：上海社会科学院出版社，2005：449.
[3] （美）贺兰特·凯查杜里安. 性学观止 [M]. 6 版. 胡颖翀等译. 北京：科学技术文献出版社，2019：379.

三、动向

欧美自 20 世纪末以来，双性恋者否定异性恋、女权主义和同性恋，拒绝传统对性别的认定，认为自己是"新性者"。有美国学者甚至提出"我们正处在一个双性恋的时刻"，他们认为双性恋是一种不断突破、不断游离和进出于一夫一妻制、性对象专一的生活[①]。"新性革命"学者鼓吹的双性恋是"性自由"的升级版，更是对现有道德和法律的挑战。一个人同时拥有两位不同性别的性伴侣，是无法以一夫一妻制的婚姻关系来界定这三人的关系属性的。所以"新性革命"的学者必须否定一夫一妻制，才能使双性恋行为在理论上合法化。这样一种理念和其指导的性行为完全背离我国的法律和道德标准。

---

① （德）福尔克马·西古希. 性欲和性行为——一种批判理论的 99 条断想[M]. （德）王旭译. 北京：社会科学文献出版社，2018：431-433.

第八章

性别认同

性别认同（gender identity）是人类的特性，是用来表示个人主观上对自身男性/女性的生理特征的辨认和意识，即掌握自己的性属性。性别认同有时也称为性别同一性。虽然 gender 和 sex 中文都翻译为"性别"，但是 gender 英文本意是指"社会性别"，有别于生物医学的性别含义。从个体出生开始，一般父母便以解剖生理学的特征为基础，开始以特定性别相适应的方式抚养和教育他们，如姓名、服饰、玩具，乃至行为要求、生活方式、道德准则等。儿童从成人对他们的态度中逐步接触到自身的性别问题，并且用某些外在的表面标记区别周围的男性和女性。在正常情况下，儿童总是以确定的性别身份进入社会生活实践。

性别认同应当以生物医学属性为基础，是雌雄异体的人或动物有性生殖方式的天然要求。所以在常规的情况下，性别认同总是与性染色体决定的性别相一致。然而，人类是社会化的动物，深深地受到后天社会环境因素的影响，生物学本性与后天的习得性，也就是与心理学和社会学因素相互作用，最终形成个体的主观性别认同。

第一节　性别认同概念的发展

性别认同的生物学基础是性别分化，性别分化发生在人类发育的早期。性别认同形成于婴儿出生后的 1.5~3 岁，2.5~3 岁的儿童已经能明确认识自己的性别身份；到七八岁时，儿童大都已形成性别恒常性（即使改变服装和行为，性别也不会改变），会按照男孩或女孩"应该的方式"行事；之后就终生保持相对稳定的状态。从生物学角度，性别认同有利于求爱、交媾和哺育后代等顺利完成。从社会学角度，性别认同用于规范人际交往的社会行为。然而，由于受性禁忌等因素的影响，至今，我国少年儿童还做不到完全接受恰当全面的、健康科学的性教育，他们仅仅通过称呼、服饰等社会行为赋予的标记特征来识别男性或女性，有些儿童无法解释为什么自己是男孩或女孩，这种现象很可能造成在人际交往中产生误区，以致发生对性别的认知错误。

一、生物学因素

（一）遗传因素的影响

遗传基因中 X 和 Y 性染色体的组合决定了一个人基本性别。在胚胎 6 周前，男女的性腺胚基外观相似，都偏于朝女性卵巢方向发展；但是，男性胚胎在 Y 染色体性别决定基因（SRY 基因）表达的睾丸决定因子引导下，性腺胚基在胚胎 7 周形成睾丸，并开始分泌雄激素——睾酮。最终，睾酮指导胚胎形成男性生殖系统。同时，睾酮促进大脑发育和组构，完成男性模式，使婴儿出生后会天然认同自己属于男性的生物学性别。一项动物实验表明，在怀孕期间，雌性恒河猴服用大剂量的雄激素，结果所生的雌性幼猴的嬉戏行为与雄猴很相似。这提示胚胎在宫内发育时，激素异常可以造成性别认同障碍。与之相反的是，在出生后，使用雄激素会使许多正常成年女性增加性欲或躯体出现男性化，然而却无法改变她们的性取向。

性别认同障碍和同性性取向都可由胚胎时期大脑接受性激素异常造成。从目前的研究结果分析，大脑不同的脑区接受性激素作用发生障碍，会导致成年后个体对自身固有的生物学性别的认知和性行为的模式产生误解。这种论点可解释性别认同障碍和性别取向异常现象。胚胎期的性激素影响大脑终纹床核（参阅第二章第二节，二、大脑皮质的性行为调控中枢：边缘系统，（七）终纹床核），导致发生性别认同障碍。性别认同障碍的男性中，终纹床核明显小于性别认同与生物学性别一致的男性。荷兰学者检测42具遗体大脑的终纹床核的生长激素释放抑制激素能神经元的数量，发现不论性取向，男性的终纹床核的生长激素释放抑制激素能神经元的数量是女性的两倍。男变女的变性人该神经元的数量与女性相似，而女变男的变性人该神经元的数量与男性相似[1]。或许这正是性别认同障碍的神经解剖学基础。而男同性性取向者（即同性恋）神经解剖学基础是下丘脑前部的性二态核比男异性恋者小（参阅第七章第一节，二、行为学）。在胚胎期，性激素对脑的发育和组构的影响和作用是整体性的，但是在不同脑区却发生了不同的形态结构改变，由此产生了不同的非正常性功能，即性别

---

[1] Kruijver F P, Zhou J N, Pool C W, et al. Male-to-female transsexuals have female neuron numbers in a limbic nucleus [J]. J Clin Endocrinol Metab, 2000, 85(5): 2034-2041.

认同障碍和同性性取向。该问题有待专家学者进一步探讨和研究。

（二）发育期青少年的激素影响

1. 直接影响

发育期青少年是从儿童期结束，青春期开始一直延伸到完全成人的发展阶段，也就是有能力通过性行为实现生殖的成熟阶段。在哺乳动物，甚至动物界中，仅有人类在出生后须经过性激素主导的第二次发育（青春期）。第二次发育导致男性和女性在解剖学、生理学、心理学上发生明显的差异性变化，即第二性征的出现，如女性声音尖细、乳房发育、皮下脂肪蓄积；而男性声音低沉、骨骼肌发达、皮肤粗糙等，从视觉、听觉、行为学上强化个体的自我和他人的性别认同。他人可以根据认定的性别角色现象（如衣着、发型等）对个体赋予性别。然而，迄今没有实验证据表明，在青春期或成年后性激素的改变会引发性别认同和性取向的改变，如女性多囊卵巢综合征或多毛症虽然体内雄激素过高，但除性欲增强外，并无性别认同障碍和性取向异常等。

2. 间接影响

在生长发育过程中，青少年正处在学习认知阶段，容易产生青春期冲动和逆反心理。青春期的逆反心理同大脑边缘系统与前额叶皮质发育不匹配有紧密的关联。在性激素的作用下，负责驱动和调节情绪的边缘系统从青春期开始（一般10~12岁）快速发育，而负责提供合理判断和控制冲动的前额叶皮质发育相对较晚，大约在20岁才能完全发育成熟。因此，发育期青少年更易受到社会环境的影响。如今，由于欧美性开放和性价值观可能恰与我国传统文化习俗相抵触，随着这股文化思潮的浸润和冲击，青少年或许会更愿意选择偏离传统、经典的生物学方向的性别认同或性取向。一个明显的例子：2016~2023 年，笔者调研学校大一、大二的医学生 5000 余人，超过 2/3 的大学生赞成性别可以自由选择的观点。

二、社会环境因素

（一）婴幼儿期的生活环境

从呱呱坠地的那一刻开始，婴儿就以解剖生理为特征的性别，被对待和养育。在婴幼儿期，父母亲的认识和想法起着重要的作用，可导致个体出生前生物学特性决定的性别角色发生明显的变化。一个典型案例可以验证这个观点：有两名先天性肾上腺皮质增生症的女性患者，出生时她们的生殖器官都呈男性化，一人被父母认定为女性，一人被父母认定为男性，最终两人始终如一地依照父母认定的性别形成自己的性别认同[1]。

Green R（1978 年）发现，具备女子气质的男孩早期生活体验往往有如下方面：通常在 4 岁前，监护人鼓励促成男孩女子气的行为（如穿女装），或对这种行为不加阻拦；母亲过分呵护孩子；男孩的女性玩伴多于男性玩伴；在感情心理上缺乏男性角色的成年人做榜样；父亲非常讨厌男孩，并与之疏远；男孩眉清目秀，父母将他作为女孩对待。

---

[1] （美）本杰明·萨多克，哈罗德·长普兰，艾尔弗雷德·弗里德曼，等. 性科学大观[M]. 李梅彬等译. 成都：四川科学技术出版社，1994：333.

但笔者认为，具备女性气质的男孩并不一定都会发展成性别认同障碍，只是发生的概率较一般人大得多[①]。

心理学家柯尔伯格（Lawrence Kohlberg，1927—1987）提出，性别特征的形成必须包含3个概念，或经历3个阶段：性别认同、性别稳定和性别恒定。性别认同通常在3岁左右获得。在4~5岁时，儿童发展出性别稳定的概念——性别是终身不变的。在8~9岁时，他们得到更高级的性别恒定概念——性别是不可改变的，即使人改变了外表和行为，他的性别还是不会变的。因此，婴幼儿时期的生活经历和学习环境，对一个人形成健康的性别认同是相当重要的。

（二）青少年及成人期的社会环境

在青少年及成人期，个体的性别认同在相当大的程度上受到各种社会因素的影响，如个人的道德立场、工作地位、信仰（或无信仰）和家庭等。男子气的女生会爱与男生一起打球，或在行为举止上做出男性化的行为；而比较阴柔的男生也会对女生产生认同，终日与自己的"姊妹"在一起。耳濡目染这些行为，潜移默化导致个体偏离自身生物学的性别认同。

近期一项研究表明，从10岁持续到25岁，大脑对新鲜事物和社会学习的边缘系统正经历快速发育到成熟过程，而负责推理、判断的前额叶却缓慢地、稳定地发育直至成熟。这种生理基础可能导致青少年易冲动冒险且对社会环境过度敏感。随着青少年步入社会，受到成

---

① Green R. Sexual identity of 37 children raised by homosexual or transsexual parents [J]. The American Journal of Psychiatry, 1978, 135(6): 692–697.

长环境的影响越来越大，在对性的认知方面更容易受到环境影响而发生变动。其中尤为重要的是青少年接触的性知识及接受的性教育（这一过程被称为性的社会化）的方式。

目前，由于受到传统的性禁忌思维惯性的影响，我国青少年缺乏正面的、健康的、系统的性教育，他们只能通过网络、媒体、书籍等获得大量碎片式的、良莠不齐的性知识。笔者根据对所在医学院校选修课程的医学生进行调研，结果显示在2015年前，仅有1/3的学生通过网络获得性知识，从2016~2021年90%以上的学生的性知识都来自网络。网络上大量充斥着欧美的性和性行为的价值观，这使得当代的年轻人尤其是大学生，对性别认同的认知逐渐偏离了传统的以生物学特性为基础的理念。

三、"新性革命"的性别认同论点

（一）"多性别"论

在性别认同的问题上，网络上充斥着以欧美为主导的性价值观的文章和论述，力主宣扬"多性别"论。"多性别"论的核心本质是忽视人在生物学上的性别差异，采用在逻辑学上的概念对性别进行区分，将个体发生与性相关的基因突变、畸形，以及偏离生物学性别认同等非常规现象，当作正常生理发育下人类不仅只有男女两性，而且在男女两性之间还存在多种性别的证据。相关学者的文章涉及与生俱来的生物学性别时，都用"the sex that they were assigned at birth"，译成中文就是"出生时被指定的生理性别"，让人形成一种错觉似乎性别是后天指定、给予的。

欧美相关性学者认为，人们应当打破或重新认定迄今为止以基因为基础的非男即女的二元性别认同，必须承认至少有六七种不同的性别：除传统典型的性别认同特征的男性和女性外，还有心理变性人（transsexuelle）、性生殖器变性人（transgender）、双性人（intergender）、动态或称流动性别者（liquigender）和无性者。更为极端的是，也有人提出"有多少人的存在，就会有多少种性别的形态。性别在第一层面上是由文化和社会心理制造而成的，并不是如普遍所假定的那样由生理决定的"[①]。上述论点完全否认了人类性别在生物学上的区分——人类种群赖以生存繁衍的生殖方式中的雌雄两个体就是男性和女性。然而，这样的思潮已经深刻地影响我国年轻人，特别是大学生对性别的认知。从 2010 年开课至今，在问卷回答中，本校选修本课程 2/3 以上的大学生认同人的性别可以任意选择。

（二）"兼性"论

"新性革命"的学者以双性人（参阅第一章第一节）非常态的特例和特点为基础，同时将个体在日常生活和社会活动中，因性格和气质所呈现的非典型的男性或女性表现归纳为"兼性（androgynous）"。该观点认为："兼性"即一个个体同时兼具社会规范的男性和女性特征。自认"兼性"的人并不否定自己所拥有的生物学性别。因此，"兼性"的男性会表现出男性化的社会性角色，例如在工作挣钱的同时负担抚

---

① （德）福尔克马·西古希. 性欲和性行为——一种批判理论的 99 条断想[M].（德）王旭译. 北京：社会科学文献出版社，2018：131.

养子女等的责任，而"兼性"的女性会表现出女性化的社会性角色特点，例如温言细语等。此外，"新性革命"的学者还指出，当参加各种不同性别的活动时，"兼性"的人比单纯男性气质或单纯女性气质的个体更加自如适应（Bem S L. 1975）。

笔者认为，首先，社会规范的男女两性的特征是以生物学本质为基础，高度抽象地归纳男女两性在实际生活和社会活动中不同的、独特的表现。对这些表现的概括，可以视为是对男女两性特征的典型描述，而不是用来定义男女两性的标准。其次，社会规范的男女两性的特征并不排除和否定在现实生活中，每个人的性格气质或心理状态都不会完全符合这种规范的男女两性特征，而是或多或少都会表现出一些异性的特点，如当大家谈到军人时，马上就会想到勇敢、坚强、威猛、服从，但我们从不认为兼具平民百姓特点的军人不能称为军人。因此，男性、女性的性格气质中表现出一些异性的特点是十分正常的，不能将其重新定义为兼性。一言以蔽之，兼性论突出强调社会规范的男女两性特征刻板的一面，故意放大个体的性格气质和心理状态与社会规范的两性特征的差异，用以偏概全的概念来否定生物学的性别二元论。

四、生物学的性别二元论

（一）生物性别与社会性别

2000年，WHO首次给社会性别定义："特定的社会中为男性女性指定的，社会建构出的适合的角色、行为、行动和其他特征。"而且明确指出社会性别区别于生物性别。

生物性别（sex）指的是男女之间的生理性区别；社会性别（gender）是社会科学领域中用于描述基于生理性别的不同而产生的一系列社会角色的期待，以及制度的不平等。很多情况下，生物性别被认为是不变的、普世的；而社会性别则是社会的、情景化的，并基于不同的文化而变化的。当提及生物性别时，人们通常提及男女不同的生殖系统、生殖功能，以及不同的性激素，基因层面上的X和Y染色体等身体的生物性；而当人们谈及社会性别的时候，通常会指个体的行为、生活方式。但是在现实生活中，生物性别与社会性别两者之间的界线并不分明，两者之间存在着持续的相互作用[1]。

（二）生物学的性别二元论的客观性

经典生物学的性别二元论（gender binary）将生理性别（sex）和社会性别（gender）划分为只有男性和女性的二元性别，两性是相反且有区别的。这种区别有助于我们更好地认识人类本身。

生物学的动物种系为了生殖繁衍的需要，雌雄异体动物必然只有雌雄两种性别，这种生理上的差异从生物角度来看是如此之明显，不言而自明。甚至用于科学研究实验的动物也会识别并偏好研究者性别，以致影响实验的结果。美国马里兰大学Todd D. Gould等人发现，给小鼠服用抗抑郁药氯胺酮后，小鼠表现出厌恶男性研究者的气味，偏爱女性研究者的气味，并且在男性研究者处理时其对压力的敏感性

---

[1] 朱剑峰. 性别差异与医学实践：当代人类学视角中的性别医学[J]. 华东师范大学学报（哲学社会科学版），2019, 51(2): 110-116. DOI: 10.16382/j.cnki.1000-5579.2019.02.010.

增加[1]。

事实上,可以说生物学性别的差异存在于人体的每一个细胞中。每一个细胞中的性染色体的存在决定了在细胞的层面上,不同性染色体的存在都会产生不同的结果,从细胞中对基因表达的调节,到药物在人体内的功效和毒性等,都会有不同的影响。这些不同进而直接影响到许多疾病的表现、流行病学和病理学分析,以及治疗方法的选择[2]。

(三)生物学性别二元论的现实意义

在现实社会中,无论是否认可或尊重"多性别"论和"兼性"论,都不应迫切地去忽视、否定乃至于推翻生物学性别二元论。如果提倡在生物学的男女两性之间存在着所谓模糊过度类型的性别,可以想象这将会造成人际交往认知多大的错乱,可能会使社会活动、人际交往、与性有关的社会行为陷入极大的混乱,也会对常规的恋爱和婚姻的稳定造成破坏(参阅第九章第三节),甚至会增加社会识别性犯罪的成本,造成社会的安全隐患。

此外,我们更不应忽视一个事实,脱离或违背生物学本性的人文社会环境和由此塑造性认知和性行为,将有导致人类生物学特性发生改变的可能性(参阅第一章第二节),这将可能给人类带来不可预测的严重后果。

---

[1] Polymnia Georgiou, Panos Zanos, Xiaoxian An, et al. Experimenters' sex modulates mouse behaviors and neural responses to ketamine via corticotropin releasing factor [J]. Nature neuroscience, 2022, 25(9): 1191-1200.

[2] 朱剑峰. 性别差异与医学实践:当代人类学视角中的性别医学 [J]. 华东师范大学学报, 2019(2): 110-116.

我们还应看到这样一个事实，即使在欧美国家"多性别""兼性"论大行其道，但在现实生活中大多数人群的行为和规范还是与生物学性别意义上的两性认知相匹配。在欧美国家，主流观点类似于"最好将男性和女性视作一系列不同属性的变化组合"[①]。人们仍然认为，男女两性的性别差异和性别认同对青少年的健康成长，以及婚姻家庭的稳定都是十分重要的。当然，笔者也始终强调，对于生物学原因造成个体性别认同偏差，不应该忽视、孤立乃至于歧视他们，而是要从生物医学和社会学的角度探讨解决。

第二节 性别焦虑

性别焦虑（gender dysphoria）也称为性别认同障碍（gender identity disorder）、易性癖（transsexualism），是指一个人在心理上对自己生物学性别感到非常不舒服和不适应，感觉自己被困在一个错误的性别特征的身体中，也就是自己并非生殖器官所呈现的性别，无法认同自己与生俱来的性别，相信自己应该属于另一种性别，希望能拥有一个与自己现存的不同的性生理解剖结构。性别焦虑通常是用来解释变性、跨性别等，也是被应用在变性人的医学诊断上。性别焦虑往往是受到了生理心理和成长环境两个层面的影响。

性别焦虑相对比较罕见，男性出现的概率约为女性的四倍。根据

---

① （美）格雷·F·凯利.性心理学[M].8版.耿文秀等译.上海：上海人民出版社，2011：112.

瑞典、澳大利亚和荷兰的调查研究，解剖生理学上为男性的发生率在瑞典是 1/37000，在澳大利亚是 1/24000，在荷兰是 1/11000；解剖生理学上为女性的发生率在瑞典是 1/103000，在澳大利亚是 1/150000，在荷兰是 1/30000[①]。在许多案例中，性别焦虑通常在小时候就会出现，但也有在青春期或成人时才出现，并且随着年龄增长而越来越强烈。

一、变性

渴望变性是性别焦虑的一种体现。变性者坚信自己身体里存在着另一种性别。他们会很坚决地使用一切手段做出相应的身体上性别特征的改变，目的是为获得另一种性别的外生殖器官形态。从男性变为女性的变性手术比从女性变为男性要容易得多。

若要诊断为性别认同障碍（性别焦虑），依据《精神疾病诊断与统计手册》（第 5 版）必须达到以下 5 项条件。

（1）必须有证据显示有强烈且持续的跨性别认同感。

（2）跨性别认同感不可以是因为另一种性别在物质或文化上有更多优势而产生的。通俗地说，如果你是女性，不能因为对社会现状（例如跨性别的男运动员）或者文化中男性的强势地位向往而改变自己的生物学性别。

（3）同时，必须有证据显示对于天生的性别有持续性的不适应感，或是无法适应自己所属性别的性别角色。例如，有的男性进入男厕所

---

① （美）马克·杜兰德，（美）戴维·巴洛. 异常心理学 [M]. 6 版. 张宁，孙越异译. 北京：中国人民大学出版社，2018：361.

总觉得不适应，老想着自己进入女厕所精神更放松。

（4）当事人不可同时拥有身体上的跨性别状态（如先天性肾上腺增生症）。

（5）必须有临床上的证据显示当事人在社交、工作或其他重要领域上遭遇显著的挫折或伤害。

二、性别焦虑鉴别诊断

（一）与异装癖的区别

异装癖是一种性欲倒错障碍，通常为男性，他们通过穿戴异性服装或饰品来激起性欲，目的是得到性满足（参阅第六章第三节）。性别焦虑主要的目的不是在性欲方面，而是希望公开地、完全地以异性的方式生活，甚至要求在躯体外形上改变自己的性别形象。

（二）与双性人的区别

双性人具有先天性生殖器官异常，并伴有明显的激素异常或躯体畸形（参阅第一章第一节）。由于他们特殊的混合性生殖器异常，可能从出生起就被"认定"为某种性别，双性人对性认知的自我冲突与性别焦虑不一样，因为性别焦虑没有明确的解剖生理畸形。

（三）与同性恋的区别

同性恋是一种性行为倾向，同性恋者在性别认同上并未发生改变，依旧认同自身的生物学性别，只是在性行为上指向同性者。同时，在对待性行为的态度和表现上两者有很大的差异。性别焦虑是一种性别倾向。性别焦虑者在心理上是极端矛盾的，如他们的身体诉说"我是男人"，心理却认定"我是女人"。当确信自己是女性时，他们会决绝地使用一切手段做出身体上相应的改变。同性恋者，特别是男同性恋者常是多性伴侣，更易与他人发生性关系（Peplau L A, Cochran S D. 1990）。性别焦虑者一旦完成了变性手术，他（她）对性行为的态度、对爱情的态度比较专一。

（四）跨性别

跨性别（transgender）是对一个人认同与其解剖生理学或基因遗传学性别不匹配的行为与认知的总称。广义的跨性别包括性别焦虑（易性癖）和不完全归属于传统的男性气质或女性气质的人（被"新性革命"学者称之为性别酷儿或非二元性别人士，包括双性别、泛性别、流体性别、无性别等），以及异装癖等类别。

三、变性手术

对于心理性别和生理性别有强烈矛盾冲突的患者而言，心理治疗并没有什么效果，目前最常用的方法就是通过手术改变患者的生理性别，生物医学称为性别重塑，以适应患者心理上认定的性别。1952年，美国步兵乔治·约根森在丹麦实施了"变性手术"，上了新闻头条。手术后，她改名为克里斯蒂·约根森。

由于性别重塑手术是不可逆的，所以我国原卫生部2009年11月颁布《变性手术技术管理规范（试行）》，提出要实施变性手术必须满足以下条件：第一，对变性的要求至少持续5年以上，且无反复过程。第二，术前接受心理、精神治疗1年以上且无效。第三，未在婚姻状态。

第四，年龄大于20岁，是完全民事行为能力人。第五，无手术禁忌证。在手术前，患者必须提交的材料：第一，当地公安部门出具的患者无在案犯罪记录证明。第二，由精神科医师开具的异性癖病诊断证明，同时证明未见其他精神状态异常；经心理学专家测试，证明其心理上性取向的指向为异性，无其他心理变态。第三，患者本人要求手术的书面报告并进行公证。第四，患者提供已告知直系亲属拟行变性手术的相关证明。

一项对94名双性儿童的回顾分析发现，超过半数基因为男性的儿童，尽管被作为女孩抚养长大，而且还做过女性化手术，成年后仍然"转变"成男性[1]。因此，对变性手术的年龄和变性要求的时间限制是必须的。

从大卫到布兰达又回到大卫

在加拿大中西部，双胞胎兄弟中的哥哥，在8个月时做了包皮切除术，但是由于手术事故，使阴茎受到损伤。他的父母寻求了美国约翰·霍普金斯（Johns Hopkins）医院心理学家约翰·莫尼（John Money）的帮助。莫尼坚信孩子出生时都是中性的，他们不知道自己是男或是女，关于男性和女性的认识都是靠后天教育和引导。所以，他建议大卫的双亲，既然孩子的阴茎受了损伤，可以考虑让他变成女孩。大卫的父母听从莫尼博士的建议，将大卫的睾丸切除了，并将他的名字改成布兰达（Brenda），同

---

[1] Jerrod S. Greenberg, Clint E. Bruess, Sarah C. ConKlin. 人类性学[M]. 胡佩诚等译. 北京：人民卫生出版社，2010：173.

时开始定期给"她"注射雌激素。通过对布兰达成长过程的观察，莫尼博士更加坚信他可以顺利地成为女孩。于是，布兰达作为"先天是男孩，后天转变为女孩"的成功案例，多次在论文和研讨会中被提及。

可是，莫尼博士发表的论文让布兰达在很小的时候就怀疑自己不是女孩，所以"她"每天都生活得很痛苦。"她"对其他女孩喜欢的东西漠不关心，反而对男孩喜欢的东西非常感兴趣，"她"总是在说"我也想玩那个"。因为"她"总是像男孩子一样好动，所以女孩们常常冷落"她"，这更深地伤害了"她"的心灵。"她"无数次地询问莫尼博士"我真的不是男孩吗"，但是每次莫尼博士都坚定地回答"你是女孩"。这样的回答使"她"总是显得非常失落。在14岁的时候，痛苦的布兰达曾一度想自杀。"她"坚定地对父母亲说"如果我不能作为男孩子活在世上，我还是会去自杀的"。最后，父母终于把真相告诉他。布兰达知道后非常高兴，"原来我真的没有猜错，我是个男孩，我一直都这么认为"。后来，布兰达将注射雌激素后发育的乳房切除，并移植人工阴茎，又变回男孩，名字也改回大卫。此后，他与一位女性结婚，令人遗憾的是，他在38岁的时候结束了自己的生命。

Diamond博士（1997年）认为，大卫的悲剧可能与女性时期的经历有关。莫尼博士倡导的"性别认同是靠后天教育"的观点最后葬送了大卫的生命。"性别既不是完全由后天决定，又不是完全与生俱来的。先天的生理特性有男女之分，后天的因素也会对孩子产生影响。从这个意义上来说，性别是生理与环境两方面综合作用的产物。"①

虽然绝大部分变性手术患者都感觉到术后的人生变得更有价值，其中女变男的患者要比男变女的患者适应得更好些。但是，仍然约有7%的患者感到后悔，还有约2%的变性手术患者术后试图自杀，这个比例比正常人群高多了②。通过上述事例，笔者认为在性别认同的问题上我们遵循生物学规律行事是负责任的一种态度。

---

① Diamond M, Sigmundson H K. Sex reassignment at birth. Long-term review and clinical implications [J]. Arch Pediatr Adolesc Med, 1997, 151(3): 298-304.
② （美）马克·杜兰德，（美）戴维·巴洛.异常心理学［M］.6版.张宁等译.北京：中国人民大学出版社，2018：365.

第九章

性别角色

角色是人们社会地位和身份的外在表现，每个角色有相应的行为模式，它是人们对处于特定社会地位上的人的行为期待。性别角色（gender role）是在生物学性别的基础上，人们将与性别有关的，对男女两性行为的社会期望或规范称为性别角色。性别是人最基本的身份特征之一。社会规范性别的基本途径：分别把对男女两性的行为期望，通过一种被称为社会化的过程浸润落实到每个个体，并把完成性别的标识和判定称为性别角色。因此，也可以说性别角色就是一套规范或是文化定义下的期望，用来规范一类性别的人的行为要求和标准。人类对性别角色的认识是在生物学的基础上，受到社会学反作用的影响形成的。

第一节　性别角色的生物学基础

角色是人类在不同种族、不同民族和不同社会中反复出现的一种行为模式。性别角色是以人类的生物学特性，也就是雌雄异体为基础，分别归纳出男女两性在行为表现上的特点，并以此为特征界定两性的社会差异化。每一个个体的特异行为不能成为角色内涵，只有在同一性别的群体中大多数人反复、规律性出现的行为，才能满足性别角色的标准。也就是说性别角色特征的差异（尤其在社会心理学方面）是群体性的差异，在统计学上呈正态分布。少数的个例并不能否定这些规律在随机群体中的有效性，否则就不能提炼概括繁杂的事物了。从生产力发展的角度来说，性别角色的划分和表达有利于社会分工、规范管理、提高效率。

近年来，研究者对影响性别发展的各种生物学因素进行了深入细致的探讨，发现生物学因素对性别化行为、思维、性别认同及性别差异等方面起着越来越重要的作用[1]。对男女两性大脑在完成认知和情感任务方面差异的研究说明，一些表现两性差异的行为可以被认为更多地源于生理而非文化作用[2]。至今，几乎没有这样的例子，即父母把在出生时生殖器正常，并且做了性别判定的孩子，当作与其相反的性别来培养[3]。

汉字"男"和"女"的象形造字反映农耕时代古人对两性角色的认识。"男，从田，从力"，农耕乃是男子之事。"女"的甲骨文像一跪跽

---

[1] Ruble D N. (2006). Gender Development. In N. Eisenberg, W. Damon, & R. M. Lerner (Eds.), *Handbook of child psychology: Social, emotional, and personality development* (pp. 858-932). John Wiley & Sons, Inc.
[2] （美）理查德·格里格，菲利普·巴津多. 心理学与生活[M]. 19版. 王垒等译. 北京：人民邮电出版社，2016：292.
[3] （美）约翰·蒙尼. 人体的性缺陷[M]. （美）周练红译. 桂林：广西师范大学出版社，2003：69.

之人形，古人双膝着地而臀部压在脚后跟上为"坐"；这正是强调了女性居家操持家务的特点（图9-1-1）①。随着人类社会文明的发展和科学技术的进步，工业革命、智人化社会的到来，劳作的强度不断下降，

图9-1-1 甲骨文的"男"和"女"

适合男女两性的工作越来越多。虽然这逐渐缩小男女两性性别角色的差距，但是男女两性生理解剖学和形态功能的差异（如月经周期、阴蒂和阴茎、卵子和精子等）是永远无法消除的，这也是性别角色的生物学核心和本质。

一、性别认知与遗传学

人类性的生物学特性最基本的核心就是遗传学的性染色体。生殖的两个对立统一面的雌雄个体，也就是男女两性，由性染色体决定。也就是说性染色体X、Y决定个体性别分化的方向，是性别角色形成和差异的基础，它决定了最终发育成相对应的男性或女性。同时，由性激素调控使男女两性具有形态和功能显著不同的、完整的内外生殖器官，分别产生精子和卵子，并通过交媾使卵子受精，受精卵在女性体内孕育后代。从生物学角度，在人类进化过程中，基于抚养后代、繁衍种群核心使命的要求，男女双方必定组成家庭，并且为了克服恶劣的自然和社会环境以利生存，又以血缘为纽带组成更强大的家族社会。以生物学的本质特性做男女角色分工的依据，能提高人类（现代

---

① 李梵. 汉字的故事[M]. 西安：陕西师范大学出版社，2009：222.

智人）的生存效能，有利于种群的生存繁衍。从演化生物学上来看，从远古时期开始，女性的角色一直是抚养照顾者和食物收集者，男性的角色一直是狩猎者和战士。男女两性角色的特征和差异也通过基因代代相传。

二、性别认知与激素

个体处在胚胎期和青春期时，性激素使得男女两性在形态外貌、性格行为、心理感知等方面存在着明显的差异。孕酮对脑的发育也有重要的影响：非人类物种的实验已经证明，在与性差异有关的神经结构差别同激素有关[①]。在孕期第6周，当男性胎儿开始产生孕酮并发育时，男女两性胎儿就表现出差异，可能导致儿童的脑相对更加男性化或女性化。依据目前的研究（参阅第一、第二章），在围产期，性激素的作用可使胎儿和新生儿形成脑的性二态核，由此推测男女两性的脑是有差异的，进而解释两性不同的行为。

从出生到8周岁左右人体的性激素处在低水平状态。瑞典的索玟等人调查研究26位2~10岁、患有先天性肾上腺皮质增生症的女童，在胚胎时期，她们体内就有过多的雄激素；对照组是年龄相匹配的、无先天性肾上腺皮质增生症的26位女童。前者对机械类玩具更感兴趣，如汽车、火车等，而对女性化玩具的兴趣较低，如娃娃等。这些患病的孩子更喜欢找男童玩耍游戏，并且想要男性化的职业。她们的父母亲也认为她们更像"男孩"。索玟等人没有发现任何证据能证明，父

---

① Sakuma Y. Gonadal steroid action and brain sex differentiation in the rat [J]. J Neuroendocrinol, 2009, 21(4):410-414.

母亲的想法影响了她们玩游戏的行为。索玟等人认为这个结果支持了性激素在先天性肾上腺增生和无肾上腺增生的女孩之间喜好游戏的差异起作用这个结论①。该研究的结果间接表明性激素对胚胎的性分化和出生后性别认同可能起着重要的作用。

形态外貌的差异也就是性别角色的第二性征，使得人们在感官上，特别是视觉方面，能迅速地分辨出男女两性。19世纪末，Ellis在《男人和女人：人类第二性征的研究》中定义，第二性征是在男女两性间高度分化、呈现差别的特点，起到增强两性间互相吸引的作用，从而促进精子与卵子的结合②。因此，性别角色的界定首先是为了促进两性结合，完成生殖繁衍后代的生物学任务。其次，在漫长的人类演化历史进程中，因生存需要和为适应环境，人类以生物学性别差异为基础对男女两性的活动进行分工，如男性在家族、家庭中主要起着狩猎、保护等作用，女性主要的任务是抚养后代、人际沟通等。随着人类社会的发展，男女两性分工不断强化和修正性别角色的内容和含义。在近代，由于社会活动和文明进展的反作用，男女两性的性别角色、生物学差异在某些方面有着缩小的趋势。

三、性别认知与形态结构学

一般而言，男性具有挺拔的身材，结实隆起的肌肉，宽阔的肩膀，喉结、胡须和明显的外生殖器……用文学的方式描述，男性躺着的体

---

① （美）Spencer A. Rathus, Jeffrey S. Nevid, Lois Fichner-Rathus. 性与生活——走进人类性科学[M]. 甄宏丽等译. 北京：中国轻工业出版社，2007：122.
② 刘新民. 性障碍[M]. 北京：人民卫生出版社，2009：63.

形就像横亘连绵的山脉。女性具有柔和的、曲线美的体形，丰满、隆起的乳房和圆润的臀部……换言之，女性躺着的体形就像微风吹拂湖面泛起的涟漪。

（一）身高

男高女矮。根据中华人民共和国国家卫生健康委员会组织编写的《中国居民营养与慢性病状况报告（2020年）》，我国18~44岁男性和女性的平均身高分别为169.7cm和158cm。但是，由于女性的青春期发育比男性提早两年，所以在同一年龄段，女性的身高、体重可能超过同龄的男性。

（二）体表

1. 皮肤

女性皮肤柔软光滑而薄，有利于抚摸接触婴幼儿，但更易产生皱纹。男性皮肤较厚而粗糙，胶原蛋白比例高，因而看上去更年轻。

2. 皮下脂肪

女性皮下脂肪较多，使得体形呈现圆润；乳房发达，臀部丰满；腰臀比为0.67~0.8，最佳的是0.692；使得女性体形呈现前后两凸的曲线。脂肪在女性生育过程中有着重要的作用。一个成年健康的女性体内所含的脂肪占了自身体重的20%~30%，这是男性的两倍。如果这个数字降至18%以下，排卵过程就会停止；但如果它升到非常高的水平——通常认为超过50%的时候，这也将导致不孕。女性应保持适度体重。依据身体质量指数[BMI=体重数（千克）/身高（米）^{2}]，我国卫健委把超重和肥胖的 BMI 临界值分别定于 ≥ 24 和 ≥ 28。

从青春期开始，男性躯干部的皮下脂肪开始蓄积，女性则是臀—大腿的皮下脂肪开始蓄积，从而使得成年男女体形有着显著差别。

3. 毛发

人类属于哺乳动物，除了掌心和足心外全身被毛。女性毛发较柔软，男性毛发较粗硬。人体的毛发有两种，一种是比较长而粗的头发、眉毛、腋毛和阴毛等，称为硬毛；另一种是覆盖在身体其他部位的细短、柔软的毳毛。到了晚年，头皮毛囊倾向返回毳毛，以男性最显著；同样情况见于腋窝和耻骨部，但以女性显著。所以上了年纪后，男性"秃头"比较多。但是这种"秃头"并不是病理性的脱发，而是由硬毛转变为细短柔软的毳毛。

4. 喉结

喉结突出是男性显著的第二性征。两侧甲状软骨板在中线的交角在男性中呈直角或锐角，其上端突出处即为喉结；而该交角在女性中呈钝角，故喉结不明显。喉结出现后紧随着就是声音的改变。在体内高水平的睾酮作用下，男性的甲状软骨向前突起，喉腔增大，声带增长和增宽，声音也由此变得低沉、浑厚。大体而言，男性的喉结比女性大 1/3。

（三）骨骼肌

成年男性四肢和躯干肌的厚度均大于女性，使得体形呈现强健的肌隆起。成年男性全身骨骼肌含量一生均显著高于女性，而且骨骼肌中具有收缩功能的肌动蛋白含量比女性高。肌肉生理横断面愈大，肌肉的绝对力量就愈大。此外，男女两性在人体肌肉 $1cm^2$ 的生理横断面的最大力量上也有差异：男子为 9.2kg，女子为 7.1kg。这应该是自人类出现后，男女两性在家庭生活和社会活动中分工的演化结果。

（四）足

足的平均长度男性为 26.8cm，女性为 24.4cm。男性足板长而宽，女性的足板相对较短而纤细，足跟与前掌的比例较男性更小。因为较小的足是女性的特征之一。在过去的年代，还出现足越小越有女性美的观点，如灰姑娘的故事最初版本之一就是源自王子用一双小小的水晶鞋，寻找一位小脚丫与之相适应的姑娘。

我国古代男性为追求"三寸金莲的美"而对女性施行缠足。缠足始于五代，兴于宋元明清。在当时，女孩五六岁开始缠足：用长布条将拇趾以外的四个脚趾连同跖骨扭转、足舟骨脱臼弯向脚心，形成"笋"形的"三寸金莲"，重心在拇趾。脚形固定后，穿上"尖头鞋"，白天家人扶之行走，以活动血液，夜间将裹脚布用线密缝，防止松脱。到了七八岁时，再将趾骨弯曲，用裹脚布捆牢密缝，以后日复一日地加紧束缚，使脚变形，最后只靠趾端的大拇趾行走。清末的中国学者辜鸿铭认为欧洲女子穿高跟鞋和古代女性裹小脚十分相似。

四、性别认知与两性的生理、心理学

（一）性别认知与两性的生理

月经周期是女性独有的生理现象。在月经周期，女性面临着一系列生理心理的变化活动。月经初潮后，由于雌激素的作用，女孩的脂肪组织增多，骨盆增大和女性化；男孩进入青春期后，雄激素促进骨骼和骨骼肌的生长，因此男孩比女孩骨骼肌健壮而脂肪少。由此，在青春期和青春期后，女性的体形呈现流线型的曲线美，男性的体形呈现力量型的强壮美。

怀孕、分娩和哺乳这一过程对女性有巨大的影响。从人类族群生殖繁衍的角度上说，女性担负着怀孕、分娩和哺育后代的重任，这一过程带来的身心变化是男性所没有的。在分娩后，许多女性对性行为的态度发生了巨大的变化，可能对之更加热衷也可能对之变得毫无兴趣。这种变化可能和怀孕、分娩和哺乳这一过程中性激素的变化及身心的适应程度有关。

性别差异对寿命存在影响。据统计，女性比男性更长寿。联合国发布的《2015年世界妇女：趋势和统计》报告，全球女性平均预期寿命为72岁，比男性高4岁；女性百岁老人的数量远远超过男性。根据第七次全国人口普查数据，福建省百岁老人共2434人，女性1909人，占78.4%；男性525人，占21.6%。

相较而言，男性一般代谢旺盛，肺活量大，在血压、基础代谢、能量消耗等方面均高于女性。一旦患病，病情反应会比女性要激烈。女性免疫系统衰老速度慢，功能较强，基础代谢率较低，且较高水平的雌激素可促进血液循环，使女性具有更强的耐受力。

另一个男女两性寿命差异的重要原因，可能源自男女两性对待自己健康状况的态度不同。女性比男性更重视健康和预防保健。中国科学院心理研究所和社会科学文献出版社联合发布的《中国国民心理健康报告（2019~2020)》提到，女性在各项心理健康知识的需求上的选中率均高于男性，提示着女性对心理健康知识有更主动和迫切的需求。澳大利亚20世纪90年代的数据表明，男性住院治疗比例为180/1000，平均住院天数16.9天；而女性住院治疗比例为235/1000，平均住院天数22.5天[①]。

性别差异对大脑存在影响。女性大脑两半球之间的神经纤维联系多于男性[②]。女性大脑半球间胼胝体连接更强可能导致偏侧化更少，从而更有可能发生两个大脑半球互为镜像脑区的共激活。因此，在处理特定任务时，如涉及情绪任务时，女性两侧脑岛都更活跃[③]。

（二）性别认知与两性的心理

在认知和行为等心理学方面，相关学者已有广泛的研究，限于篇幅本文主要就与性角色和性行为紧密相关的攻击性和交流方式等范畴进行阐述。

1. 语言

（1）语言能力。研究发现，女性在语言技能测试（如语言速度、流利性、语法和词汇创造）方面通常比男孩子得分高，女孩讲话早而流利，词汇量较大。男性在空间能力（如数学、图片集合、设计和棋牌）方面优于女性，且在婴儿期就显示出在视觉和方向上的优势。但若通

---

① 陈新，李竹. 今日男性生殖健康[M]. 上海：上海科学普及出版社，2004: 265.
② 邹松，舒进鹏. 磁共振弥散张量成像在正常青年人脑的初步研究[D]. 福州：福建医科大学，2015: 1915.
③ Bonelli C, Mancuso L, Liloia D, et al. Sex differences in brain homotopic co-activations: a meta-analytic study [J]. Brain Structure and Function, 2022, 227(8): 2839-2855.

过有意选择方法和训练后，女孩的空间能力也能提高[1]。

（2）语言表达的目的。男性的语言更关注层级——通过交谈确认自己在对方心目中的地位，旨在分个高下。女性的语言则关注连带，意在表达人际关系的亲疏，从交谈中获得情感亲密体验。一场对话过后，男女双方会考虑不同的问题。男性或许会自问："刚才的对话是让我在双方的地位关系中提升了还是下降了？"女性要思考的或许是："刚才的对话是让我们更亲近了还是更疏远了？"

在国外一个幼儿园里，有关学龄前儿童活动对话的录像记录说明了这种现象。在一个场景中，4个小男孩正坐在一起谈论各自能把球打到多高的地方。一个小男孩把手举过了头顶宣称："我的能飞那么高。"第二个男孩指着更高的地方说："我的能飞到天上。"第三个男孩也来一争高下："我的能飞上天堂！"第四个男孩更夸张："我的能一直飞到上帝那儿去！"显然，男孩们的语言交流是一场关于"层级"的竞赛，每个人都宣称比前者更胜一筹。

另外一个场景，两个小女孩正坐在一张小桌前画画。其中一个小女孩突然抬起头来，看着另一个说："你知道吗，我的保姆叫安博，她已经有隐形（隐形眼镜）了。"另一个女孩起初显得疑惑，但很快就回过神来，兴高采烈地说："我妈妈也已经有隐形了，我爸爸也是！"第一个女孩开心地笑了起来。两个女孩又埋头画了一会儿画，然后第一个女孩高兴地喊："一样？！"对女孩来说，和对方一样是一件快

---

[1] 关新民. 医学神经生物学纲要[M]. 北京：科学出版社，2003：295.

乐的事，对男孩来说则是超过对方，更能让自己获得满足。

这个例子说明两性间的差异在未成年时就有所体现。成年人交往时，男性侃侃而谈后，女性如果说"你的看法真让我佩服"这类赞美的话，就更容易获得他的认同；而男生听了女生的话后，如果多说"是啊，我也是这么想的"等赞同的语言，更能获得她的好感。

2. 空间定位

自然选择确保男女两性具备基本定向能力。但是生存方式的分工演化选择，导致男女两性在定向定位功能上产生差异。在远古，男性担负狩猎觅食的任务，需要在旷野或高山密林中对距离和方向做出空间定位的判断，以便找到猎物和回家的路径。女性担负抚养后代和人际交流的任务，需要从繁杂的家族或部落的居住环境里，识别各个家居的地理特点即以地标作为空间定位的判断，方便与不同家庭之间的来往。因此，男性在视觉空间的距离和方向定位优于女性，女性在辨识记忆地标的能力方面优于男性[1]。

3. 情感素质

上海师范大学心理研究所所长卢家楣教授的团队（2009 年）对全国三类地区、九大城市及郊县、117 所学校，从小学四年级至高中三年级的 25485 名学生进行调查。他们发现，男女生情感素质主要存在结构性差异，在审美和人际情感上女生优于男生；而在理智情感（也就是系统思维）上，特别是探究感和好奇感方面，男生明显优于女生

---

[1] （美）Spencer A. Rathus，（美）Jeffrey S. Nevid，（美）Lois Fichner-Rathus. 性与生活——走进人类性科学 [M]. 甄宏丽等译. 北京：中国轻工业出版社，2007：132.

（参阅第二章第一节，三、脑功能的性别差异）。

4. 自我暴露

在面对朋友或陌生人时，女性比男性更愿意谈论自己的事情、体验和感受。在实验研究中，志愿者被带进实验室，让其对朋友或是陌生人讲述个人信息。在这种情景下，女性比男性更愿意讲述个人信息[①]。

5. 攻击性

男性比女性更具有攻击性，包括体力攻击、语言攻击和攻击幻想。在暴力犯罪的统计中，男性占绝大多数，所有年龄段和文化背景的男性都是这样。在人类漫长的演化进程中，男性肩负着需要力量和暴力的任务，如觅食狩猎、保护家人的安全等。生物学的演化使得男性睾酮水平高、具备主动进攻的特质。进化心理学独特的视角对个体性别差异进行了解释，进而提出并合理阐述了一些比较容易理解的适应性行为。然而，目前这种理论还不完善，由于方法论、伦理、时间等问题所限，很难进行严格控制的实验研究，所以结论都带有简单的假设推断性质，而且结论很难证伪（Ruble. 2006）。但是，社会环境的影响也起着非常重要的作用。受到万余年来人类文明进展演化的影响和作用，男性的暴力倾向呈现弱化趋势。另一方面，随着个体成长和成熟，尤其文化教育程度越高，男性的攻击性特质越被弱化，体现了社会文明教育和制定的法规约束的结果。

但是，近年男性为家暴受害者数量猛增，虽然男性家暴受害者

---

① Dindia K, Allen M. Sex differences in self-disclosure: A meta-analysis [J]. Psychological Bulletin, 1992, 112(1): 106-124.

人绝对数低于女性。据日本警察厅公布的调查数据，截至 2010 年，在日本男性为家暴受害者人数一直维持在 1000 人次以下，然而，在 2011 年首次超过 1000 人次大关，2012 年达到 2372 人次，2013 年增至 3281 人次。2010 年英国的一项调查表明，超出 40% 的家庭暴力受害者为男性。英国专门为男性家暴受害者提供援助的机构超过了 20 所。芬兰警方的一份报告（2010 年）显示，女性残暴攻击配偶或谋杀未遂的暴力行为多于男性，2008 年在家庭暴力中受到严重伤害的男性为 116 人，女性为 111 人。瑞士联邦统计局数据显示，2009~2013 年瑞士男女两性遭受家暴的平均比例：男性占受害总数的 24%，女性占 76%。目前，瑞士有两所专为男性家暴受害者提供服务的"男性之家"庇护所[1]。这些数据可能反映环境因素的改变促进了男性女性化生物学本性的演化趋势［参阅第一章第二节，二、欧美主导的性和性行为的价值观及生物学基础，（三）欧美主导性和性行为观念产生的后果］。

6. 购物习惯

女性喜欢带着小孩花数小时在商场闲逛，而男性在购物时却速战速决。美国密歇根大学的教授丹尼尔·克鲁格认为，两性之间的购物习惯是进化的产物。从演化过程看，在原始社会女性角色的一个重要任务是在家里采集食物如树根、坚果、浆果等，交换食物和用品，而不像男性四处出击捕捉猎物。在史前社会从洞穴人时代开始，女性的大部分时间都花费在同孩子收集食物、交换食物和生活用品上，而男

---

[1] 中国日报中文网，https://world.chinadaily.com.cn/2015-09/30/content_22022301.htm.

性则充当猎人的角色。由此,女性获得了挑选质量最好、最健康食物的能力,这是因为,如果她们选择了错误的食物,就会致人死亡。同时,女性在交换物品时,仔细查看质量、精确计算价值,多处对比,以获得价廉物美的食品和用品。因此,女性获得喜欢逛街、砍价的特性。

而男性则相反,他们会预先决定想去捕杀什么猎物,接着再有的放矢地寻找猎物,一旦找到猎物并且杀死,他们就会打道回府,尽快将肉类送到家里。这同现代社会男女两性购物模式是一样的。

最后用一个典型的案例说明生物学因素在性别角色认同中的关键作用。5-α还原酶Ⅱ缺陷综合征是一种常染色体隐性遗传疾病,表现为男性外生殖器伴有假阴道、会阴、阴囊、尿道下裂畸形。最早报道的 18 名男孩是在多米尼加共和国被发现。这些男孩出生时有正常的男性内生殖器官,但是他们的外生殖器类似于女性,阴茎短小像阴蒂,阴囊发育不全像阴唇,并拥有半成型的阴道。因此,他们都被当作女孩抚养长大。然而,到青春期后,他们睾丸开始正常分泌睾酮,于是发生了惊人的变化:睾丸下降,声音低沉,肌肉增粗,"阴蒂"膨大变成阴茎。这 18 个人中,有 17 个转向男性性别认同,16 个认为自己承担的是男性角色;余下的两人,一个认同自己是男性但仍然保持女性的性别角色,包括穿裙子等,另一个依旧维持女性性别认同,并通过变性手术"纠正"外阴的男性化。这些孩子中的大部分都成功地转为男性角色[①]。

---

① (美)Spencer A. Rathus, (美)Jeffrey S. Nevid, (美)Lois Fichner-Rathus. 性与生活——走进人类性科学[M]. 甄宏丽等译. 北京:中国轻工业出版社,2007:123.

第二节 性别角色的社会规范

一、传统文化中的性别角色

依据人类祖先在石器时代留下的信息如岩石崖画、洞穴绘画和石头雕刻等，当前尚存的原始部落的风俗习惯，人类学家和历史学家分析推断史前人类社会的劳动分工，男性狩猎，女性在家抚养后代和采集食用植物、人际沟通等，以此形成男女不同的角色形象。人类依据自己所处社会环境的传统文化习俗，价值观和身边男女两性分别反复、规律性出现的行为综合在一起，形成了每个人对性别的认识，从而按照自己所规定的性别角色行事。社会学家相信这是性别社会化的结果，也就是社会传递给每个人对其行为方式的规范和期望。在完成社会化过程中，父母是最早、最重要的影响角色，父母带着强烈的对其子女性别类型行为的期盼，会用男孩或女孩的方式对待子女。其次是同伴群体，最后是媒体的影响。然而，在当前媒体，特别是网络对青少年性别社会化的影响是非常大的。

性别的主观印象也被描述为性别的气质，如男性气质和女性气质。这是一套以生物学特性为基础、由社会/文化建构，用以塑形男女两性特征的观念和价值，它规定和界定男女两性感知和行事模式。当今，由于人类文明的发展，从社会心理学角度来看，男女两性的性别气质在不断地变化，差异有着缩小的趋势，如"女强人"的女性兼具男性坚强、果断的特质，"奶油小生"的男性具备女性阴柔或说话声音轻柔等特质。笔者把两性经典的特质概括如下。

男性：坚韧、勇敢、有保护欲、独立、自信、冒险、好斗。

女性：温柔、依赖、善良、乐于助人、耐心、顺从、热心、情绪化。

在古印度，观世音菩萨曾经是男性的形象（该石刻雕像现存新德里印度国家博物馆）。佛教传到我国后，观世音菩萨的形象则从男性过渡到了女性。有一种观点认为，中国佛教所呈现的观世音菩萨凸显了慈悲、善良、乐于助人等特质，这些特质正是女性所具备的天性，可能这也是观世音菩萨在我国从男性变成女性的因素之一。

二、欧美性价值观主导下的性别角色

欧美的性别和性别角色理论的核心基础是去生物学化，否认性别是源自生物界雌雄异体生殖模式的需要，将简单的生物学问题社会化、意识形态政治化。"新性革命"学者认为是父权社会为维护男性的权威，刻意地制造男尊女卑，进而形成了刻板的男女性别角色的不同认识。同时，他们将个体在胚胎发育过程产生的性染色体的异常，可能由于性激素异常导致的个体生殖器官等发育畸形，以及出生后生活的社会环境造成的个体性别认同异常等，归纳为不同的性别类型。由此得出"解剖学意义上的性别差异并不是逻辑的"，并产生了"有多少人的存在，就会有多少种性别的形态；性别在第一层面上是由文化和社会心理制造而成的，并不是如普遍所假定的那样，由生理决定的"这样的理论。因此，他们推行去性别化的语言、社会政策，并引导其他社会机构应该改变根据人们的性别来区分性别角色的想法，以避免因某一种性别比另一种性别更适合的社会分工的印象而产生歧视。这就是当今欧美左派思潮推崇的所谓"性别中立"的观点及其理论起源（参阅第八章第一节）。

这种性价值观主导下的性别角色从追求绝对平等到"性别中立"，认为男女性别模糊是社会进步的表现。其核心是忽视自然规律，不顾女性与男性不同的生理特点，更可能人为造成了更大的不平等，乃至于对女性造成更大的伤害。举例而言，女性在生理上与男性相比最特殊的是月经周期，月经周期对不同的女性可能有不同的反应，如情绪不稳定、腹部疼痛等，在生活实践或工作经历中，如果不正视月经周期的特殊性，会损害女性的身心健康。

第三节 性别身份的选择

一、定义和概念

性别身份的选择是指在生活实践和社会活动中，成人根据自己的意志选择表达和决定自己的性别，可以与自己生物学的性别一致或不同，也可以在不同时间切换[①]。在狭义上，性别身份选择不同于性别选择。性别选择是在妇女怀孕前后（胚胎植入前，胚胎植入后，或在分娩时），采用科学技术或手段选择和控制后代的性别。

---

① （英）萨利·海因斯. 性别是流动的吗？[M]. 刘宁宁译. 北京：中信出版集团，2020：10.

二、历史和现状

（一）溯源历史

追溯人类社会的源头尤其是农业社会时期，无论在社会活动还是在家庭生活中，女性一直屈居从属地位。古希腊哲学家亚里士多德认为，男性天生就是高级的，女性是低级的；男性天生就是统治者，女性就是臣服者。在20世纪，欧美的学者开始探讨社会文化因素对性别行为和观念的影响，探讨社会性别的两性差异，20世纪70年代，激进的女权主义者为追求男女的绝对平等，继而质疑和否定性别的二元化，并提出性别流动学说或液态性别学说等观点，通俗地说就是性别多样化，即认为在两个极端（绝对男女两极之间）存在众多的过渡型。

（二）现状

2019年为避免对同性恋家长的刺激，法国议会投票决定将"母亲"和"父亲"两词从教育系统的官方文件中去除。在欧美国家，虽然大多数人仍然遵循生物学决定的性别，但是随着"新性革命"思潮影响力增大，越来越多的人不按传统性别身份行事。在养育子女方面，父母避免常规化的性别影响子女，而按照"中性"的标准抚养子女；成年人则可按自己的意愿选择性别，变性人和双性人不必接受外科手术和性激素治疗，其身份就应得到社会的承认……"新性革命"的学者甚至认为，你的性别可以是这样：性别，可以由一个人的名字来进行最恰当的描述，这对于那些暂时无法确定自己身份，但是清楚知道自己不是单性人的群体而言是极好的……这可以当作一个统称使用，也可以当作一个特定的标识符，例如，约翰性、简性等[①]。

虽然上述观点在欧美社会的话语体系中并不少见，甚至在某些领域占据更多的话语权，但据笔者所知，在全球范围，迄今还没有一个国家官方认可除了男女两性之外的第三性别或第四性别。

三、后果和对策

（一）后果

1. 性别内涵被掏空

如果依照"新性革命"学者非二元性别论述，在男女性别的两极之间存在无法计数的过渡型，或者通俗直白地谓之有多少人就有多少个性别。那么，这种性别概念与相对应的"个体的个性"或"我喜欢的事物"应当如何区分。"性别"这个词，并不是关于个人性格、品味、喜好的一个词语，或任意选取的一个标签。性别是一个价值体系，以生殖功能将个体欲望的行为和期待的特征联系并结合在一起。一旦解除和切断性别与生殖功能之间的耦合关系，进而否定"世上只存在两种性别"的二元性别论点，那么"性别"这个词也将失去其内涵的本质。

2. 与性相关的社会实践陷入混乱

性别身份与婚姻家庭和抚育后代直接关联，与性行为及由此派生出来的道德法律紧密相连（如界定性侵害、性骚扰等），与社会分工和职业密切相关。所以，这种淡化二元性别身份或任意选择性别身份的做法，在当前社会环境可能会行不通，而且还可能造成与性别身份

[①] J·K·罗琳遭抵制，关于性别我们还可以讨论什么？https://baijiahao.baidu.com/s?id=1672773611823717146 & wfr=spider & for=pc.

相关的社会行为的极大混乱。

例如，即使一个女性（男性）坚决地认定自己是属于"无性别"，也不会改变他人眼中的女性（男性）身份。相应地，社会还是用对待女性（男性）的方式对待她。假设其在求职时期坚持用自己定义的"无性别"来描述自己的性别，也许就会失去一个就职的机会。

3. 对人类生物学特性带来不可知的改变

人类持久的群体社会行为（后天习得行为），通过代代相传（遗传）可以逐渐改变人类的生物学特性（参阅第一章第二节）。模糊或去除二元的男女性别，也就是去除了人类生殖功能的基石——雌雄异体，是否会影响到人类族群的生殖能力也很值得社会学学者和生物医学学者探讨和研究。

（二）对策

1. 道德法律的重新界定

如果超越了生物学性别的性别身份认定，国家的法律必须及时跟进。如果公民的性别身份需要进行重新定义，对由此产生的与性别相关的行为、活动需要从法律、道德上进行界定重塑，以免在人际交往，尤其在恋爱、婚姻和家庭等造成混乱，甚至伤害。

2. 坚持二元性别身份，尊重个体的特性

笔者认为，从生物学本质出发，为了稳定人类的生物学特性，人类社会应当坚持二元性别身份的认定。当然，同时也有必要尊重个人（无论男女）的个性特点，创造条件让个人都能在遵纪守法的基础上，按照个人的意愿发展自己，平等地从事社会活动。

附 录

附录一 婚前性行为和避孕常识

就生物学本质而言，适龄男女的性行为是无可厚非的。婚前性行为主要是受到社会人文学因素的制约。如果与一个十五六岁的女生或一个40岁的单身男人谈论婚前性行为，含义会截然不同，故本章节论述的婚前性行为主要是针对大学生和青少年。

一、婚前性行为的范畴

婚前性行为主要是属于社会人文学的范畴，受到社会人文学因素的制约，即受到社会道德的规范。不同的国家、不同的社会、不同的民族或不同的宗教信仰就会有不同的标准，一般同社会特定的婚姻习俗直接相关。在全球，有些社会和民族从文化上接受婚前性行为，甚至鼓励婚前性行为，例如90%的太平洋群岛的社会，88%的非洲人和80%的欧洲人都允许婚前性行为，甚至鼓励婚前性行为。但是，有些社会和民族无法接受婚前性行为，甚至反对婚前性行为，如信仰伊斯兰教的民族和国家严格禁止婚前性行为。在我国的传统文化和性道德观念中，只有婚姻才意味着性交和生育的社会合法化，才会被公众和家庭认可。鉴于性行为会导致怀孕，所以婚姻关系之外的性行为会受到公众的道德批判和阻止。婚前性行为带来的负面后果，主要是社会性的影响，当然也会带来如性病、妊娠、流产等属于病理生理学的后果。

人类在追求"食色"的过程中，不但要顺从生理需求，更要遵循人道主义，要考虑集体和个体的利益，还要顾及家庭、社会的反应和影响。所以才会有文化习俗、道德伦理和法律对性行为的约束，这也是人类区别于其他动物的根本属性。

二、青少年对婚前性行为认知的转变

我们正处在性禁忌道德观和性自由伦理观相对立的一个矛盾时代。我国的传统道德观念和社会认识普遍反对婚前性行为，并且相当一部分人还是很看重婚姻的"贞洁"。全球有8%的民众认为应当倡导年轻人婚前禁欲，在我国这个比例为23%（马晓年．2004）。然而，随着网络和新兴媒体的高速发展，逐渐出现了传统性思想价值观和传播媒介呈现的性思想价值观的脱节，青少年善于捕捉新鲜事物，更容易受到欧美性价值观的浸淫，以及时行乐等享乐为主的价值观被相当一部分人所推崇。当代我国的青少年和年轻人，在一个更注重自由和较少受到监督的环境中成长，特别是大学生性观念更加开放。他们认为性和性行为是天然的需求、是不应被压抑的人的天性、是个人的权利……伴随着及时行乐的思想，他们倾向于早期发生性行为。

因此，伴随着性禁忌力度的递减和观念的开放，性在文化上去神秘化且平庸化，很多年轻人少了精神层面上的自我约束，对自己的婚前性行为不再感到限制和内疚。同时，避孕材料容易得到和流产手术的方便，婚前性行为在大学生和青少年中有逐年增加的趋势。男女两性间的差异逐渐缩小，认同接受婚前性行为的态度与欧美一样。由中国计划生育协会、清华大学公共健康研究中心、中国青年网络共同发起并实施《2019~2020 年全国大学生性与生殖健康调查》显示：在全体调查者中，有 64.58% 的同学，可以接受婚前性行为，而 11.46% 的学生则不能接受，其中男性接受程度比女性接受程度要高。

在笔者所任教的医学院校，自 2007 年起，对每年选修性教育课程的大一和大二的医学生（人数约 500 人）进行调查，从 2007~2020 年每年男生认为应当"避免婚前性行为"的一直保持在 30% 左右；女生则在 2007~2015 年认为应当"避免婚前性行为"的一直保持在 60% 左右，然而从 2016~2020 年每年持有这种观点的女生人数断崖式地降到 35% 左右，与男生趋于一致。2023 年对选修本课程的 861 位医学生问卷调查显示，35.6590% 的学生认为应当避免婚前性行为；其中 33.35% 为男生，38.76% 为女生。54.69% 的学生不清楚其父母对婚前性行为的态度，5.52% 的学生父母认同婚前性行为，37.06% 的学生父母不赞同婚前性行为。在不认同婚前性行为的家长中，占比 21.95% 的为男生的父母，占比 52.98% 的为女生的父母。有趣的是，在本次问卷调查中，仅有 38.76% 的女生认为应当避免婚前性行为。因此可以认为在婚前性行为的问题上，女生受环境因素（如网络媒体）的影响比较大。

此外，在本次问卷调查的 865 位医学生中，当下有恋人的为 219 人，占 25.46%；曾经有过恋人的为 200 人，占 23.15%；没有恋人的为 446 人，占 51.39%。有过性交行为的学生仅 40 人，占 4.62%，其中男生 29 人，女生 11 人。由此可见，笔者所在的医学院校，大一、大二医学生有性行为的现象并不像媒体报道的情况那么严重。

三、婚前性行为给年轻人可能带来的危害性

青少年特别是大学生正处在生理上性驱动力的活跃期。2016 年中华人民共和国国家卫生和计划生育委员会在世界避孕日活动中，现场发布的《大学生性与生殖健康现状调查报告》中指出，在调查对象中，我国大学生 67.6% 有恋爱经历，20.3% 曾发生插入式性行为。马晓年等（2004 年）的中国性调查报告指出，全球 16 岁以下、17~18 岁和 19 岁以上曾在计划外怀孕的比率分别是 4%、5% 和 10%，而中国大陆这 3 个年龄段的比率分别以 17%、18% 和 20% 高居全球首位；尤其是 18 岁前的两个年龄段，其他国家和地区的比率均未达到两位数。

囿于传统观念限制，我国的青少年和青年人几乎都未受过系统的、科学的、规范的性教育。从 2009~2021 年，笔者所任教的医学院选修本课程的大一和大二医学生共 1000 余名，其中 95% 的大学生的碎片化的性知识主要来自网络。然而在网络上，相关的性知识基本上被欧美性价值观所主导。这些去生物学化、去医学化的内容，误导年轻人往往只关注性行为带来的性伴侣之间的亲密感和愉悦感，而有意无意地忽视婚前性行为及不科学、不健康的性行为的负面影响，给年轻人带来了巨大的危害。

1. 增加了未婚人群的流产率

我国实际情况是大学生基本上不具备抚养后代的条件，因此大学生婚前性行为导致怀孕后，补救措施几乎都是流产。我国城市未婚育龄女性的人工流产率已高于已婚女性，其中很大一部分是在校学生。青少年已成为人工流产的主要人群之一。未婚青少年每年人工流产近400万人，占我国人工流产总数的40%，其中19%有多次流产经历[1]。

2. 增加了不孕症等妇科疾病的概率

据统计，人流后女性不孕的概率提高1.5~2.5倍。人工流产对女性身体危害很大，使得她们易患妇科炎症，如输卵管狭窄、盆腔炎、子宫腔粘连、月经异常、异位妊娠，甚至不孕症等。

此外，在美国和欧洲许多国家，婚前性行为导致年轻的单亲母亲贫困化也是严重的社会问题。总而言之，每个年轻人都应该对自己负责，为了身心健康避免婚前性行为，还要懂得采取适当的避孕措施以避免婚前性行为带来的伤害。

四、避孕常识

自从揭开性交与怀孕之间的关系后，人类一直在寻找避孕方法。19世纪中叶，橡胶硫化工艺发明后，橡胶避孕套开始被应用。20世纪60年代，女性口服避孕药在美国投放市场，因为简单有效，从而迅速地被大众广泛接受。避孕被全社会认识和接受仅仅是40余年的事，但

---

[1] 为何实施三孩生育政策而不是全面放开生育？王培安这样说. 人民政协网. https://baijiahao.baidu.com/s?id=1705905880619301368 & wfr=spider & for=pc.

已成为现代社会生活的普遍现象。避孕方式的便利性也促生了以欧美为主导的性和性行为价值观。

目前有许多避孕的方法，但是每种避孕方法都有各自的优缺点。

（一）男性避孕措施

1. 男性避孕套

男性避孕套又称安全套或阴茎套，使用避孕套是男性采用的主要避孕方法。如果能坚持全程正确地使用避孕套，能取得很好的避孕效果。使用避孕套有如下优点：使用方法简便，容易获取；避孕效果可靠，基本无不良反应；预防性传播疾病的效果较好；可预防子宫颈癌（阻止包皮垢的刺激）；可延缓射精时间，对医治"早泄"有一定的帮助；避免对精子或精液过敏的情况。使用避孕套的缺点：男性避孕套最大缺点是降低男性交媾时的敏感度，可试着选用不同品牌的避孕套，可能会改善性交的快感；可能有些人对乳胶过敏，可选用聚氨酯避孕套。

使用注意

（1）避孕套有保质期和存放条件，不应使用过期的避孕套；在使用前，应当检查避孕套是否有破损。在使用避孕套之前，不要打开包装封口；一旦打开，在几小时内就会变得干燥易脆裂。

（2）由于体温的热度可促使避孕套老化变脆，故避孕套不应长时间放置于随身衣服口袋中。

（3）选用大小适当的避孕套。

（4）要留意避孕套有区分正反的标志。延展安全套前，用手指轻轻一捏，把避孕套末端的空气排空。

（5）在使用乳胶避孕套时，只能用水基或硅基的润滑剂。油基的润滑剂（如食用油、婴儿润肤油、凡士林等）只适用于聚氨酯避孕套。

（6）没有做过包皮环切的男性，在戴避孕套前需记住将包皮向后推拉。

（7）如果避孕套没有储存囊，在套入阴茎后，应在避孕套的末端留下约1cm的空间以保留精液精子；但避免留有许多空气。

2. 男性结扎手术

结扎手术是永久的避孕方法。男性结扎手术的原理是将输送精子的输精管切断结扎，使睾丸产生的精子无法通过输精管排出，从而达到绝育的目的。绝育手术并不会损伤睾丸，睾丸仍然能继续产生精子和分泌性激素，以维持男子正常的性功能，并保持男子的第二性征。男性输精管结扎手术整个过程约30min，结扎手术是可逆的，重新接上又可获得生育能力。

3. 抽出法

抽出法（或称为体外射精，或称性交中断）指的是男性在即将射精之前，将阴茎从阴道迅速抽出，在体外完成射精，从而达到避孕的目的。体外射精可能是有文字记载的最早的避孕方法，《圣经》中就有相关的描述。

导致抽出法避孕失败的原因有：男性不能及时地将阴茎抽出；即使在射精之前将阴茎抽出，有些精液仍然落在阴唇上，这些精子便可进入阴道、子宫和输卵管等。此外，由于体外射精是在性高潮时施行，男女双方常常难以得到性满足，会导致出现性冷淡、阴茎勃起障碍或无菌性前列腺炎等病症。

4.男性避孕药

男性避孕药的研究和应用远不如女性避孕药来得深入和广泛，因为副作用较大，临床极少应用，主要有：激素类避孕药、睾酮类避孕药如庚酸睾酮，雄激素–孕激素合并用药；免疫避孕药，如抗促性腺激素免疫疫苗，抗促卵泡激素免疫疫苗；中草药避孕药，如棉酚，雷公藤多甙。

（二）女性避孕措施

1.口服避孕药

口服避孕药是女性最常用的避孕方法。目前使用最广泛的药物配方是复方避孕药，其由雌激素和孕激素组成。复方避孕药的最大优点是方便易行，又不会影响性唤起或降低性快感。复方避孕药的缺点是：长期服用会降低治疗性传播感染疾病的抗菌药物的疗效；增加发生血栓和乳腺癌的风险；肝脏疾病者禁用。新婚女性最好在停药半年后再怀孕。

避孕药还被确认有非避孕作用的附加优点：使得月经周期更规律，反应更轻，经期疼痛减少；减少患乳房囊肿、异位妊娠、卵巢癌和子宫内膜癌的可能性。

2. 灌洗法

灌洗法（或称为阴道冲洗法）的原理是性交后通过水或清洗液冲洗阴道将精液排出体外，从而达到避孕的目的。缺点是将清洗液体喷射进阴道，也有可能把精子推入子宫，因此灌洗法的避孕失败率达到40%[①]。另外，经常冲洗阴道，会降低阴道的酸性，增加阴道感染的风险。

3. 女性避孕套

女性避孕套被放置在阴道内，用于封闭子宫口，又称为阴道套。其一段被置于阴道底部、紧贴着子宫颈，封闭子宫口；开口端留在阴道口外部，避免皮肤的直接接触。女性避孕套的优点是，女性可以自己使用降低怀孕和感染性传播疾病的风险。就目前女性避孕套的形状而言，在使用时会发出"沙沙"的声音，可能会干扰交媾双方的注意力和情绪。另外，女性避孕套与男性避孕套不能同时使用，因为它们会相互粘连。

4. 宫内节育器

宫内节育器俗称节育环，有不同的种类。女性可依据自身的特点和医生的建议，自己选用宫内节育器。

（1）根据形态：有r形，T形，O形，三角形，伞形，麻花形等。

（2）根据尾丝：分为带尾丝的和不带尾丝的。

（3）根据含有特殊成分：分为含铜、含药、含铜含药。所含药物有吲哚美辛、孕酮等，这些活性物质有降低宫内节育器的失败率、减

---

① （美）Spencer A R, Jeffrey S N, Lois F R. 性与生活——走进人类性科学[M]. 6版. 甄宏丽等译. 北京：中国轻工业出版社，2007：279.

少因节育器引起的月经出血过多等问题。

宫内节育器具有安全性（有效率约95%）、简便性、可逆性、不干扰内分泌、不影响性生活和一次放置时间长（5~20年）等优点。健康女性若无禁忌证均可选用，对于已生育过的女性更加适应。又因为宫内节育器不是放在阴道内，而是置放在子宫内，故不影响性交媾。

5. 杀精剂

当前杀精剂的主要成分为壬苯醇醚，杀精剂避孕的原理是壬苯醇醚与精子细胞表面的脂蛋白膜相互作用，改变精子细胞的脂膜表面张力，同时改变精子细胞的渗透压，杀死精子，或者使精子无法游动，这样精子不能到达宫颈口，从而达到避孕的目的。杀精剂有多种剂型，如凝胶和乳霜、栓剂、喷雾泡沫、避孕薄膜等。杀精剂的最大优点是它不像避孕药会改变女性的体内激素分泌，影响生殖生理过程，仅在有避孕需要时使用。缺点是失败率较高，主要原因是无法准确地控制用量，药物难以放置到足够的深度（没有达到近子宫颈处）。

杀精剂并不能预防或治疗性传播疾病，还可能引起阴道炎，实际上增加了感染艾滋病病毒和其他性传播疾病的危险性。

6. 胶囊植入法

将含有黄体酮或孕激素的胶囊用于抑制排卵。这需要专业医生在局部麻醉下操作，通常放置在大腿内侧。在皮下黄体酮会缓慢地扩散到体内，效果可以持续5年。最大优点是在5年里为了避孕，不需持续服药。并且，由于它不是雌激素，不会产生与雌激素相关的副作用。

缺点是：费用较高、可能引起内分泌紊乱。

7. 自然避孕法

自然避孕法，也被叫作安全期避孕法，其原理是依据女性生殖生理周期的特性，在不易怀孕的时间（安全期）安排性活动，从而达到避孕的目的。在每个生理周期，女性只有 6 天可以受孕。卵细胞从卵巢排出后，可存活 12~24h；精子进入女性生殖道后可存活约 5 天。判断排卵期的方法有以下 4 种。

（1）安全期避孕法（女性基础体温测定法）：利用基础体温推断排卵期（测定基础体温的原理和方法参阅第四章第一节）。通过 3 个月经周期以上的时间测量，观察基础体温曲线可找到安全期。在排卵日后的第 2 天，基础体温立即升高 0.3~0.5℃，找到排卵日后，排卵日前 5 天及后 1 天为易孕期。再排除掉月经期后，其余时间为安全期。或者，当基础体温出现连续 3 天回升，就认为可以进行性交而不用担心怀孕。或者，从月经的排出到干净需 5 天的时间，因此月经的第 6~10 天是安全期。

（2）日期法：利用月经规律判断排卵期。女性必须连续记录 6~12 个月的月经周期。根据"前 3 后 2"原则，即预设排卵发生在月经前 14 天，从月经第 13 天的前 3 天开始（精子在女性体内不可能存活 72h 以上），到月经第 15 天的后 2 天（未受精的卵子无法保持 48h 以上的受精能力），在这段时间内，夫妻应禁欲。

（3）子宫颈分泌物：利用子宫颈分泌物判断排卵期。子宫颈在月经周期内产生黏液的浓稠度会因排卵而改变：排卵期子宫颈黏液清亮、拉丝长；排卵后变稠。月经后，子宫变得干燥，很少或没有白带从子宫颈排出，这些日子相对比较安全。随后，当白带第一次排出信号出现时，应当避免性交（非保护性性交）。这种方法可操作性较弱。

（4）排卵试剂测试盒：利用试剂盒判断排卵期。试剂盒要求女性每日检测尿液黄体酮生成素的水平。排卵前 12~24h 黄体生成素水平急剧升高。与基础体温法相比，排卵试剂盒更能准确地判断排卵。因此，可以选择使用试剂盒确认排卵后的非安全期，再加上用日期法确认排卵前的非安全期。不足之处是排卵试剂盒价格昂贵，并且女性必须每日清晨检测尿液。

自然避孕法只适用于月经规律和长期共同生活的夫妻。因为月经不规律者较难掌握排卵期；久别重逢或偶然相遇等情形会激起情绪高涨，导致额外排卵，从而意外妊娠。倘若将这 4 种方法结合起来应用，可以提高避孕效果。

8. 阻止精液液化——新的避孕方法

Biology of Reproduction 报道（2022 年），美国华盛顿州立大学专家研发新型非激素避孕方法，应用一种非特异性蛋白酶抑制剂，抑制前列腺的蛋白水解酶，阻止射精后在阴道内凝胶状的精液液化，使得精子无法游动，避免卵子受精，达到避孕目的。但是，进入临床应用还有一段时间[①]。

---

① Anamthathmakula P, Erickson J A, Winuthayanon W. Blocking serine protease activity prevents Semenogelin degradation leading to Hyperviscous semen in humans [J]. Biol Reprod, 2022, 29: ioac023. doi: 10.1093/biolre/ioac023. Online ahead of print.

9. 女性绝育

女性绝育手术有小型剖腹术和腹腔镜2种手术方式，切除或夹闭双侧一小段输卵管。一般几天内，女性即可恢复日常活动。总体上，施行女性绝育手术的人数多于男性。输卵管结扎后，重新接上又可获得生育能力。

附录二 性传播疾病

1975年后，医学专家把经性接触而传播的疾病或类似性行为而传播的疾病称为性传播疾病（sexually transmitted disease, STD），性传播疾病比传统的性病范围要大得多。根据2012年原卫生部颁布的《性病防治管理办法》，将艾滋病、梅毒、淋病和软下疳、尖锐湿疣、生殖器疱疹等对健康危害严重或比较严重的性传播疾病列为重点防治。常见的四大性传播疾病是梅毒、淋病、尖锐湿疣和生殖器疱疹。

40余年来，受欧美主导的性和性行为价值观的影响和浸淫，部分国人，特别是一些年轻人把及时行乐当成时尚，倾向于将性行为当作娱乐和解压的一种方式。在年龄上更早和更加频繁的性行为，增加感染性传播疾病的概率。性传播疾病对女性的伤害要大于男性。有资料显示：男性把性传播疾病传染给女性的概率是女性把疾病传染给男性的两倍。据世界卫生组织（WHO）报道，2016年有近100万名孕妇感染梅毒，造成35万例不良分娩结局。

本章节主要介绍较常见的性传播疾病及其防治，内容包括微生物感染（包括细菌和类似细菌的病原体）、病毒感染、寄生虫感染和预防性传播疾病。

一、微生物感染

（一）淋病

1. 流行病学

淋病是一种古老而又常见的性传播疾病，是四大性传播疾病之一；我国近年来其发病率位居性传播疾病首位，好发于青壮年。病原体是淋病奈瑟球菌。淋病菌适宜在温暖、潮湿的环境中生长，例如黏膜。因此，可在尿道、阴道和子宫颈、口腔和喉、肛管和直肠的黏膜上生存。淋病奈瑟球菌不耐干燥和寒冷，干燥环境1~2小时死亡；在不完全干燥的条件下，附着在衣裤和被褥上则能生存18~24小时。其感染途径是经过阴道、口腔、肛门的性活动，以及分娩过程的母婴感染（婴儿的眼睛最容易受感染，可导致失明）。女性比男性更容易染上淋病。

2. 症状

淋病潜伏期为1~14天。男性患者阴茎的尿道口黏膜呈猩红色、有淡黄色浓稠分泌物，尿频、尿急，排尿时有烧灼感；如果未治疗，感染可蔓延至前列腺、精囊、附睾等。60%~80%的女性患者在早期没有症状，子宫颈是主要被感染的部位。女性患者常见阴道分泌物增多，或排尿时有烧灼感；未经治疗的女性感染者，淋病奈瑟球菌可在月经期侵入子宫，引起盆腔炎，甚至堵塞输卵管，造成女性不孕。口交可感染咽部，则有咽喉红肿疼痛和白色黏液分泌过多。肛交感染可造成直肠分泌物增多、疼痛瘙痒等。

3. 治疗

淋病患者应尽快接受治疗。淋病可用头孢菌类抗生素治疗，包括：头孢曲松，为首选的治疗方法；头孢克肟，通常与阿奇霉素共同使用，但只在头孢曲松不可行的情况下使用。

（二）梅毒

1. 流行病学

梅毒是四大性传播疾病之一，病原体是梅毒螺旋体。梅毒是艾滋病被发现之前危害最大的一种性传播疾病。感染途径是经过阴道、口腔、肛门的性活动、血液和母婴途径传播。接触病原体若干小时后，梅毒螺旋体就可以进入血液。

2. 症状

梅毒可分为后天性梅毒和先天性梅毒；根据其病程又可分为一期梅毒、二期梅毒、三期梅毒。

1）后天性梅毒

（1）一期梅毒，潜伏期为2~4周，在感染部位（男性常在阴茎和阴囊表面，女性常在子宫颈或阴道壁和阴道口）有无痛性硬下疳（下疳是软骨样硬度、圆形或椭圆形的、边缘清晰的火山口状的溃疡）。如果是口交或肛交，硬下疳可分别出现在口腔和直肠肛门。

无论是否治疗，硬下疳都会在2~6周内消失，疾病进入隐匿发展，所以怀疑感染梅毒就应该接受血液检查。硬下疳的溃疡内有大量的梅毒螺旋体，因此这一阶段的病人具有高度传染性。

（2）二期梅毒，在感染后的1~6个月，患者有低热头痛、肌肉和关节痛、淋巴结肿大等；80%~95%可出现皮肤黏膜损害，皮疹分布广泛、对称，疹型多样，以斑丘疹最常见，皮疹发生在手掌、足心且呈对称性分布，具有诊断意义。不经治疗，这些症状（包括皮疹）在2~6周内也会自行消失。部分病例脑脊液可查出阳性。

（3）三期梅毒（或称为潜伏期梅毒），二期症状消失后，疾病即进入三期梅毒。虽然三期梅毒没有症状，但是梅毒螺旋体继续繁殖侵入人体器官，特别是心血管系统、神经系统和骨骼。三期梅毒的特点：传染性小，除了妊娠女性可以传染胎儿外，三期梅毒不再有传染性；有部分的患者病程不再进展，直至去世也没有出现严重并发症；有部分患者在染病后的10~40年，出现病原体侵犯导致器官损伤的症状，破坏性大，可危及生命。

2）先天性梅毒

未治疗的早期梅毒孕妇，可出现流产、死胎、早产和分娩出先天性梅毒儿。早期先天性梅毒表现基本与成人二期梅毒相同；晚期先天性梅毒与后天性晚期梅毒一样，除可出现皮肤黏膜、中枢神经系统和心血管系统损害外，还可影响儿童生长发育，致畸，留下标记性损害，如桑椹齿、马鞍鼻、马刀胫、角膜瘢痕和耳聋等。

3.治疗

梅毒是可以治疗和治愈的。梅毒的早期阶段应使用苄星青霉素注射进行治疗；作为二线治疗方案，也可使用多西环素、头孢曲松或阿奇霉素进行治疗。青霉素也可用于治疗后期梅毒，但需要加大剂量。青霉素可以预防梅毒的母婴传播，在出生时已经感染梅毒（先天性梅毒）的婴儿或母亲的梅毒没有得到治疗的婴儿需要立即接受治疗，以避免出现严重的健康问题。

（三）衣原体病

1. 流行病学

病原体是沙眼衣原体，通常经由阴道或肛门性交感染。统计数据表明，衣原体感染已经成为美国最常见的性传播疾病[①]。女性感染衣原体的病例远远多于男性。但是，沙眼衣原体也是35岁以下男性尿道炎和急性附睾炎的主要病因之一，也可能是非细菌性前列腺炎的病因。

2. 症状

在感染1~3周后，患者出现症状。男性患者最常见的症状包括排尿时疼痛或灼热感，尿道有少量水样分泌物。女性患者主要感染的症状是宫颈炎，从子宫颈分泌出黄色黏稠的分泌物，女性往往很难将其与平常的阴道分泌物相区别，使得高达75%的女性患者不知道自己被感染。分娩时，新生儿通过产道也可被感染，而患眼结膜炎或肺炎。

3. 治疗

早期衣原体感染比较容易治疗，用药除了青霉素以外的抗生素对根治衣原体感染都有效。但是往往衣原体感染没有症状，或被误诊为淋病。恰恰淋病常规用药为青霉素，而青霉素对衣原体没有效果。因此，

---

① （美）格雷·F·凯利．性心理学［M］．8版．耿文秀等译．上海：上海人民出版社，2011：526.

许多衣原体感染者没有得到治疗或治疗不当。女性未经治疗会引起盆腔炎,男性则会患附睾炎,还可能引起不育症。

(四)念珠菌病

1. 流行病学

念珠菌广泛存在于自然界,为条件致病菌,临床上以白念珠菌最为常见。白念珠菌是一种类似酵母的真菌,是阴道的正常菌群。当阴道内环境改变时,如pH值升高,在碱性条件下白念珠菌可过度繁殖增长,导致念珠菌性阴道炎。可通过性接触或与被感染者共用浴巾而传染。

2. 症状

女性患者的症状为外阴瘙痒,烧灼感,皮肤发红;在阴唇和阴道壁上的分泌物浓稠呈黄色、乳酪样,有时夹有豆腐渣样白色小块,但无恶臭,阴道壁充血、水肿。男性患者的症状为外生殖器瘙痒和排尿烧灼感,或阴茎变红。口交可引起鹅口疮。

3. 治疗

治疗常用氟康唑、克霉唑等治疗,感染区要保持干燥。

二、病毒感染

(一)生殖器疱疹

1. 流行病学

生殖器疱疹的病原体90%是单纯疱疹病毒Ⅱ型,其余的是单纯疱疹病毒Ⅰ型。感染途径是通过阴道、口腔和肛门的性活动传播。疱疹病毒可在马桶座圈或其他物体上存活数小时,如果直接接触这些物体也可染上疱疹病毒;也可经接触感染部位后再抚摸身体其他部位,引起不同部位的自身感染。

2. 症状

感染后 6~8 天出现症状,生殖器出现丛生小水疱,数天后破溃,流出的液体传染性极高。水疱破裂时会有剧烈疼痛;也可伴有发热头痛、排尿困难等。但是 30% 的疱疹患者不会出现水疱。男性的阴茎和女性的阴唇或子宫颈是被感染的主要部位,如果肛交,疱疹可出现在肛门周围。生殖器疱疹对女性的危害包括:患宫颈癌的风险是常人的 5 倍;在怀孕时,发生流产的概率是健康女性的 3 倍;如果妊娠时阴道创伤流出液体,会传染婴儿引发脑炎等。

3. 治疗

用抗病毒药物治疗,药物通常用于治疗疱疹的首次发作或复发。经治疗后,症状减轻或消失,然而病毒仍然潜伏在体内,终生有复发的可能性,但是传染性很小。70% 患者至少会复发一次疾病。

(二)生殖器疣

1. 流行病学

生殖器疣(尖锐湿疣、性病疣)的病原体是人乳头瘤病毒(HPV)。生殖器疣多发生在过早性行为、多性伴侣或多孕多产的人群中。过早或初潮前后就有性交媾的年轻女性感染生殖器疣的概率较大(Jessica A, Kahn. 2002)。在我国,生殖器疣发病率位居性传播疾病第二位,好发于青壮年。感染途径最主要的是通过阴道、肛门或口腔的性传播，或接触被感染的毛巾、衣服。另外，母婴垂直传播也是该病的传播途径。

2. 症状

感染后的潜伏期从数周到数年不等。通常在感染病毒3个月后出现症状，主要是在生殖器官上出现无痛性疣，常呈菜花状。但因生长的部位不同，疣的表面颜色和形态也不同。皮肤潮湿部位的疣表皮柔软为白色、灰白色或略为粉红色；干燥部位的疣表皮较硬呈灰黄色，表面结构呈现不规则的形态。多数部位的疣本身无特别危害，主要是感染后的并发症，如女性的宫颈癌（参阅第四章第一节）、男同性恋因肛交所患的直肠癌。虽然避孕套降低感染生殖器疣的概率，但是仍然无法完全避免被感染的危险，因为病毒可以经没有被避孕套保护的区域（如阴囊）传播感染。

3. 治疗

可用药物、激光手术、冷疗法（冷冻）、灼烧法治疗，或手术切除。经过治疗疣体本身可被去除，但是机体并没有完全消除该病毒，因此可能会复发。

（三）传染性软疣

痘病毒经过性行为直接接触传染，也可自体接种。通常在感染后的2~3个月出现症状，表现为生殖器或邻近部位有粟粒状疹子，感染部位一般无疼痛，部分患者可有瘙痒症状。可用小镊子夹住疣体，将之挤出；亦可用刮匙刮除；然后外涂2%碘酒；或0.1%维甲酸乙醇局部涂搽。

（四）病毒性肝炎

病原体主要为甲型肝炎病毒、乙型肝炎病毒、丙型肝炎病毒和丁型肝炎病毒。

（1）甲型肝炎病毒感染：可因食用被排泄物污染的食物而被染上，以往并不被认为是性传播疾病。甲型肝炎病毒可以通过口腔和肛门的接触传染，因此，非阴道的性行为口交和肛交也可以染上甲型肝炎。

（2）乙型肝炎病毒感染：因为人感染乙型肝炎病毒后唾液、精液、阴道分泌物和血液可能含有乙型肝炎病毒，所以乙型肝炎易通过性行为感染。

以上两种肝炎，均可通过接种疫苗来预防。

（3）丙型肝炎病毒感染：丙型肝炎病毒可经血液途径传播，因此在性交活动中，丙型肝炎病毒可通过破损的皮肤或黏膜感染。潜伏期为0.5~6个月。急性丙型肝炎起病隐匿，大部分患者无明显症状，最多见的是疲劳、发热等。治疗方法主要是抗病毒，约有30%的感染者不经任何治疗即可在感染后的6个月之内自行清除病毒。丙型肝炎是肝癌的一个主要致病因素，目前尚无针对丙型肝炎病毒的有效疫苗。

（4）丁型肝炎病毒感染：乙型肝炎病毒依靠乙型肝炎病毒才能进行复制，仅与乙型肝炎病毒感染同时发生或出现重叠感染。传播途径是通过接触血液或其他体液、性接触等传播。通过接种乙型肝炎疫苗可预防丁型肝炎病毒的感染。

(五)艾滋病

1. 概述

艾滋病全称为获得性免疫缺陷综合征（acquired immunodeficiency syndrome，AIDS），病原体是人类免疫缺陷病毒（简称 HIV）。迄今，已从感染者的血液、精液、羊水、支气管液、泪液、宫颈阴道分泌液、乳汁、尿液、脑脊液、胸腹水和唾液等都分离到 HIV，理论上说接触这些体液均有感染 HIV 的可能。一些由体液传播 HIV 的特殊病例（可能这些体液已被血液污染，也可能没有污染），大部分发生于密切照顾 HIV 感染者的亲友身上，他们同患者密切接触时未采取谨慎全面的预防措施[1]。

HIV 在体外的存活时间主要取决于病毒浓度。HIV 感染的血液溢洒在环境中，当血液的病毒含量较高时，血液在室温中放置 96h，病毒仍然具有活力。干燥环境中，HIV 的生存活力明显降低：在灭菌干燥滤纸片上的 HIV，死亡时间大概为 10~20min。HIV 残留在用过的注射针头血液中，针头内残留血液不易干燥，可残存数天，如果遇到新鲜的淋巴细胞，HIV 有可能在其中不断复制、传播。离开了血液和体液中活细胞的艾滋病病毒非常脆弱，只可在常温环境下存活数小时。一般情况下，常用的消毒剂如 70% 乙醇等室温处理 10~30min 即可灭活 HIV，或用至少 70℃热水清洗 25min，也能达到灭活 HIV 的效果。

---

[1] 吴志华. 现代性病学 [M]. 北京：人民卫生出版社，2015：247.

2. 流行病学

流行病学资料表明，自 1985 年我国发现首例艾滋病病例以来，艾滋病感染者人数迅速增加。截至 2020 年底，全国共有艾滋病感染者 105.3 万例。异性恋和同性恋的比例，分别从 2009 年的 48.3% 和 9.1%，上升到 2020 年的 74.2% 和 23.3%。在福建省 2005 年前后，每年报告艾滋病感染者大约 100 人，而 2021 年 1~10 月，新报告的艾滋病感染病例已达 2553 例。性传播比例在 95% 以上，其中异性传播占 70% 以上[1]。男同性恋是感染艾滋病病毒的最高风险群体。在美国，男同性恋者占艾滋病总病例的 49%[2]。

近年来，艾滋病在我国以性接触为主要传播途径，通过与感染者交媾（阴道交或肛交）和口交（特别是精液进入口腔），或接触感染者的精液或阴道分泌物。肛交更易感染艾滋病，而作为接受肛交的一方被传染的风险极高。同 HIV 阳性患者发生阴茎-肛门交媾的女性患病率是 0.5%~3.2%，阴茎-阴道交媾的女性患病率为 0.05%~0.15%。肛交的危险性由肛门-直肠的组织学特性所决定（参阅第五章第三节）。虽然接吻染病的危险性极小，但是美国疾控中心报道了一例因接吻而感染艾滋病的个案，染病的双方都有牙龈疾病。这证实携带病毒者唾液中含有 HIV，可以通过口腔微小伤口进入体内，感染淋巴细胞。有学者在猴子实验中发现，把类似艾滋病病毒的溶液滴在猴子舌头表面，

---

[1] 引自海峡都市报，2021 年 12 月 2 日：A15.
[2] Jerrold S G, Clint E B, Sarah C C. 人类性学 [M]. 3 版. 胡佩诚等译. 北京：人民卫生出版社，2010：434.

只需要较低浓度就能造成病毒感染。但是，目前还无法确定这项研究的结果是否可以类推到人类[1]。但是，对口交性行为有可能染上 HIV 的危险性要有足够的关注。

其他传播途径还包括输入被艾滋病病毒污染的血液，或共用被艾滋病病毒污染的针头、针具、手术器械或其他锐器等；被艾滋病病毒感染的母亲在妊娠、分娩和哺乳期间传播给婴儿。近年来，同性恋特别是男同性恋感染艾滋病的发病率急剧升高。美国旧金山男性健康研究会的数据显示，在 1034 名单身男性中，有 48.5% 的同性恋者和双性恋者的血液检测出 HIV 阳性，异性恋者血液中没有检测到 HIV。

最新研究发现，一种具有高度传染性和破坏性的 HIV 变种一直在荷兰传播。新变异毒株在感染者血液中的病毒含量比其他 HIV 毒株高 5.5 倍，T4 细胞减少的速度是其他 HIV 毒株的两倍。如果不进行治疗，感染这种变异毒株的人将在感染后 2~3 年内发病，而感染其他 HIV 毒株的人约在 7 年内发病[2]。

3. 症状

艾滋病的病程可分为 3 期：急性感染期、潜伏期、发病期。

1）急性感染期

艾滋病病毒进入人体后，很快就到达急性感染期。病毒快速繁殖，每毫升血液中的病毒含量可达数百万，免疫系统开始产生抵抗艾滋病

---

[1]（美）格雷·F·凯利. 性心理学 [M]. 8 版. 耿文秀等译. 上海：上海人民出版社, 2011: 557.
[2] Wymant C, Gall A, Hall M, et al. A highly virulent variant of HIV-1 circulating in the Netherlands [J]. Science, 2022, 375(6580): 540-545.

病毒的抗体。在这个阶段（通常是感染后的 2~6 周），大多数病例都会产生类似流感样症状，常见的症状包括发热、咽痛、皮疹、肌肉疼痛、全身淋巴结肿大等。这些症状一般持续 3~14 天。因为这些症状没有特异性，所以经常被误认为是流感。但是，此时患者血液中的病毒含量很高，传染性非常强。

患者接触病毒后，在 2~6 周后产生 HIV 抗体。窗口期即从感染病毒到产生抗体之前的时期。在这段时间里，感染者的血液里查不到艾滋病病毒抗体。

2）潜伏期

在感染后经过一段时间，患者的免疫系统反应强烈，并抑制 HIV 活动，减少血液中的病毒数量。至此患者进入艾滋病潜伏期。潜伏期的时间长短受到很多因素的影响，最短可能仅有两周，最长可达 20 年，平均时间为 2~10 年。通常在潜伏期里，患者没有任何可见症状。病毒通常藏身于淋巴结内，渐进性地破坏主要免疫细胞 CD4+（T4 淋巴细胞）。在这一时期，感染者虽然没有症状，但病毒仍在持续繁殖，具有传染性，这是一种危险的病毒传播状态。

在血液里，正常 T4 淋巴细胞的数量是 1000 个 /mm^3。一旦患者血液中的 T4 淋巴细胞数量少于 200 个 /mm^3 时，或 T4 淋巴细胞在淋巴细胞中所占比例少于 14% 时，细胞免疫功能已经难以维持，病人即将进入发病期。

3）发病期

最明显的症状就是淋巴结肿大。患者出现除腹股沟淋巴结以外，两处以上不明原因的淋巴结肿大并持续 3 个月以上，特别是颈部、腋下和口腔后的淋巴结肿大。同时出现两种以上的全身症状，如无故发热、疲劳、食欲不振、消瘦、体重下降、睡眠时冒汗等，再经血液检测，即可诊断为艾滋病相关综合征，即进入发病期。患者开始并发出现机会性疾病（只有在免疫系统被破坏、功能削弱低下时才发生的疾病），如肺孢子菌肺炎、卡波西肉瘤、大脑弓形虫病，或单纯疱疹伴慢性溃疡等。HIV 可以穿过血脑屏障进入大脑，引起性格改变、记忆力和判断力下降、痴呆和脑肿瘤。进入这阶段的患者，若不经治疗几乎在数年内死亡。

4. 治疗

迄今仍然缺少有效的艾滋病疫苗和能够根治艾滋病的抗病毒药物，因此目前艾滋病仍然不可治愈。但是如果终生坚持使用抗逆转录病毒药物进行治疗，可以减慢 HIV 在体内增殖的速度，可以使 HIV 的增殖放缓到几近停止的水平，延缓病程的进展。越来越多的艾滋病患者经抗逆转录病毒治疗后可以处于良好状态、保持劳动能力、延长生命时间。有证据表明，早期也就是血液的 T4 淋巴细胞数量降到 500 个 $/mm^3$ 或在这之前，使用药物治疗效果更好。世界卫生组织建议所有艾滋病病毒感染者及处于重大感染风险的人群都应接受艾滋病抗病毒治疗。

三、寄生虫感染

（一）滴虫病

1. 流行病学

病原体是阴道毛滴虫。其寄生在阴道黏膜下，碱性条件有利于生长。感染途径是性传播，也可通过潮湿的毛巾等物体传播。孕妇或口服避孕药的女性更易感染滴虫病，因为她们体内孕激素浓度较高，而孕激素可提高阴道的碱性。阴道毛滴虫也可引起男性的尿道炎。

2. 症状

滴虫病的主要症状是女性外阴瘙痒或灼热感，阴道有泡沫状或淡黄色、有气味的阴道分泌物；也可无症状；主要危害是毛滴虫会吞噬精子；90%的患者伴有泌尿道感染，症状为尿道痒、尿痛、尿道有少许浆液性分泌物等。

3. 治疗

治疗阴道滴虫病主要选用口服硝基咪唑类药物，包括甲硝唑和替硝唑。

（二）阴虱

1. 流行病学

病原体为毛虱类的阴虱，寄生在阴部、肛门和会阴部的阴毛处，以人类的血液为食物。传播途径主要是性交，接触被感染的衣物、毛巾、床单和马桶座圈也是重要的染病方式。

2. 症状

阴虱患者的主要症状为感染部位出现红疹、丘疹和瘙痒，夜间更甚；内裤上可见到铁锈色粉末状或颗粒状虱粪。

3. 治疗

治疗阴虱以灭虱、灭卵为主，保证完全清除所有寄生的阴虱。一般可选择在感染部位涂抹相应的治疗药物，瘙痒严重可配合口服药物缓解症状。

（三）疥疮

1. 流行病学

疥疮的病原体是疥螨，通过性接触或直接接触而感染，如通过被感染的衣物、被套、毛巾等传播染病。疥螨喜欢寄生在皮肤较薄而柔软的部位，可黏附在阴毛的基底部，穿入皮肤，在皮下钻出迂曲的隧道，在其中产卵繁殖。

2. 症状

皮肤瘙痒，在夜间加剧。皮肤表面可出现微红的条带状痕迹（与皮下的隧道平行），或有针尖大小的丘疱疹和疱疹。部分患者可在阴囊、阴茎等处可出现淡色或红褐色、绿豆至黄豆大半球状的炎性硬结节，瘙痒剧烈，称为疥疮结节。

3. 治疗

比较严重的疥疮可以使用外用软膏或口服药物进行治疗。适用于全身的局部治疗包括：5%氯菊酯软膏、5%~10%硫磺软膏等。

四、预防性传播疾病

性传播疾病的防治不应当就病论病。据报道，全球有 13% 的人承认曾患性传播疾病，中国大陆地区和芬兰、新西兰、瑞典并列全球第四位，均为 18%。中国大陆地区患病率位居亚洲第一位。中国大陆地区 16~20 岁年龄段曾患性传播疾病的比率是 17%，而全球的这一比率是 8%[①]。美国疾病控制与预防中心（Centers for Disease Control and Prevention，CDC）发布的最新数据表明：美国 1/5 人曾经感染过性传播疾病，15~24 岁群体居多；这个数据意味着美国有近 6800 万人曾经感染过性传播疾病，其中包括艾滋病、疱疹、衣原体病、淋病和梅毒等；在美国性传播感染处于历史高位。

（一）预防性传播疾病利他利己

欧美的"新性革命"鼓吹者对当前预防性传播疾病的宣传和措施进行了猛烈的抨击，他们摆出一副似乎义正词严的姿态谓之"我们关注寻找性的狂喜是怎样无例外地遭受流行病学谴责，社会是怎样用恐怖强迫人们遵守忠诚和一夫一妻制。在性自由化以前，利用意外怀孕和性病所做的故意渲染和敲诈勒索，现在又能呼唤出一个死亡天使（指艾滋病）来达到这样的目的"[②]。这些"新性革命"学者为维护个人性自由，完全以一种反科学的态度来对待预防性传播疾病的措施。

健康的重要性是不言而喻的。如果不适当地约束自己的性行为，

---

① 杨大中，贺占举，马晓年.中国男性性调查报告[M].北京：光明日报出版社，2006：33-35.
② （德）福尔马克·西古希.性欲和性行为——一种批判理论的 99 条断想[M].（德）王旭译.北京：社会科学文献出版社，2018：504.

染上性传播疾病，就会毁掉自己的健康，不但给自己带来痛苦，而且给家庭、社会带来负担，还可能造成社会资源的极大浪费。性传播疾病的防治也是一项很沉重的财政负担。在美国，如果按照发病率和死亡率排序，用在研究艾滋病的费用远超它应有的费用份额[①]。

很多性传播疾病在人群中的发病率已经达到流行疫情的比例，但是当前还没有十分有效的系统措施能够预防和控制疾病的传播（Ross and Wiliams. 2002）。同时，性传播疾病传染性强，有的疾病治疗费用高昂、治疗难度大，甚至无法治愈。因此，实施性行为的每个人都有责任权衡感染和传播性传染病的可能性，为了自己或他人的健康我们应当进行合理、正确的性行为。

（二）预防性传播疾病的措施

（1）洁身自爱。我们应遵守法律法规，尊重传统道德，拒绝不洁的性行为。这样很大程度能从源头上防止性传播疾病的发生，也保证自己不会轻易染上性传播疾病。无论如何，从源头上阻断传染病的传播，是预防性传播疾病发生的最根本措施。

（2）青少年应及早接受科学和系统的性教育。相关学者专家认为，人们应当在进入青春期前，11岁左右接受正式的性教育，使他们的性观念、性心理的形成和发展有着健康的起点，有助于他们避免不洁的性行为，防范感染性传播疾病。

（3）使用橡胶避孕套（可以预防大部分的性传播疾病，包括艾滋

---

① Jerrod S G, Clint E B, Sarah C C. 人类性学 [M]. 3版. 胡佩诚等译. 北京：人民卫生出版社，2010：435.

病）。但是，我们应当明白避孕套（也就是安全套）是为避孕而设计的，只能降低感染性传播疾病的风险，而不能消除和杜绝性传播疾病。避孕套也无法预防能通过身体其他部位传染的性传播疾病，如疱疹、生殖器疣或体外寄生虫感染。

（4）为自己健康负责，减少感染性传播疾病的危险，应当与性伴侣沟通。在性行为前，要与性伴侣沟通交流，特别要关注其是否有患性传播疾病的病史。同时，要观察性伴侣的生殖器部位，是否有炎症、湿疣、丘疹、阴虱和异常分泌物等。

（5）避免多个性伴侣。为了健康，我们应避免与有多个性伴侣的人发生性行为，避免与不熟悉的人发生性关系。

（6）避免肛交。因为它容易造成直肠腔面黏膜的撕裂或擦伤，从而造成感染。

（7）少喝酒，不吸毒，避免滥用血液制品。

（8）患病后，应及时诊治，及时告知性伴侣，让他（她）也同时观察治疗。

（9）性生活前和性生活后，都应当清洗生殖器；也可以在性行为前后排尿，这样可以将细菌冲出尿道。定期体检、定期检查生殖器。

（10）避免感染性传播疾病的其他高危行为：不要接触他人人体的成分（如血液、精子、阴道分泌物和排泄物）；不与他人共用剃须刀、针头和剪刀，或者别的可能含有他人血液的工具；不要接触他人用过的毛巾、湿的床上用品，或内衣，或别的可能含有他人人体成分的物品。

（三）性传播疾病与法律

任何人不应该故意危害他人健康。法律是道德最低的底线。政府制定和执行法律必须保护多数公民的利益和健康。在我国法律中有关于"传播性病罪"的条款。根据《中华人民共和国刑法》第三百六十条规定，"明知自己患有梅毒、淋病等严重性病卖淫、嫖娼的，处五年以下有期徒刑、拘役或者管制，并处罚金"。因此，人们应当在性行为中依据法律承担自己相应的责任，防范扩大传染性疾病传播的可能性。由于有的性传播疾病已经达到流行的程度，笔者认为法律司法机关应当细化相应的条款，进一步规定人们在性行为中保证他人不被感染性传播疾病的法律责任，切断性传播疾病继续扩大的途径。

后　记

掩卷之余，思绪万千。自 1978 年入学以来，除了在上海医科大学（现为复旦大学上海医学院）获得医学博士学位外，至今在福建医科大学学习、工作。衷心感谢福建医科大学给我提供一个良好的成长平台，谨以此书献给母校——福建医科大学 85 周年校庆（1937~2022）。

感谢多年的同事和好友周瑞祥教授、王世鄂教授、赵小贞教授给予的支持和鼓励。在写作过程中获得福州市第四医院副院长纪家武教授、福建省立医院金山分院泌尿外科江其琦副主任医师的鼓励和建议。感谢福建医科大学历年选修听课的学生，他们充分的信任和提问，促进我思索、学习，拓宽视野和提高认知水平，使我超越现有的知识，透彻地领悟本课程的重要性和意义，这也是我提笔撰写本书的起因。特别值得一提和感谢的是中国科学院院士、香港大学李嘉诚医学院的苏国辉教授，我们相识二十余年，他是一位令人尊敬的长者，亦师亦友，这次又不吝笔墨作序，予本书锦上添花。

感谢我的妻子潘庆女士 40 余年来一直站在我身后、默默地付出和支持，还有儿子王昊先生的鼎力支持和鼓励，都是我工作和写作的动力。无尽地思念和缅怀先母王启英女士（1916—1976），她的人格和教诲极其深刻地影响了我的一生，也一直激励着我勤奋工作和不断进取。

最后，感谢为本书的写作提供相关资料和宝贵意见的诸多同仁和医学界外的朋友们，他们默默协助我做了大量工作。在此也对所有认真阅读本书，并为本书提出宝贵意见的读者们表示由衷的感谢。